U0515084

中国自然资源经济研究院
自然资源经济研究系列丛书2021-07（总36）

自然资源经济简明术语

ZIRAN ZIYUAN JINGJI
JIANMING SHUYU

中国自然资源经济研究院◎编

中国财经出版传媒集团

经济科学出版社
Economic Science Press

图书在版编目（CIP）数据

自然资源经济简明术语/中国自然资源经济研究院编. —北京：经济科学出版社，2022. 3
ISBN 978 -7 -5218 -3393 -5

Ⅰ. ①自… Ⅱ. ①中… Ⅲ. ①自然资源 - 资源经济 - 名词术语 Ⅳ. ①F062. 1 -61

中国版本图书馆 CIP 数据核字（2022）第 014284 号

责任编辑：周国强
责任校对：李 建
责任印制：张佳裕

自然资源经济简明术语
中国自然资源经济研究院 编
经济科学出版社出版、发行 新华书店经销
社址：北京市海淀区阜成路甲 28 号 邮编：100142
总编部电话：010 -88191217 发行部电话：010 -88191522
网址：www. esp. com. cn
电子邮箱：esp@ esp. com. cn
天猫网店：经济科学出版社旗舰店
网址：http：//jjkxcbs. tmall. com
北京季蜂印刷有限公司印装
880 ×1230 32 开 12. 625 印张 350000 字
2022 年 3 月第 1 版 2022 年 3 月第 1 次印刷
ISBN 978 -7 -5218 -3393 -5 定价：78. 00 元
（图书出现印装问题，本社负责调换。电话：010 -88191510）

《自然资源经济简明术语》编委会

主　编： 张新安　梁　凯

副主编： 高　兵　邓　锋

编　委：（以姓氏笔画为序）

马晓妍　王传君　王燕东　王心一　王飞宇
王光耀　史瑾瑾　付　玉　乔江晖　刘伯恩
孙贵尚　孙志伟　孙映祥　任喜洋　李海婷
李青青　时　晨　余　韵　邹　愉　张红丽
张　惠　陈丽萍　罗小民　罗世兴　岳永兵
周海东　郑娟尔　郑祎凡　孟旭光　赵祺彬
段　克　贺战朋　高永臻　曾凌云　薛亚洲

前　　言

自然资源兼具政治属性、经济属性、生态属性和社会属性。研究中国特色自然资源经济学，必须坚持以习近平经济思想为准绳，以习近平生态文明思想为基本原则。

西方自然资源经济学不能回答中国自然资源经济运行中的重大理论和实践问题。西方自然资源产权制度无论如何设计，都不可能臻于完善，其中固有的矛盾会长期存在，但表现形式和存在特点在不同国家、不同时期会有所不同。在自然资源开发利用和保护的过程中，虽然西方自然资源经济学侧重于解决资源配置和再配置问题，重点研究资源开发对环境影响、对经济影响和对社会影响，但这些问题并未有效解决。按照西方自然资源经济学的模式，自然资源开发利用已经引发大量的生态环境问题。包括资源开发导致碳平衡、水平衡问题积重难返，并引发一系列社会矛盾，资源领域的国际收入分配极不合理；自然资源经济受操纵现象明显，寡头资本不合理占有全球资源，全球资源经济秩序和市场的不合理、不公平已十分严重且将持续恶化。

习近平总书记在《不断开拓当代中国马克思主义政治经济学新境界》（载《求是》2020 年第 16 期）一文中指出，“有人说，马克思主义政治经济学过时了，资本论过时了。这个说法是武断的，也是错误的”。党的十八大以来，以习近平同志为核心的党中央高瞻远瞩、统揽全局，创造性提出一系列新理念新思想新战略，引领我国经济发展取得历史性成就、发生历史性变革，在实践中形成和发展了习近平经济思想。中国特色社会主义进入新时代，是习近平经济思想产生的前提条件和最大发展背景。习近平经济思想体系严整、内涵丰富、博大精深，深刻回答了事关我国经济发展全局的一系列方向性、根本性、战略性重大问题，是习近平新时代中国特色社会主义思想的重要组成部分，是马克思主义政治经济学在21世纪当代中国的最新理论成果，是指引我国经济高质量发展、全面建设社会主义现代化国家的科学行动指南，是做好新时代经济工作的根本遵循，必须长期坚持、不断丰富发展。

研究中国自然资源经济必须以马克思主义政治经济学的基本原理、基本方法为准绳，坚持习近平经济思想的理论逻辑、历史逻辑和实践逻辑，掌握科学的经济分析方法，分析全球自然资源经济关系，透视当前全球自然资源开发利用保护格局，研究自然资源开发利用中的矛盾和问题，认识自然资源经济运动过程，探求自然资源规律，探索经济运行规律，特别是自然资源系统在经济社会系统中的循环实践，提高驾驭社会主义市场经济条件下自然资源经济的能力，更好地回答自然资源经济发展中的理论和实践问题。

改革开放以来，特别是党的十八大以来，在当代中国马克思主义政治经济学指导下，形成了许多自然资源经济学的重要理论成果。比如：自然资源产权理论，关于农村土地所有权、承包权、经营权的理论，全民所有自然资源资产负债与平衡理论，自然资源有偿使用理论，生态补偿、赔偿与生态产品价值实现理论，国内国外“两种资源、两个市场”理论，耕地占补平衡（及生态占补平衡）与耕地转用“进出平衡”理论，以及国土空间用途管制理论、绿色矿业经济理论，等等。这些理论成果和经验表明，自然资源经济研究必须坚持马克思主义的立场、观点和方法，必须坚持以人民为中心的发展思想，必须完整、准确、全面贯彻新发展理念，必须坚持整体、系统和普遍联系的观点，必须在坚持和完善社会主义基本经济制度和基本分配制度的基础上发展自然资源经济学。要立足我国国情和发展实践，深入研究全球和我国自然资源经济面临的新情况新问题，揭示新特点新规律，提炼和总结我国自然资源经济发展实践的规律性成果，把丰富的实践经验上升为系统化的经济理论。

2018年3月，中共中央印发的《深化党和国家机构改革方案》开宗明义指出，“建设生态文明是中华民族永续发展的千年大计。必须树立和践行绿水青山就是金山银山的理念，统筹山水林田湖草系统治理”。中国特色自然资源经济学，必须以习近平生态文明思想为基本原则，通过研究自然资源可持续开发利用和保护，回答为什么建设生态文明、怎样建设生态文明和建设什么样的生态文明问题。自然资源具有系统性、关联性、实践性和社会性。以系统理念看生态文明思想在习近平新时代中国特色社会主义思想中的定位，看自然资源在社会主义治理能力现代化体系中的地位和作用，通过自然资源可持续开发利用和保护，实现人和自然和谐共生的高质量发展。自然资源系统既是自然财富、生态财富，又是社会财富、经济财富，从资源系统、生态系统以及经济社会系统的关系出发，资源开发与生态保护是不可分割的整体，以经济角度用普遍联系的自然观看某种资源到底是开发利用还是保护，有效、合理的开发利用也是一种保护，只有转变发展方式，才能“破两难”，才能实现在开发中保护，在保护中开发。用普遍联系、变化发展的辩证思维来观察、分析、认识自然，从而真正做到尊重自然、顺应自然、保护自然。

自然资源系统庞大，“统一行使全民所有自然资源资产所有者职责，统一行使所有国土空间用途管制和生态保护修复职责”涉及领域宽广。本书的编写旨在厘清重叠交叉、界定不清的概念名称，避免概念模糊和认识分歧，研建缺失的术语概念体系，探索建立自然资源经济管理领域专业用语的术语集。为此，我们组织编制了这本《自然资源经济简明术语》，为自然资源经济学科建设和自然资源管理实践提供服务支撑。由于自然资源经济学科体系本身尚处在发展完善中，且具有综合性、交叉性和复杂性的特点，边界很难界定，加之编写组专业领域限制，书中难免有错漏，谨供行业内外领导专家参阅。

检索说明

本书以服务自然资源经济与管理领域专家学者、行政管理者和社会公众为基本目的，以支撑自然资源经济学科建设为长远目标。统筹考虑已有的各类标准规范、通用术语、通典文献，厘清重叠交叉、界定不清的概念名称，研究建立缺失的术语概念，在自然资源经济管理领域探索建立专业用语的术语集。术语的搜集对象是自然资源经济研究和管理人员在实际工作中常用到的相关简明术语，旨在避免概念模糊和认识分歧，使其成为自然资源经济与管理领域可供参考的行业术语资料，为自然资源经济学科建设和自然资源管理实践提供基础支撑服务。所选术语侧重自然资源经济领域，兼顾相关学科，主要来源包括各相关专业论著、工具书、法律法规等，涵盖自然资源经济和管理各方面相关领域，并形成较为科学的术语脉络和体系。

本书的体系框架总体采用了综合 - 专业的关系进行分类。共分为 19 个大类。第 01 ~04 部分主要是综合性相关术语，包括常用经济管理类术语、常用自然科学类术语、国家宏观管理术语和“碳中和”相关术语。第 05 ~09 部分为综合性自然资源术语，兼顾自然资源的管理职责和资源开发利用过程分类，包括自然资源调查监测、自然资源战略规划、自然资源权属权益、自然资源开发利用和国土空间生态保护修复相关术语。10 ~19 部分为专业类自然资源术语，主要按专业领域和资源类型分类，包括地质勘查、测绘地理信息、土地资源、矿产资源、海洋资源、森林资源、草原资源、湿地资源、自然保护区和野生动植物、水资源相关术语。

为便于查询阅读，并考虑读者整体上了解自然资源相关术语的框架，本书术语查询提供两种检索方式。一是类别检索。按照术语所属的类别和层级进行检索，此种检索方法的术语检索目录（即本书目录）在正文前。二是首字检索。按照术语首字拼音顺序进行检索，此种检索方法的术语检索目录附在本书正文后。术语检索信息包括术语名称、英文名称、定义、来源等字段。

目　录

‖ 01 ‖

常用经济管理类术语

01.001　经济学　Economics　研究人类行为及如何将有限或者稀缺资源进行合理配置的社会科学。

来源：经济学名词审定委员会（2002）。

01.002　宏观经济学　Macroeconomics　现代西方经济学的基础理论之一，以国民经济的总体方面为研究对象，考察和分析社会经济活动的总图景以及相应的经济变量总值、平均数或比例之间的关系。内容包括国民收入决定理论、经济周期理论、经济增长理论、货币和银行理论、宏观财政政策和宏观货币政策等。

来源：经济学名词审定委员会（2002）。

01.003　微观经济学　Microeconomics　经济学分支学科之一，与“宏观经济学”相对。主要研究单个经济主体（如消费者、企业）以及这些经济主体组成的市场的最优化行为，包括消费理论、生产理论、价格理论、一般均衡理论和福利经济学等。

来源：经济学名词审定委员会（2002）。

01.004　古典经济学　Classical economics　又称古典政治经济学、古典学派。17 世纪下半期至 19 世纪上半期盛行于英、法等国，主张经济自由主义、反对国家干预政策的经济理论。古典经济学的创始者是英国经济学家配第（William Petty）。以亚当·斯密和李嘉图为代表的英国古典政治经济学是马克思主义的三个来源之一。

来源：格林沃尔德（1981）。

01.005　新古典经济学　Neoclassical economics　又称新古典学派。它在继承古典经济学经济自由主义的同时，以边际效用价值论代替了古典经济学的劳动价值论，以以需求为核心的分析代替了古典经济学以供给为核心的分析。主要包括奥地利学派、洛桑学派、剑桥学派。

来源：格林沃尔德（1981）。

01.006　马克思主义政治经济学　Marxism political economics　马克思和恩格斯在19世纪中期创立的、以社会生产关系为研究对象的经济学科。它阐明了人类社会发展过程中生产、交换和分配的一般规律。其基本思想如下：（1）以生产关系为主要研究对象；（2）创立了劳动价值论和剩余价值理论；（3）创立了社会再生产理论；（4）创立了利润、利息和地租理论。

来源：经济学名词审定委员会（2002）。

01.007　制度经济学　Institutional economics　20世纪初在美国出现，而在50年代以后得到发展的一种经济思潮或分析方法。制度经济学强调制度分析或结构分析，着重于资本主义经济生活中制度作用的分析，用制度结构方面的不协调来解释资本主义社会存在的问题。早期代表有凡勃仑（T. B. Veblen）、密契尔（W. C. Mitchell）、康蒙斯（J. R. Commons）等人；后来的主要代表有加尔布雷思（J. K. Galbraith）、海尔布罗纳（R. L. Heilbroner）等人。

来源：《中国百科大辞典》编委会（1990）。

01.008　发展经济学　Development economics　第二次世界大战

后当代资产阶级经济学中出现的一门边缘性、综合性的经济学分支学科。旨在研究一个国家（一般指发展中国家）的经济如何从落后状态发展到现代经济形态，研究这个发展的过程、因素以及应采取的方针和政策。发展经济学以新古典经济学为理论基础，主要研究发展中国家的经济特征，发展中国家贫困落后的原因，如何促进经济发展，经济发展的标志和结果，等等。

来源：经济学名词审定委员会（2002）；《中国百科大辞典》编委会（1990）。

01.009　区域经济学　Regional economics　研究一国范围内某一特定区域的经济发展过程和条件，以及各个不同区域之间经济联系及其变动趋势的经济学分支学科。

来源：经济学名词审定委员会（2002）。

01.010　公共经济学（政府经济学）　Public economics　从经济学的角度来解释、分析和规范政府的职能和作用的学科。“政府必须做什么”是公共经济学主要试图解答的问题，其主要研究内容包括公共开支、税收、法规、公共生产和价格、公债和货币、汇率政策等。

来源：经济学名词审定委员会（2002）。

01.011　福利经济学　Welfare economics　研究经济活动对经济体福利的影响的经济学。主要研究内容包括效率标准（帕累托最优以及次优理论）、收入分配与福利、存在外部性的经济活动的成本－收益分析等。福利经济学第一基本定理：在经济主体的偏好被良好定义的条件下，带有再分配的价格均衡都是帕累托最优的。福利经济学第二基本定理：在经济主体的偏好被良好定义的条件下，任何一个帕累托最优配置都可以从适当的初始配置出发，通过完全竞争的市场来实现。

来源：经济学名词审定委员会（2002）。

01.012　产业经济学　Industrial economics　介于宏观经济学和微观经济学之间的应用经济理论。研究经济发展中产业之间的关系结构、产业内的企业组织结构变化的趋势及其发展规律的学科。主要内容包括产业结构理论、产业组织理论和产业联系理论。

来源：《中国百科大辞典》编委会（1990）。

01.013　新结构经济学　New structural economics　新结构经济学是林毅夫教授及其合作者提出并倡导的研究经济发展、转型和运行的理论，主张以历史唯物主义为指导，采用新古典经济学的方法，以一个经济体在每一个时点给定、随着时间可变的要素禀赋及其结构为切入点，来研究决定此经济体生产力水平的产业和技术以及交易费用的基础设施和制度安排等经济结构及其变迁的决定因素和影响。其主张发展中国家或地区应从其自身要素禀赋结构出发，发展其具有比较优势的产业，在“有效市场”和“有为政府”的共同作用下，推动经济结构的转型升级和经济社会的发展。

来源：《北京大学新结构经济学研究院宣传册》。

01.014　能源经济学　Energy economics　研究能源生产、交换、分配、消费过程的经济关系和经济规律的学科。能源经济学为国家和地区制定有关能源工业发展的方针、规划、政策提供理论依据。

来源：经济学名词审定委员会（2002）。

01.015　环境经济学　Environmental economics　研究经济发展和环境保护之间相互关系的科学，是经济学和环境科学交叉的学科，运用经济学基本原理研究如何管理环境资源。研究合理调节人与自然之间的物质变换，使社会经济活动符合自然生态平衡和物质循环规律，不仅能取得近期的直接效果，又能取得远期的间接效果。

来源：中国大百科全书总编辑委员会（1998b）；巴利·C. 菲德尔，玛莎·K. 菲尔德（2010）。

01.016 生态经济学 Ecological economics 从经济学角度研究生态系统和经济系统复合而成的结构、功能及其运动规律的学科。在中国的学科体系划分中，隶属于应用经济学。生态经济学的研究对象是生态经济系统。它由生态系统和经济系统两个子系统交叉结合形成，因此同时遵循生态规律和经济规律两种客观规律的要求，并受生态规律和经济规律两种客观规律作用的制约。

来源：生态学名词审定委员会（2007）；《中国大百科全书》总编委员会（2009）。

01.017 资源经济学 Resources economics 以经济学理论为基础，通过经济分析来研究资源的合理配置与最优使用及其与人口、环境的协调和可持续发展等资源经济问题的学科。是把经济学原理和方法应用于自然资源研究，尤其是应用于自然资源利用和配置研究的一门综合性、应用性学科。侧重研究稀缺自然资源利用和配置及其经济效应和规律，研究自然资源开发利用的经济问题及其与生态环境的关系，研究解决这些问题的方案、政策和有关的措施。

来源：资源科学技术名词审定委员会（2008）；《中国大百科全书》总编委员会（2009）。

01.018 土地经济学 Land economics 研究土地领域中生产力运行与生产关系运行及其相互关系的学科，包括土地资源供求、土地集约利用、土地规模经济、土地所有制、土地使用制、土地国家管理制、土地租赁制、土地信用制等。

来源：周诚（2003）。

01.019 矿产经济学 Mineral economics 运用经济学原理和方

法，研究和解决矿产资源勘探开发和利用过程中有关的经济问题的应用经济学科。它研究人类社会如何利用稀缺的矿产资源生产有价值的物品和劳务，并将它们在不同时间和空间中对不同的社会成员进行合理分配。

来源：成金华（2013）。

01.020　水资源经济学　Water resource economics　利用经济学原理研究水资源合理开发利用与保护，以及与社会经济可持续发展关系的学科。

来源：资源科学技术名词审定委员会（2008）。

01.021　林业经济学　Forestry economics　研究林业部门物质财富的生产、交换、分配和消费等经济关系和经济活动的规律及其应用的科学。它同时也从经济和技术的相互关系上研究林业部门生产力发展运动的规律，以及生产力诸要素的合理组织与配置等，为满足社会对林产品日益增长的需要，提高林业的经济效益和社会效益服务。

来源：中国大百科全书总编辑委员会（1998c）。

01.022　森林资源经济学　Forest resource economics　研究森林资源合理开发利用和保护过程中逐渐形成的一个应用经济学的分支学科。主要研究森林资源合理配置及其与社会经济相互关系及其发展变化规律。

来源：林学名词审定委员会（2016）。

01.023　海洋经济学　Marine economics　研究海洋开发和保护中各种经济关系及其发展规律的学科。

来源：资源科学技术名词审定委员会（2008）。

01.024　气候变化经济学　Climate change economics　研究化石

燃料对环境的破坏应付出的代价，使人类能够认清当务之急，共同携手有计划有步骤地采取行动，把气候变化的影响及危害程度降至最低的一门学科。

来源：申鑫（2015）。

01.025 劳动价值论 Labor theory of value 关于商品价值由无差别的一般人类劳动，即抽象劳动所创造的理论。劳动决定价值这一思想由英国经济学家配第提出，并由亚当·斯密和大卫·李嘉图等发展。马克思用辩证法和历史唯物论从根本上改造了劳动价值论，并在此基础上科学地创立了剩余价值理论以及后来的利润、平均利润理论，从而揭示出资本主义生产方式的历史暂时性。

来源：经济学名词审定委员会（2002）。

01.026 效用价值论 Utility theory of value 以物品满足人的欲望的能力或人对物品效用的主观心理评价解释价值及其形成过程的经济理论。

来源：黄亚钧（2015）。

01.027 地租 Land rent 为使用土地而必须向土地所有者支付的报酬，即土地的使用价格。

来源：经济学名词审定委员会（2002）。

01.028 生产要素 Factors of production 用于生产物品和服务的经济资源的总称。包括土地、资本、劳动和企业家才能。

来源：经济学名词审定委员会（2002）。

01.029 生产要素市场 Market for factors of production 在生产经营活动中利用的各种经济资源的统称。一般包括劳动、资本、土地、知识、技术、管理、数据等。市场经济要求生产要素商品化，以商品的形式在市场上通过市场交易实现流动和配置，从而形成各种生产要素市场。

来源：经济学名词审定委员会（2002）。

01.030　生产要素替代效应　Substitution effect of production factor　纯粹由于生产要素相对价格变化而维持产出不变时，引起的生产要素间的相互替代所形成的效应。

来源：资源科学技术名词审定委员会（2008）。

01.031　全要素生产率　Total factor productivity　一个经济系统（公司、企业等）在一定的时期内，全部生产经营成果量与全部投入生产经营的要素量的比率。

来源：经济学名词审定委员会（2002）。

01.032　经济效率（资源配置效率）　Economic efficiency　以最小可能的投入实现给定的产出或给定投入实现最大可能的产出。

来源：经济学名词审定委员会（2002）。

01.033　贴现率　Discount rate　用于现值问题的利率，通常称为折现率或贴现率。现值是把未来现金流量折算为基准时点的价值，用以反映投资的内在价值。未来值则是把一笔资金或期金可以赚得的利息考虑在内特定的未来时点的价值。

来源：胡代光、高鸿业（2000）。

01.034　效用　Utility　物品或服务满足人们需要的能力，或消费者消费一定数量的商品所得到的满足程度。效用表明的是商品与个人愉悦或痛苦程度之间的关系，它在很大程度上是个人福利的同义词。

来源：经济学名词审定委员会（2002）。

01.035 边际效用 Marginal utility 消费者从增加一单位某种商品的消费所获得满足程度的增加。每个消费者所感受到的满足是不同的，因此边际效用是一种主观心理现象。基数效用论认为，在其他条件不变的情况下，超过某一特定消费量后，边际效用随着消费量的增加而减少，这称为边际效用递减规律。

来源：经济学名词审定委员会（2002）。

01.036 边际成本 Marginal cost 总成本对总产量的变化率。表示在一定的产量下，多生产一单位产品所引起的总成本的增加量。边际成本曲线是一条先降后升的U型曲线。边际报酬递增阶段对应的是边际成本的递减阶段，边际报酬递减阶段对应的是边际成本的递增阶段，边际报酬极大值对应边际成本的极小值。边际成本曲线相交于平均成本曲线的最低点。

来源：胡代光、高鸿业（2000）。

01.037 边际收益 Marginal revenue 总收益对产量的变化率，即多销售一单位产品时总收益的增加量。边际收益是总收益曲线相应点的切线的斜率。在完全竞争条件下，边际收益等于价格和平均收益，与需求曲线重合，是一条以市场价格为高度的水平线。在不完全竞争市场上，厂商面临向下倾斜的需求曲线，意味着要增加一单位产出的销售，必须要降低全部产出的价格，因而价格大于边际收益，边际收益曲线向下倾斜并低于平均收益曲线。

边际收益是厂商理论的核心概念。利润最大化均衡的一个必要条件是边际收益等于边际成本。边际收益与某种生产要素的边际物质产品的乘积所形成的边际收益产品曲线，就是该生产要素的需求曲线。

来源：胡代光、高鸿业（2000）。

01.038 边际替代率 Marginal rate of substitution 消费者在

保持同等满足程度时增加一种商品的数量与该消费者必须放弃的另一种商品的数量之比。在无差异曲线上，当商品 X 的消费量较少而商品 Y 的消费量较多时，消费者将以较多的商品 Y 换取商品 X，但随着商品 X 的消费量的增加，消费者将以越来越少的商品 Y 与之相交换，这便是边际替代率递减规律。

来源：经济学名词审定委员会（2002）。

01.039　边际报酬递减规律　Law of diminishing marginal returns　在一定的生产技术水平下，当其他生产要素的投入量不变，连续增加某种生产要素的投入量，在达到某一点以后，总产量的增加额将越来越小的现象。

来源：资源科学技术名词审定委员会（2008）。

01.040　生产者剩余　Producer's surplus　一种商品的市场价格与每单位产量上的边际生产成本之间差额的总和，用来测度实际价格与生产者愿意接受的价格之间的差额给生产者带来的福利水平。它由某一生产者的产品供给曲线之上和市场价格之下的那块面积表示。由于生产者获得的某些东西所带来的直接或间接的效用通常比其放弃的东西的效用更大，因而生产要素的拥有者自然会以提供这些成本低的商品而获得生产者剩余。一般来讲，成本与生产者剩余成反比。将所有的厂商的生产者剩余总和起来，就是市场的生产者剩余。

来源：胡代光、高鸿业（2000）。

01.041　需求曲线　Demand curve　需求曲线是用几何图形表示的、在其他条件不变情况下商品需求量与其价格之间的数量关系。这里的“其他条件不变”是指消费者的收入、偏好及其他商品的价格不变。在这样的假定下，可利用无差异曲线、预算线及效用最大化条件推导出在各种不同价格水平下消费者对某种商品的需求量，在“价格－需求”坐标系中将这些点连接起来即可得到该商品的需求曲线。需求曲线一般是向右下方倾斜的，这表明商品需求量随价格的上升而下降。

来源：胡代光、高鸿业（2000）。

01.042　供给曲线　Supply curve　表示某一特定时间内，当某商品的生产成本、技术水平、相关产品价格、厂商对某商品价格预期不变时，在此商品不同价格水平下，厂商愿意和能够提供的商品数量与相应价格之间关系的曲线，称为供给曲线。

来源：胡代光、高鸿业（2000）。

01.043　排他性行为　Exclusive behavior　企业为了产生、巩固或保持自身的市场优势地位，通过一系列行为排除竞争对手，限制有效竞争的行为。

来源：《中国大百科全书》总编委员会（2009）。

01.044　外部性　Externality　对他人产生的有利或者不利的影响，但不需要他人为此支付报酬或进行补偿性活动。当私人成本或收益不等于社会成本或收益时，就会产生外部性问题。

来源：经济学名词审定委员会（2002）。

01.045　负外部性　Negative externality　根据外部影响的“好与坏”，外部性可分为“正的”（positive）和“负的”（negative）两种。抽烟、噪声、空气污染等所造成的影响，属于负外部性或“负的外部效应”，其特征是引起他人效用的降低或成本的增加；而种花、种树等行为对邻居或养蜂业产生好的影响，引起他人效用的增加或成本的降低，属于正外部性或“正的外部效应”。

来源：胡代光、高鸿业（2000）。

01.046　市场失灵　Market failure　市场无法有效率地分配商品和劳务的情况。造成市场失灵主要有两个原因：成本或利润价格的传达不适切，进而影响个体经济市场决策机制和次佳的市场结构。市场失灵主要表现为六个方面：外部性、公共品供应不足、公共资源过度使用、竞争失败和市场垄断的形成、收入和财富分配不均以及宏观经济波动。

来源：经济学名词审定委员会（2002）。

01.047　费用效益分析　Cost-benefit analysis　一种对经济项目的社会预期价值进行评价、比较，以供合理决策的经济数量模型。经济项目可以是一种投资活动、一种新商品的采用，也可以是一种政策的改变。

来源：《中国大百科全书》总编委员会（2009）。

01.048　生命周期分析　Life cycle analysis　指对某一产品、工序和生产活动或某一项目的环境后果进行科学的和系统的定量研究。产品的生命始于初始原料的开采，包括生产过程的各个阶段和产品的销售，并以在使用后进行最终处置而告终。

来源：胡代光、高鸿业（2000）。

01.049　影子价格　Shadow price　有广义的和狭义的两种理解：广义泛指一切与现行价格不同的计算价格；狭义专指用线性规划方法计算出来的反映资源最优使用效果的价格，又称最优计划价格。影子价格被广泛地用于投资项目和进出口活动的经济效果的评价。

来源：中国大百科全书总编辑委员会（1993）。

01.050　价格理论　Price theory　价格理论是揭示商品价格的形成和变动规律的理论，主要包括：供求理论、厂商理论、分配理论、一般均衡理论、福利经济学以及一般价格水平确定理论。

来源：胡代光、高鸿业（2000）。

01.051 委托－代理问题 Principal-agent problem 委托人如何激励代理人来为委托人的利益服务而非追求自身利益的问题。具体而言，委托－代理问题是研究如何设计出一套激励机制来使得代理人能够向委托人如实汇报其掌握的信息和采取的行动，从而保证为委托人的利益服务。

来源：经济学名词审定委员会（2002）。

01.052 机会成本 Opportunity cost 经济学中指经济资源的所有者由于把所拥有的经济资源投入到某种经济活动中而放弃的把相同的这些经济资源投入到其他经济活动中所可能获得的最大收益。又称择一成本。机会成本概念的内涵比会计成本概念要丰富得多，通过区分显成本和隐成本这两个概念可以对其加以说明。

来源：《中国大百科全书》总编委员会（2009）。

01.053 单要素评价 Environmental assessment of single element 任一环境空间都是由若干环境要素（如空气、水、土壤等）组成。为了某种目的对构成环境的某个要素的质量进行评价，称单要素评价。目前进行的单要素评价主要有大气质量评价、水质评价、土壤质量评价等。环境保护和污染治理工作都是从各个环境要素着手进行的。这种评价可以定量地、较直观地了解环境要素的质量。

来源：中国大百科全书总编辑委员会（1998b）。

01.054 最优分析 Optimality analysis 用数学规划和控制论方法选择最优方案所进行的数量分析。其目的是为制订经济政策和作出经济决策提供依据。

来源：中国大百科全书总编辑委员会（2002b）。

01.055 帕累托最优 Pareto optimum 具有以下性质的资源配置状态，即任何形式的资源重新配置，都不可能使至少有一人受益而同时又不使其他任何人受到损害。这一概念是由意大利经济学家帕累托（V. Pareto）提出来的，并由此而得名。人们通常也把使至少一人的境况变好而没有任何人的境况变坏的资源重新配置称为帕累托改进，所以帕累托最优状态也就是已不再存在帕累托改进的资源配置状态。帕累托最优状态是福利经济学中最重要的概念之一。

来源：胡代光、高鸿业（2000）。

01.056　公共物品　Public goods　公共使用或消费的物品。一般具有非竞争性和非排他性，基本上分为三类：第一类是纯公共物品，即同时具有非排他性和非竞争性；第二类是具有非竞争性的公共物品，但却较为轻易地排他；第三类公共物品又称为共同资源或公共池塘资源物品，在消费上具有竞争性，但却无法有效地排他。

来源：经济学名词审定委员会（2002）。

01.057　公共产品　Public products　以公共部门为主，企业等第二部门或社会团体等第三部门参与，通过适度竞争生产或提供的带有社会成员共同消费性质的物品或服务。

来源：Samuelson（1954）。

01.058　物权　Property right　权利人依法对特定的物享有直接支配和排他的权力。包括所有权、用益物权和担保物权。

来源：城乡规划学名词审定委员会（2021）。

01.059　公地悲剧　Tragedy of the commons　由于缺乏产权保护造成的对某些公共资源（如空气、渔业资源和公路等）过度性使用的后果。在公共资源有限的情况下，如果对其使用没有明确的规定，使用者就有激励充分地使用该种资源直至私人边际收益为零，导致公共资源的实际使用量超出其最优水平，使公共资源面临无效率地过度开发和利用的困境。

来源：经济学名词审定委员会（2002）。

01.060 资源诅咒 Resource curse 多指丰富的自然资源可能是经济发展的诅咒。1993年，奥蒂（Auty）第一次提出了“资源的诅咒”的概念，即丰裕的资源对一些国家的经济增长并不是充分的有利条件，反而是一种限制。萨克斯和华纳（Sachs and Warner，1995，1997，2001）对“资源诅咒”这一假说进行开创性的实证检验，从一个较长的时间范围来看，自然资源丰裕与经济增长之间呈现反方向变化。

来源：根据相关文献资料定义。

01.061 荷兰病 Dutch disease 20世纪60年代以来，在北海发现了丰富的石油与天然气资源，从常理推测，这对北海沿岸那些长期依赖石油进口的工业化发达国家如荷兰、英国等不啻是一个“福音”。但出乎意料的是，荷兰越是开发生产天然气，其传统的出口制造部门就越萧条。这个怪圈被称为“荷兰病”。

来源：胡代光、高鸿业（2000）。

01.062 林达尔均衡 Lindahl equilibrium 由瑞典经济学家林达尔（Lindahl）提出。当存在“免费搭便车”的问题时，如果每个一社会成员都按照其所获得的公共品或劳务的边际效益大小来捐献自己应当分担的公共物品或劳务的资金费用，则公共物品或劳务的供给量可以达到具有效率的最佳水平，这一均衡状态被称为“林达尔均衡”。在这种状态下，公共物品的供应量达到最佳，同时从每一人的情况来看，他从该公共品中享受到的边际受益等于他所提供的边际成本。

来源：经济学名词审定委员会（2002）。

01.063 科斯定理 Coase theorem 关于产生外部性的商品的

有效数量与初始产权分配无关的论断。由罗纳德·哈里·科斯（Ronald H. Coase）提出。在产权良好界定和没有交易成本的情况下，无论在开始时将财产权赋予谁，造成外部性的一方和受到外部性影响的一方之间可以通过达成契约来解决外部性问题，由此形成的资源配置是有效率的。财产权的分配仅仅影响双方的收入分配，而不会对总体收入水平产生影响。

来源：经济学名词审定委员会（2002）。

01.064　霍特林定律　Hotelling rule　数理经济学家哈罗德·霍特林（Harold Hotelling）提出的关于不可更新资源最优耗用的理论，基本思想体现在霍特林 1931 年 4 月发表在《政治经济学评论》（*Journal of Political Economics*）上的论文《可枯竭资源经济学》（*The Economics of Exhaustible Resources*）中，后人将其称为霍特林定律。霍特林定律的基本思想是，把全部资本财产分为资源和其他财产两类。资源所有者有两种选择：一是开发资源，同时购买其他财产，取得资产收入；二是把资源保存在地下，获取资源随时间推移的预期资源资本收益。当资源资本收益的增长率等于其他财产的利率时，资源就会处于最优耗用状态。

来源：胡代光、高鸿业（2000）。

01.065　产权　Property rights　经济所有制关系的法律表现形式，是法定主体对财产所拥有的各项权能的总和。它包括财产的所有权、占有权、支配权、使用权、收益权和处置权等，其中，所有权是产权的基础和核心。简言之，产权可以界定为“一系列可选择的排他性行为中作出选择的权利”，它决定了经济效率。新制度主义学派将产权概括为三个方面：（1）使用一项财产的权利；（2）从资产中获得收入以及与其他人订立契约的权利；（3）转让有关资产所有权的权利。

来源：经济学名词审定委员会（2002）。

01.066 公共产权 Common property rights 一定范围内民众共享的财产、资源的权利，在其范围内对每个成员来说是没有排他性的权利。

来源：经济学名词审定委员会（2002）。

01.067 适应性管理 Adaptive administration 指管理主体基于或适应国家、地区及公司管理环境、法律、政策、文化或规章等而确定并实施有针对性的管理理念、原则、目标和方式的管理行为。是基于生态系统的不确定性和对生态系统认识的时限性，通过监测评估过去采用的管理政策和实践措施来获得经验，并根据生态系统变化情况，修正、改进管理政策和实践措施的方法和过程。

来源：《自然资源部办公厅 财政部办公厅 生态环境部办公厅关于印发〈山水林田湖草生态保护修复工程指南（试行）〉的通知》（2020）；资源科学技术名词审定委员会（2008）。

01.068 政府干预 Government intervention 指政府对市场经济运行过程的调控和规制。其基本内容是借助于公共权力对市场运行的协调。

来源：邵琪伟（2012）。

01.069 代际公平 Intergenerational equity 是可持续发展战略的一种资源分配思想，要求不同代际公平使用自然资源。在动态资源配置中，由于所有的资源都掌握在活着的那一代人手中，当代人就成了未来几代人资源和财富的托管者。这样，我们所采取的种种政策或措施，就会以不同的方式影响当代人及后代人：如果这些措施可能使当代人的生活消费水平下降，则可能会提高未来几代人的潜在生活质量；相反，如果这些措施提高了当代人的经济福利和生活水准，那么从某种程度上说，这一过程同时也是在牺牲后代人的部分福利和潜在机会。因此，当代人在利用自然资源时，应同时考虑后代人利用资源的机会和获取的可能资源数量。

来源：胡代光、高鸿业（2000）。

01.070　可持续发展　Sustainable development　当代人不以消耗甚至破坏下一代人赖以生存和发展的资源、生态和环境为代价而谋求发展，保持生物的多样性，使资源可以得到永续利用，生态和环境适于人类居住、生活和工作。

来源：经济学名词审定委员会（2002）。

01.071　人类世　Anthropocene　自1784年瓦特发明蒸汽机以来，人类的作用越来越成为一个重要的地质营力；全新世已经结束，当今的地球已进入一个人类主导的新的地球地质时代——人类世。该定义由诺贝尔化学奖得主保罗·克鲁岑于2000年提出。他认为，地球已告别1.17万年前开始的地质年代“全新世”，快速增长的人口和经济发展对全球环境造成巨大影响，人类活动对地球的改变足以开创一个新的地质年代。

来源：根据相关文献资料定义。

01.072　水－能源－粮食纽带关系　Water-energy-food nexus　2011年在德国波恩召开的“水－能源－粮食纽带关系会议”，首次将水安全、能源安全和粮食安全之间的关系总结为一种“纽带关系”。联合国亚太经济社会理事会认为，“水－能源－粮食纽带关系”在时间和空间上具有紧密联系，认为气候变化、能源－粮食－金融危机、快速的城市化进程、过度消费等外部影响因素均会对“水－能源－粮食纽带关系”产生影响。斯德哥尔摩国际环境研究院（SEI）认为，可用水量是“水－能源－粮食纽带关系”的核心要素。应分别在社会、经济、环境三个领域，采用经济、管理及创新等激励措施，使水安全、能源安全以及粮食安全的成果和效益惠及全人类，实现平等可持续的增长，同时将城市化、人口增长、气候变化等影响因素纳入考量。

来源：根据相关文献资料定义。

01.073 强可持续发展 Strong sustainability 从经济角度看，强可持续发展指自然资本和人造资本各自的总量都至少保持不变。强可持续发展则不允许自然资本和人造资本的相互替代。

来源：胡代光、高鸿业（2000）。

01.074 弱可持续发展 Weak sustainability 从经济角度看，弱可持续发展是指留给后代的自然资本的总量至少不变。也就是说，弱可持续发展允许用人造资本替代自然资本，例如，将开发自然资源所得到的货币收入存在银行里供下一代使用以补偿自然资源的消耗。

来源：胡代光、高鸿业（2000）。

▌02▐

常用自然科学类术语

02.001　自然资源　Natural resources　自然界存在的有用自然物，人类可以利用的、自然生成的物质与能量，在一定的时间、地点条件下能够产生经济价值，以提高人类当前和未来福利水平，是人类生存的物质基础。

来源：资源科学技术名词审定委员会（2008）；《经济学名词》（2020）；江伟钰、陈方林（2005）；地理学名词审定委员会（2006）；《中国大百科全书》总编委员会（2009）。

02.002　资源科学　Resource science　资源科学是研究资源的形成、演化、质量特征与时空分布及其与人类社会发展之间相互关系的科学。其目的是更好地开发、利用、保护和管理资源，协调资源与人口、经济、环境之关系，促使其向有利于人类生存与发展的方向演进。它是在已基本形成体系的生物学、地学、经济学及其他应用科学的基础上继承与发展起来的，是自然科学、社会科学与工程技术科学相互结合、相互渗透、交叉发展的产物，是一门综合性很强的科学。

来源：蔡运龙（2007）；孙鸿烈（2000）。

02.003　资源配置　Resource allocation　对相对稀缺的资源在各种不同用途上加以比较做出的选择。资源是指社会经济活动中人力、物力和财力的总和，是社会经济发展的基本物质条件。

来源：经济学名词审定委员会（2002）。

02.004 资源核算 Resource accounting 政府等管理主体对一定空间和时间内的某类或若干类资源，在其真实统计和合理评估的基础上，从实物、价值和质量等方面，运用核算账户和比较分析等，来反映资源变化情况的行为或过程。

来源：资源科学技术名词审定委员会（2008）。

02.005 资源价格 Resource price 自然资源作为人类可以直接获得的物质要素，是天然形成的，本身没有价值。但它具有有限性或稀缺性及所有权的垄断性，因而要获得其使用价值就必须购买它的所有权或使用权。资源价格正是这种所有权或使用权发生转让的经济补偿形式。由于购买资源所有权和使用权实际上是购买一定时期的资源收益（租金），因而资源价格实质是资源租金的资本化。资源价格的内涵包括三个部分：（1）自然资源的基本租金，即使用者为使用自然物本身支付的费用；（2）资源投资的折旧；（3）资源投资的利息。

来源：《中国大百科全书》总编委员会（2009）。

02.006 资源开发 Resource exploitation 在一定技术水平条件下，人类对各种资源发现、勘探、查明，并通过一定手段把资源转化为自身所需生产资料和生活资料的全过程。这种过程实质上是资源在形态、价值、能量等方面发生变化的运动过程，是人类对自然界干预和改造的过程，它受自然规律和社会经济规律的共同支配。

来源：《中国大百科全书》总编委员会（2009）。

02.007 自然资源经济 Natural resource economy 指人类与自然资源相互关系中存在的经济现象或经济问题，特别是自然资源的开发利用对自然环境和对人类生产、生活的影响及其经济后果，包括环境破坏及其治理的经济问题。

来源：中国大百科全书总编辑委员会（2002b）。

02.008 自然资本 Natural capital 自然资源和自然环境的经济价值，即自然界为人类的生产和消费过程所提供的投入，也包括作为原材料来源的自然资源以及作为废弃物排放和自然净化场所的环境。自然资本是基于可持续发展理念而提出的概念，可以反映和衡量大自然在增进人类福祉、支持可持续发展过程中的作用。英国自然资本委员会将自然资本界定为“能够直接或间接地为人类带来价值的自然因素，包括生态系统、物种、淡水、土壤、矿物、空气、海洋以及自然过程和功能”，其中的“资本”被定义为一种“可用来生产商品和服务的资源”。自然资本被视为人力资本、社会资本、制造资本等其他类型资本的基础，并与其他类型的资本相结合，生产出各类维持人类福祉的产品和服务。

来源：依据林学名词审定委员会（2016）和自然资源部相关文件资料定义。

02.009 《世界自然资源保护大纲》 World Conservation Strategy 国际自然和自然资源保护联合会受联合国环境规划署的委托起草，并经有关国际组织审定，于1980年3月5日公布的一项保护世界生物资源的纲领性文件，也是一个保护自然和资源的行动指南。

来源：资源科学技术名词审定委员会（2008）。

02.010 可再生能源 Renewable energy 在自然界中可以不断再生并有规律地得到补充或重复利用的能源。具有自我恢复原有特性，并可持续利用的特征。例如太阳能、风能、水能、生物质能、潮汐能等。

来源：资源科学技术名词审定委员会（2008）；管理科学技术名词审定委员会（2016）；电力名词审定委员会（2019）。

02.011 不可再生资源 Non-renewable resource 人类开发利用后，在现阶段不可能再生的自然资源。又称不可再生资源。主要包括经过地质年代形成的金属矿产、非金属矿产、化石燃料等和经过漫长周期形成的土壤。

来源：《中国大百科全书》总编委员会（2009）。

02.012 能源 Energy source 可以直接或通过转换产生机械能、热能、光能、电磁能、化学能等供人类所需有用能量的自然资源。能源是人类社会发展和进步的物质基础，能源开发和利用方式的进步也推动社会的发展，甚至促进人类自身的进化。

来源：《中国大百科全书》总编委员会（2009）。

02.013 一次能源 Primary energy 又称天然能源，是指以原始状态存在于自然界，不需要加工或转换，可以直接使用的能源。如原煤、原油、天然气、生物质能、水能、核燃料及太阳能、地热能、潮汐能等。

来源：《中国电力百科全书》编辑委员会（2001）。

02.014 土地资源 Land resources 当前和可预见到的将来在一定条件下可供人类开发利用的土地。土地具有自然属性和社会属性。土地资源是一种综合的自然资源，与气候资源、水资源、土壤资源、生物资源等单项自然资源相比，对人类生存来说是最基础的和最重要的。在土地管理分类中，包括耕地、园地、林地、草地、湿地、建设用地等。

来源：中国大百科全书总编辑委员会（1998b）；《自然资源分等定级通则》（2021）。

02.015 矿产资源 Mineral resources 由地质作用形成的具有利用价值，呈固态、液态和气态的自然资源。矿产资源是地球演化过程中经过成矿作用在地壳内或地表形成的富集物质。矿产有固态、液态和气态，包括已经发现并对其数量、质量和空间位置等特征已取得一定认识的矿产，也包括经过科学预测或推断可能存在的矿产；既包括当前已开发并具有经济价值的矿产，也包括将来可能开发并具有经济价值的矿产（潜在矿产资源）。

来源：《中国大百科全书》总编委员会（2009）。

02.016　海洋资源　Marine resources　海洋中一切能供人类利用的天然物质、能量和空间的总称。海洋天然物质是指海洋的大气、水体、海底中客观存在的物质和天然生成的生物及活性物质。

来源：《海洋学术语：海洋资源学》（2005）。

02.017　森林资源　Forest resources　森林、林木、林地以及依托森林、林木、林地生存的野生动物、植物和微生物等的总称。

来源：《森林资源术语》（2010）。

02.018　草地资源　Grassland resources　具有数量、质量、空间结构特征，有一定分布面积，有生产能力和多种功能的自然资源。其数量特征包括草地面积大小、产草量、载畜量和第一性生产力的高低。其质量特征包括牧草的营养成分、利用率、冷季保存率的高低、毒害草的多寡。

来源：《草地资源空间信息共享数据规范》（2010）。

02.019　湿地资源　Wetland resources　湿地生态系统中自然或人文方面可被人类开发和利用的客观存在的物质实体。包括湿地中的土地、水、生物、泥炭、物种、基因等。

来源：林学名词审定委员会（2016）；地理学名词审定委员会（2006）。

02.020　野生动物资源　Wildlife resources　指珍贵、濒危的陆生、水生野生动物和有重要生态、科学、社会价值的陆生野生动物。野生动物资源属于国家所有。珍贵、濒危的水生野生动物以外的其他水生野生动物的保护，适用《中华人民共和国渔业法》等有关法律的规定。

来源：《中华人民共和国野生动物保护法》（2021）。

02.021 生物资源 Biological resources 生物圈中所有动、植物和微生物组成的生物群落的总和。一般由这些生物群落及其周围环境所构成的具有结构和功能的生态系统也被认为是生物资源，是人类赖以生存的基础。生物资源分为森林资源、草场资源、水产资源、栽培作物资源、驯化动物资源、野生动植物资源、遗传基因等。生物资源属于有条件的可更新自然资源。

来源：《中国大百科全书》总编委员会（2009）。

02.022 生态学 Ecology 研究生命系统与其环境之间相互关系的学科，是生物学分支学科。“生态学”一词是德国生物学家E. 海克尔于1869年提出的。

来源：生态学名词审定委员会（2007）；《中国大百科全书》总编委员会（2009）。

02.023 生态系统 Ecosystem 指在自然界的一定的空间内，生物与环境构成的统一整体，在这个统一整体中，生物与环境之间相互影响、相互制约，并在一定时期内处于相对稳定的动态平衡状态。《中国大百科全书》认为，生态系统由生物群落及其生存环境共同组成的动态平衡系统。生物群落同其生存环境之间以及生物群落内不同种群生物之间不断进行着物质交换和能量流动，并处于互相作用和互相影响的动态平衡之中，这样构成的动态平衡系统就是生态系统。

来源：《自然资源部办公厅 财政部办公厅 生态环境部办公厅关于印发〈山水林田湖草生态保护修复工程指南（试行）〉的通知》（2020）；《省级国土空间生态修复规划编制指南（试行）》（2020）。

02.024 生态压力 Ecological stress 来自陆地、海洋、大气的自然干扰和人类活动对海洋生态系统产生的胁迫。

来源：《海洋调查规范》（2007）。

02.025 生态农场 Ecological farm 根据生态学的理论，充分

利用自然条件，在某一特定区域内建立起来的农业生产体系。在这个系统内，因地制宜合理安排农业生产布局和产品结构，投入最少的资源和能源，取得尽可能多的产品，保持生态的相对平衡，实现生产全面协调的发展。

来源：中国大百科全书总编辑委员会（1998b）。

02.026　生态足迹　Ecological footprint　指支持一定地区人口所需的生产性土地和水域的面积，以及吸纳这些地区人口所产生的废弃物所需要的土地之总和。由此来判断人类对自然系统的压力是否处于地球生态系统承载力的范围内，地球生态系统是否安全，人类经济社会的发展是否处于可持续发展的范围内。

来源：郑度（2012）。

02.027　生态系统结构　Ecosystem structure　生态系统生物和非生物组分保持相对稳定的相互联系、相互作用而形成的组织形式、结合方式和秩序。

来源：《省级国土空间生态修复规划编制指南（试行）》（2020）；《自然资源部办公厅 财政部办公厅 生态环境部办公厅关于印发〈山水林田湖草生态保护修复工程指南（试行）〉的通知》（2021）。

02.028　生态系统质量　Ecosystem quality　特定的时间和空间范围内生态系统的总体或部分组分的质量，具体表现为生态系统的生产服务能力、抗干扰能力和对人类生存和社会发展的承载能力等方面。

来源：《省级国土空间生态修复规划编制指南（试行）》（2020）；《自然资源部办公厅 财政部办公厅 生态环境部办公厅关于印发〈山水林田湖草生态保护修复工程指南（试行）〉的通知》（2021）。

02.029　生态系统稳定性　Ecosystem stability　是指生态系统在天然的情况下能保持其结构与功能的基本稳定，当受到外力干扰时（包括天然干扰与人为干扰）抵抗偏离初始状态的能力和受到干扰后返回初始状态的能力，主要表现为在长期的发展与演化过程中，生态系统内部各个成分之间以及与其周围的环境间的一种动态平衡的关系。

来源：《省级国土空间生态修复规划编制指南（试行）》（2020）；《自然资源部办公厅 财政部办公厅 生态环境部办公厅关于印发〈山水林田湖草生态保护修复工程指南（试行）〉的通知》（2021）。

02.030 退化生态系统 Degraded ecosystem 是指在自然或人为持续性胁迫事件或间断性的小干扰下形成的偏离自然状态的生态系统。生态学将其定义为，在自然因素、人为因素干扰下，导致生态要素和生态系统整体发生不利于生物和人类生存的量变和质变。

来源：《自然资源部办公厅 财政部办公厅 生态环境部办公厅关于印发〈山水林田湖草生态保护修复工程指南（试行）〉的通知》（2021）；生态学名词审定委员会（2007）。

02.031 生态系统恢复力 Ecosystem resilience 又称弹性，是指生态系统维持结构与格局的能力，即系统受干扰后恢复原来功能的能力。恢复力存在阈值，当干扰超过阈值后，生态系统无法自然恢复。

来源：《省级国土空间生态修复规划编制指南（试行）》（2020）；《自然资源部办公厅 财政部办公厅 生态环境部办公厅关于印发〈山水林田湖草生态保护修复工程指南（试行）〉的通知》（2021）。

02.032 生态胁迫 Ecological stress 是指来自人类或自然的对生态系统正常结构和功能的干扰，这些干扰往往超出生态系统恢复力，导致生态系统发生不可逆的变化甚至退化或崩溃。

来源：《省级国土空间生态修复规划编制指南（试行）》（2020）；《自然资源部办公厅 财政部办公厅 生态环境部办公厅关于印发〈山水林田湖草生态保护修复工程指南（试行）〉的通知》（2021）。

02.033 生态系统功能 Ecosystem function 是指生态系统整体

在其内部和外部的联系中表现出的作用和能力。随着能量和物质等的不断交流，生态系统亦产生不断变化和动态的过程。

来源：《省级国土空间生态修复规划编制指南（试行）》（2020）；《自然资源部办公厅 财政部办公厅 生态环境部办公厅关于印发〈山水林田湖草生态保护修复工程指南（试行）〉的通知》（2021）。

02.034　生态系统服务　Ecosystem services　是指生态系统与生态过程所形成及所维持的人类赖以生存的自然环境条件和效用，包括供给服务（如提供食物和水）、调节服务（如控制洪水和疾病）、文化服务（如精神健康和娱乐）以及支持服务（如维持养分循环）。简言之，就是指生态系统给人类提供的惠益。

来源：《省级国土空间生态修复规划编制指南（试行）》（2020）；《自然资源部办公厅 财政部办公厅 生态环境部办公厅关于印发〈山水林田湖草生态保护修复工程指南（试行）〉的通知》（2021）。

02.035　生态灾害　Ecological disaster　由于生态系统平衡改变所带来的各种不良后果。

来源：资源科学技术名词审定委员会（2008）。

02.036　生态危机　Ecological crisis　由于人类活动引起的生态环境质量下降、生态系统的结构与功能受到损害，甚至生命维持系统受到破坏从而危及人类的福利和生存发展的现象。

来源：资源科学技术名词审定委员会（2008）。

02.037　生态报复　Ecological retaliation　当人类干预自然的强度超过系统的承载阈值范围时，自然界以反作用的方式如资源衰竭、生态失衡、环境污染、物种灭绝等对人类的生产和生活产生负面影响的过程。

来源：资源科学技术名词审定委员会（2008）。

02.038　生态产品　Ecological products　是指维系生态安全、

保障生态调节功能、提供良好人居环境的自然要素。

来源：《省级国土空间生态修复规划编制指南（试行）》（2020）；《自然资源部办公厅 财政部办公厅 生态环境部办公厅关于印发〈山水林田湖草生态保护修复工程指南（试行）〉的通知》（2021）。

02.039 生态连通性 Ecological connectivity 是指景观格局中组分之间生物迁移迁徙、基因流动等生态过程的难易程度。连通性使物种得以迁徙或分散，以觅食、繁殖并应对气候变化，使自然群落通过维持生态系统功能而生机勃勃。

来源：《省级国土空间生态修复规划编制指南（试行）》（2020）；《自然资源部办公厅 财政部办公厅 生态环境部办公厅关于印发〈山水林田湖草生态保护修复工程指南（试行）〉的通知》（2021）。

02.040 生态网络 Ecological network 根据世界自然保护同盟（IUCN）的《通过生态网络和生态廊道加强保护区连通指南》，在区域（或流域）范围内，生态廊道常常相互交叉形成网络，使廊道与斑块和基底的相互作用复杂化。网络的功能与廊道相似，但与基底的作用更加广泛和密切。

来源：《省级国土空间生态修复规划编制指南（试行）》（2020）；《自然资源部办公厅 财政部办公厅 生态环境部办公厅关于印发〈山水林田湖草生态保护修复工程指南（试行）〉的通知》（2021）。

02.041 生态经济 Ecological economy 经济发展中生态与经济的关系。有时特指两者协调发展的状态。人类经济社会的发展经历了从生态与经济低水平协调经济，走向生态与经济严重对立经济，又走向生态与经济高水平协调经济的发展过程。

来源：《中国大百科全书》总编委员会（2009）。

02.042 生态审计 Ecological auditing 评价当事企业的生态指标与当地推行的环境法规的背向程度。评价的基本内容是对安全和健康保障的生态风险评价。其基本目标是避免被审计单位因生态风险的范围和水平估计不足而可能引致的财务损失，以及减少环境损失的措施。

来源：生态学名词审定委员会（2007）。

02.043　资源生态　Ecology of natural resources　自然界资源与人类需求间的相互关系。资源一词系功利主义概念；凡属对人类有用的东西都是资源。资源生态学家不仅要研究人与自然资源两者间的生态关系，还要研究自然资源本身间的生态关系。就其内容和功能来讲，资源生态学实为跨自然科学和社会科学两大领域的综合性学科；资源生态不仅是个生物学问题，同时也具有重大的社会意义。

来源：《中国大百科全书》总编委员会（2009）。

02.044　生态平衡　Ecological balance　生态系统发展到成熟的阶段，它的结构和功能，包括生物种类的组成、各个种群的数量比例以及能量和物质的输入、输出等都处于相对稳定的状态，这种状态称作生态平衡，又称自然平衡。

来源：生态学名词审定委员会（2007）。

02.045　生态经济区划　Eco-economical regionalization　运用生态经济学原理，根据各地区的自然生态和社会经济因素的类似性特点和它们的综合效应指标进行的国土区划。生态经济区划在实践中以生态经济区划体系的形式存在。通常在各类一级生态经济区中，又根据区域内不同地域的生态经济特点和条件，进行二级、三级生态经济区的划分。不同地区根据自己的生态经济特点和条件，进行不同层次的生态经济区域划分，能够更准确地反映本地区的生态经济特点及其优势和劣势，从而更有利于推进各地区经济的可持续发展。

来源：《中国大百科全书》总编委员会（2009）。

02.046 经济发展与生态平衡 Economic development and ecological equilibrium 生态经济学研究的基本内容。要求按照自然规律和经济规律，在保持良好的生态平衡的状况下，使经济能持续地增长。社会主义经济发展与维持生态平衡的目标完全一致。人们在规划和进行生产和生活活动时，积极维护生态平衡，建立最优化的生态系统，使青山常在、绿水长流、资源永续利用，使人们的生活环境质量日渐提高，使人类社会日益繁荣昌盛。

来源：中国大百科全书总编辑委员会（2002b）。

02.047 生态经济边缘效应 Ecological economic intercrossed effect 两个或两个以上生态经济系统互相交叉时，在交叉结合的边缘部位，对经济发展所产生的兼具生态和经济双重属性的作用效果。在实际经济发展中，不同生态经济系统结合和所产生的这一效应表现为多种类型。如山地平原生态经济系统结合、城乡生态经济系统结合、农牧生态经济系统结合、海陆生态经济系统结合、湖陆生态经济系统结合及各自产生的生态经济边缘效应等。

来源：《中国大百科全书》总编委员会（2009）。

02.048 社会－经济－自然复合生态系统 Social-economic-natural complex ecosystem 一类以人的行为为主导，由社会、经济、自然子系统在时、空、量、构及序耦合而成，是人类种群与其栖息劳作环境、区域生态环境及社会文化环境间相生相克、协同进化的矛盾统一体。

来源：生态学名词审定委员会（2007）。

02.049 生态可持续论 Ecological sustainable theory 人们在制定改造自然的实践活动和实施改造自然的实践过程中，必须考虑到生态系统自身的需要，注重生态的可持续承载力与生态系统的弹性力，维护生态平衡，实现生态与人类社会的可持续发展。

来源：资源科学技术名词审定委员会（2008）。

02.050　生态经济适合度　Ecological economic optimum　发展经济中，生态与经济相互协调的状况和程度。又称生态经济适宜度。是衡量人们发展经济中正确处理生态与经济之间关系合理定位的尺度。其界限是由自然生态系统本身的结构和功能所客观决定的、生态系统对人们发展经济的干扰所能允许的阈限，一般是指在此阈限之内的一定范围。

来源：《中国大百科全书》总编委员会（2009）。

02.051　环境　Environment　在环境科学中，一般认为环境是指围绕着人群的空间，及其中可以直接、间接影响人类生活和发展的各种自然因素的总体，但也有些人认为环境除自然因素外，还应包括有关的社会因素。

来源：中国大百科全书总编辑委员会（1998b）。

02.052　环境科学　Environmental science　环境科学在宏观上研究人类同环境之间的相互作用、相互促进、相互制约的对立统一关系，揭示社会经济发展和环境保护协调发展的基本规律；在微观上研究环境中的物质，尤其是人类活动排放的污染物的分子、原子等微小粒子在有机体内迁移、转化和蓄积的过程及其运动规律，探索它们对生命的影响及其作用机理等。

来源：蔡运龙（2007）；中国大百科全书总编辑委员会（1998b）。

02.053　环境保护　Environmental protection　采取行政的、法律的、经济的、科学技术的多方面措施，合理地利用自然资源，防止环境污染和破坏，以求保持和发展生态平衡，扩大有用自然资源的再生产，保障人类社会的发展。

来源：中国大百科全书总编辑委员会（1998b）。

02.054　环境经济　Environmental economy　指人类环境和社会经济活动之间存在的各种关系。研究环境经济问题的目的在于协调经济发展与环境保护之间的关系，保证经济的持续稳定增长。环境经济的研究可以为正确制定经济、社会发展战略规划和各项经济政策提供依据。

来源：中国大百科全书总编辑委员会（2002b）。

02.055 环境管理 Environmental management 国家环境保护部门的基本职能。它运用行政、法律、经济、教育和科学技术手段，协调社会经济发展同环境保护之间的关系，处理国民经济各部门、各社会集团和个人有关环境问题的相互关系，使社会经济发展在满足人们的物质和文化生活需要的同时，防治环境污染和维护生态平衡。

来源：中国大百科全书总编辑委员会（1998b）。

02.056 环境规划 Environmental program 国民经济和社会发展规划的组成部分。这种规划是对一定时期内环境保护目标和措施所作出的规定，其目的是在发展的同时保护环境，维护生态平衡。

来源：中国大百科全书总编辑委员会（1998b）。

02.057 环境保护主义 Environmentalism 一种以人类中心论为基础的环境保护思想。它用功利主义的原则来解释环境保护的理由：我们之所以要保护环境，是因为这样做对我们有利，保护环境就是保护我们自己。环境保护主义源于19世纪的资源保护运动，经由资源保护主义扩展、演变，形成今天的环境保护主义。

来源：《中国大百科全书》总编委员会（2009）。

02.058 环境承载力 Environmental carrying capacity 在维持环境系统功能与结构不发生变化的前提下，整个地球生物圈或某一区域所能承受的人类作用在环境上的规模、强度和速度的限值。环境承载力主要从环境可以供给的自然资源的数量和可以消解的污染物的最大负荷量角度，分析环境可以承受的人类活动的影响。它可以分为不可再生资源承载力、可再生资源承载力、水环境承载力与大气环境承载力等。

来源：《中国大百科全书》总编委员会（2009）。

02.059　资源环境承载能力　Carrying capacity of resource and environment　基于特定发展阶段、经济技术水平、生产生活方式和生态保护目标，一定地域范围内资源环境要素能够支撑农业生产、城镇建设等人类活动的最大合理规模。

来源：《资源环境承载能力和国土空间开发适宜性评价指南（试行）》(2020)。

02.060　“人口资源环境发展”协调　Harmony between population, resource, environment and development　人类经济社会发展中，人口、资源、环境与发展之间呈现的互相协调状态。简称 PRED 协调。在工业社会向生态社会的转换时期，为了推动经济社会实现可持续发展的需要产生，是生态与经济协调的基本内容和实现经济社会可持续发展的基础。

来源：《中国大百科全书》总编委员会（2009）。

02.061　区域可持续发展　Sustainable regional development　一种指导区域社会经济发展的科学理念。它要求区域社会经济发展必须与人口、资源、环境保持和谐的关系，区域经济增长和社会稳定发展应当建立在有效地控制人口增长、合理地利用自然资源、逐步地改善环境质量的基础上，促进不同类型地区的协调与均衡，缩小区际发展水平的差距。

来源：《中国大百科全书》总编委员会（2009）。

02.062　环境质量标准　Environmental quality standards　国家为保护人群健康和生存环境，对污染物（或有害因素）容许含量

（或要求）所作的规定。环境质量标准体现国家的环境保护政策和要求，是衡量环境是否受到污染的尺度，是环境规划、环境管理和制订污染物排放标准的依据。环境质量标准按环境要素分，有水质量标准、大气质量标准、土壤质量标准和生物质量标准四类，每一类又按不同用途或控制对象分为各种质量标准。

来源：中国大百科全书总编辑委员会（1998b）。

02. 063 环境生态系统工程 Environmental and ecological systems engineering 将系统工程的思想、理论和方法应用于环境保护领域，以解决防治环境污染和生态破坏等重大问题的工程技术。它从系统总体出发，运用系统分析方法，研究环境污染和生态破坏的现象、产生的原因、消除的办法及其所需的工程和措施。

来源：中国大百科全书总编辑委员会（1991a）。

02. 064 环境生态学 Environmental ecology 研究在人类干扰的条件下，生态系统内在的变化机理、规律和对人类的反效应，寻求受损生态系统的恢复、重建及保护的生态对策的学科。环境科学的分支，新兴的边缘学科。由环境科学与生态学相互渗透而形成的交叉学科。它运用生态学的原理，阐明人类对环境的影响及解决环境问题的生态途径。与之相关的学科数目众多，涉及自然科学、社会科学、经济学等诸领域。与生态学、资源生态学、环境监测与评价、环境工程学以及环境规划与管理的关系尤为密切。

来源：《中国大百科全书》总编委员会（2009）。

02. 065 环境库兹涅茨曲线 Environmental Kuznets curve 解释人均收入水平与环境质量之间关系的曲线。1993 年，西奥多·帕纳约托借用 1955 年西蒙·库兹涅茨界定的人均收入与收入不均等之间的倒 U 型曲线，来描述环境质量与人均收入间的关系，称为环境库兹涅茨曲线（EKC）。EKC 揭示出环境质量开始的时候随着收入的增加而退化，收入水平上升到一定程度后随收入的增加而改善，即环境质量与收入呈倒 U 型关系。

来源：杨明基（2015）。

02.066　地球科学　Geoscience　简称地学，是数学、物理学、化学、天文学、地学、生物学六大基础自然科学之一。随着生产和科学技术的发展，地球科学的研究内容和领域也不断地深入和扩展，逐渐形成了日臻完善的由多学科组成的综合性学科体系。

来源：《地球科学基本概念》，地质调查科普网。

02.067　地球系统科学　Earth system science　从整体论的观点出发，研究地球这个大系统内具有有机联系的子系统，即各圈层内部以及圈层之间的相互作用和运动变化的全过程、形成机制以及可能发生的发展变化趋势。

来源：《地球科学大辞典》编委会（2006）。

02.068　地理学　Geography　是研究地球表层空间地理要素或者地理综合体空间分布规律、时间演变过程和区域特征的一门学科，是自然科学与人文科学的交叉，具有综合性、交叉性和区域性的特点。随着地理信息技术发展与研究方法变革，新时期的地理学正在向地理科学进行转身，研究主题更加强调陆地表层系统的综合研究，研究范式经历着从地理学知识描述、格局与过程耦合，向复杂人地系统的模拟和预测转变。

来源：傅伯杰（2017）。

02.069　地质学　Geology　研究地球的科学之一，它研究地球的物质成分，内部构造，地球岩石圈发展历史和古生物的发展演化，地球表面特征，矿产资源及其开发利用等。

来源：中国石油学会、石油大学（1996）。

02.070 矿床学 Mineral deposits 研究各类矿床的成矿物质来源、成因及其时空分布规律的地质学科。内容包括：矿体的规模、产状、形态和物质组成，矿床的形成条件、控制因素、成因类型和工业类型等。目的是经济合理地进行找矿、勘探和开发工作，以满足社会对矿产资源的日益增加的需要。

来源：《中国百科大辞典》编委会（1990）。

02.071 海洋学 Oceanography 研究发生在海洋中的各种现象和过程及其相互联系的学科，根据研究对象和运用理论与方法的不同，可分为海洋物理学、海洋化学、海洋地质学和海洋生物等分科。

来源：邓绶林（1992）。

02.072 测绘学 Science of topography 研究与地球及近地天体有关的空间信息采集、处理、分析、显示、管理和利用的科学与技术。

来源：测绘学名词审定委员会（2020）。

02.073 计量学 Metrology 测量学科，是测量及其应用的科学。（注：计量学涵盖有关测量的理论及其不论其测量不确定度大小的所有应用范围。）

来源：通用计量名词及定义（2011）；鲁绍曾（1993）。

02.074 信息学 Informatics 研究信息的产生、获取、传输、处理、分类、识别、存储及利用的学科。

来源：刘建明（1993）。

02.075　系统科学　System science　系统科学是研究系统的结构与功能关系、演化和调控规律的科学，是一门新兴的综合性、交叉性学科。它以不同领域的复杂系统为研究对象，从系统和整体的角度，探讨复杂系统的性质和演化规律，目的是揭示各种系统的共性以及演化过程中所遵循的共同规律，发展优化和调控系统的方法，并进而为系统科学在科学技术、社会、经济、军事、生物等领域的应用提供理论依据。

来源：许国志（2000）。

02.076　大地测量学　Geodesy　研究和确定地球的形状及大小、重力场、整体与局部运动和地表面积近地空间点的集合位置及其变化的科学与技术。

来源：测绘学名词审定委员会（2020）。

02.077　摄影测量学　Photogrammetry　利用摄影影像测定目标物的形状、大小、位置、性质和相互关系的学科。

来源：测绘学名词审定委员会（2020）。

02.078　工程测量学　Marine surveying and mapping　研究工程建设和自然资源开发利用各阶段所进行的控制测量、地形测绘、施工放样、变形监测，建立专题信息系统等的科学与技术。

来源：测绘学名词审定委员会（2020）。

02.079　地理空间信息学　Geomatics，geospatial information science　又称地球空间信息学。研究地球空间信息的获取、存储、管理、传输、分析、显示和应用的一门综合与集成的信息科学与技术。

来源：测绘学名词审定委员会（2020）。

02.080　矿山测量学　Mine surveying　研究与矿山资源开发有

关的从地面到地下、从矿体/工程到围岩的动静态信息监测监控、定向定位、集成分析、数字表达、智能感知和调控决策的科学与技术。

来源：测绘学名词审定委员会（2020）。

02.081 海洋测绘学 Marine surveying and mapping 研究与海洋和陆地水域有关的地理空间信息的采集、处理、表示、管理和应用的科学与技术。

来源：测绘学名词审定委员会（2020）。

02.082 湿地学 Wetland science 研究湿地形成演化规律及其保护与合理利用的学科。包括研究湿地自身发生、发展、消亡的过程及其与周边环境相互作用、相互联系。是生态学、环境科学、地理学、水文学等学科的交叉学科。

来源：林学名词审定委员会（2016）；地理学名词审定委员会（2006）。

02.083 湿地资源学 Wetland resource science 研究湿地资源的种类构成、数量、地理分布、时空变化、合理开发利用和科学管理的学科。

来源：林学名词审定委员会（2016）。

02.084 湿地管理学 Wetland management science 研究湿地管理的学科，是湿地学和管理学的综合性交叉学科。

来源：林学名词审定委员会（2016）。

02.085 地球系统 Earth system 指由大气圈、水圈、陆圈（岩石圈、地幔、地核）和生物圈（包括人类）组成的有机整体。地球系统科学就是研究组成地球系统的这些子系统之间相互联系、相互作用中运转的机制，地球系统变化的规律和控制这些变化的机理，从而为全球环境变化预测建立科学基础，并为地球系统的科学管理提供依据。地球系统科学研究的空间范围从地心到地球外层空间，时间尺度从几百年到几百万年。

来源：胡显章、曾国屏（2015）。

02.086　地质　Geology　泛指地球或地球某一部分的性质和特征。其中包括其组成的物质成分及地层、岩层（体）的性质，矿物特征，物理和化学性质，岩石和地层的形成时代，各种构造和变质作用及其现象，地层中所记录的地球历史中的生命演化情况以及有用矿物的贮存状况等。

来源：张鸿云（1993）。

02.087　地貌　Landforms　地球表面（包括海底）的各种形态，由内营力和外营力相互作用而形成。由土壤、沉积物或基岩形成的具有一定形状并存在于一定部位的三维空间。

来源：地理学名词审定委员会（2006）；土壤学名词审定委员会（2016）。

02.088　腐殖质层　Humus layer　自然土壤中富含腐殖质的表层土壤，以 A1 表示。土体较为疏松，有良好结构。草原土壤腐殖质含量高达 5% ~10% 以上，厚度达 50 ~ 100 厘米。森林土壤厚度一般小于 50 厘米，腐殖质含量高者在 5% 以上。

来源：北京农业大学、华南农学院、华中农学院等（1983）。

02.089　基质层　Stroma　当前出露于地球陆地地表浅部或水体底部，由天然物质经自然作用形成，孕育和支撑（但不一定或不限于）森林、草原、水、生物等各类自然资源的基础物质层。

来源：葛良胜、杨贵才（2020）。

02.090　关键带　Critical zone　关键带位于地球表层，是一个可以透水透气的区域，其空间范围自树冠开始一直延伸至地下水的底部。因其是陆地生物活动的关键地带，对于维持地球生命至关重要，故而称作地球关键带。这是一个充满活力、不断演化的边界层。岩石、土壤、水和有机生命通过复杂的相互作用来调控自然栖息地和提供生命支撑资源，比如提供食物和淡水。

来源：根据相关文献资料定义。

02.091 地带性 Zonality 广义上是指自然地理环境各组成成分及其相互作用形成的自然综合体，在地表近于带状分布，在一定方向有规律的更叠现象。地带性包括纬度地带性、经度地带性和垂直地带性。狭义上指纬度地带性，即自然地理要素及自然综合体，在地表近于带状分布，按经向有规律的更叠，反映了由于太阳辐射在地表分布不均而引起的地理空间变异现象。

来源：孙鸿烈（2017）。

02.092 垂直地带性 Altitudinal zonality 一种山地特有的地理分异规律，指水热条件随海拔变化所引起的自然地理要素及自然综合体随地势高度发生垂直更替的现象。是叠加了地带性影响的非地带性在地表垂直方向的具体表现。

来源：孙鸿烈（2017）。

02.093 自然综合体 Natural complex 又称自然地域综合体。由多种自然地理要素相互联系、互相制约，有规律地结合而成的自然地理实体。具有相对的独立性和完整性，包括自然区划和土地类型的各级单位，是综合自然地理学的研究对象。由于各自然地理要素在地表不同地区或地段的相互结合和联系形式有一定差异，呈现出区域差异性；自然综合体由低级单位逐级合并，其水平范围和垂直厚度也逐级扩大，呈现出多等级特性，小至景观单元，大至地理壳。自然综合体是一个远离平衡态的耗散结构系统，与外界进行着物质、能量和信息的交换，且随着时间而不断演进。

来源：孙鸿烈（2017）。

02.094　土地覆被　Land cover　又称“土地覆盖”。自然过程和人类活动共同作用下的地球陆地表层状态。其与土地利用的区别在于前者侧重于土地的自然属性而后者侧重于土地的社会属性。不同区域土地覆被的性质主要决定于自然因素，但目前的土地覆被状况则主要是人类对土地的利用和整治活动造成的。

来源：孙鸿烈（2017）。

02.095　系统论　System theory　是研究系统的结构、特点、行为、动态、原则、规律以及系统间的联系，并对其功能进行数学描述的新兴学科。基本思想是把研究和处理的对象看作一个整体系统来对待。主要任务就是以系统为对象，从整体出发来研究系统整体和组成系统整体各要素的相互关系，从本质上说明其结构、功能、行为和动态，以把握系统整体，达到最优的目标。

来源：萧浩辉（1995）。

‖ 03 ‖
国家宏观管理术语

03.001　国内生产总值　Gross domestic product，GDP　即在一国领土范围内的本国居民和外国居民在一定时期内所生产的产品和劳务的总量。由于它是以国界为准的，所以在计算国内生产总值时，必须从国民生产总值中减去得自国外的净要素收入，后者系指本国投在外国的资本和劳务的收入减去外国投在本国的资本和劳务的收入，即国内生产总值 = 国民生产总值 - 国外净要素收入。具体地说，国内生产总值 = 国民生产总值 - 本国投在外国的资本和劳务收入 + 外国投在本国的资本和劳务收入。

来源：罗肇鸿、王怀宁（1995）。

03.002　国民生产总值　Gross national product，GNP　按市场价格计算的一国所有常住单位在报告期内原始收入初次分配的结果。其计算公式为：国民生产总值 = 国内生产总值 + 来自国外劳动者报酬和财政收入 - 支付给国外的劳动者报酬和财政收入。国民生产总值与国内生产总值不同，前者是收入概念，而后者是生产概念。根据国际标准，现已将国民生产总值更名为国民总收入。

来源：亢世勇（2003）。

03.003　通货膨胀　Inflation　国家纸币的发行量超过流通中所需要的货币量，引起纸币贬值、物价上涨的现象。

来源：黄河清（2019）。

03.004　消费者价格指数　Consumer price index, CPI　反映一国居民各个时期所消费的一定商品和劳务价格的平均变动程度的相对指标，有些国家称之为生活费指数（cost of living index）。消费者价格指数的作用如下：（1）反映一个国家的通货膨胀率；（2）消除各项指标动态序列的物价变动因素；（3）作为政府决策的重要数据之一；（4）在资本主义国家里，作为解决劳动纠纷，调整工资水平的重要参考数据之一。

来源：胡代光、高鸿业（2000）。

03.005　恩格尔系数　Engel's coefficient　居民食品支出占家庭消费总支出的比例。因德国经济学家和统计学家恩格尔（Ernst Engel）最先提出，故称。恩格尔系数数值越小，说明生活越富裕，反之，生活水平越低。

来源：沈孟璎（2009）。

03.006　基尼系数　Gini coefficient/index　意大利经济学家科拉多·基尼创制的用来测量收入分配不平等程度的指标。系数数值 0 为收入绝对平均，1 为绝对不平均，通常认为超过 0.4 为国际警戒线水平，表明贫富差距很大。

来源：刘海润、亢世勇（2016）。

03.007　实体经济　Real economy　人类赖以生存和发展的基础经济活动和部门。与“虚拟经济”相对。

来源：沈孟璎（2009）。

03.008　虚拟经济　Fictitious economy　以金融系统（金融机构、金融工具和金融市场）为主要依托，与虚拟资本的循环运动密切相关的资本独立化的经济活动。与“实体经济”相对。

来源：沈孟璎（2009）。

03.009 短期经济行为 Short-term economic behavior 人们只顾获得眼前经济利益，不顾生态环境被破坏，对长远经济利益带来影响，损害经济可持续发展的各种发展经济的做法。短期经济行为违反经济发展规律的要求。短期经济行为把人们发展经济的眼前利益与长远利益对立起来，使经济社会不能持续发展，违背了人类经济社会发展的目标和特点，必将给经济社会的发展带来不利的影响。

来源：《中国大百科全书》总编委员会（2009）。

03.010 社会主义市场经济体制 The socialist market economy 市场机制有效、宏观调控有度的经济体制。使市场在资源配置中起决定性作用，更好发挥政府作用，最大限度减少政府对市场资源的直接配置和对微观经济活动的直接干预，有效弥补市场失灵。

来源：根据中共十九大报告、《中共中央 国务院关于新时代加快完善社会主义市场经济体制的意见》归纳整理。

03.011 公有制经济 Public sector of the economy 与“非公有制经济”相对。国有经济、集体经济及混合所有制经济中的国有成分和集体成分。

来源：经济学名词审定委员会（2002）。

03.012 非公有制经济 Non-public sector of the economy 与“公有制经济”相对。是中国现阶段除了公有制经济形式以外的所有经济结构形式。它也是社会主义市场经济的重要组成部分。非公有制经济主要包括个体经济、私营经济、外资经济等。

来源：经济学名词审定委员会（2002）。

03.013 市场在资源配置中起决定性作用 The decisive role of the market in resource allocation 大幅度减少政府对资源的直接

配置，推动资源配置依据市场规则、市场价格、市场竞争实现效益最大化和效率最优化。

来源：中共十八届三中全会《中共中央关于全面深化改革若干重大问题的决定》(2013)。

03.014　高质量发展　High-quality development　能够很好满足人民日益增长的美好生活需要的发展，是体现新发展理念的发展，是创新成为第一动力、协调成为内生特点、绿色成为普遍形态、开放成为必由之路、共享成为根本目的的发展。

来源：2017 年 12 月 18 日习近平总书记在中央经济工作会议上的讲话。

03.015　新发展格局　New development paradigm　面向未来，把满足国内需求作为发展的出发点和落脚点，加快构建完整的内需体系，大力推进科技创新及其他各方面创新，加快推进数字经济、智能制造、生命健康、新材料等战略性新兴产业，形成更多新的增长点、增长极，着力打通生产、分配、流通、消费各个环节，逐步形成以国内大循环为主体、国内国际双循环相互促进的新发展格局，培育新形势下参与国际合作和竞争新优势。

来源：2020 年 5 月 23 日习近平总书记看望参加全国政协十三届三次会议的经济界委员并参加联组会时的讲话。

03.016　新发展理念　New development concept　创新、协调、绿色、开放、共享的发展理念，是管全局、管根本、管长远的导向，具有战略性、纲领性、引领性。新发展理念，指明了“十三五”乃至更长时期我国的发展思路、发展方向和发展着力点，要深入理解、准确把握其科学内涵和实践要求。创新是引领发展的第一动力。发展动力决定发展速度、效能、可持续性；协调是持续健康发展的内在要求；绿色是永续发展的必要条件和人民对美好生活追求的重要体现；开放是国家繁荣发展的必由之路；共享是中国特色社会主义的本质要求。

来源：中共中央宣传部（2016）。

03.017　新发展阶段　New development stage　新发展阶段是社会主义初级阶段中的一个阶段。习近平总书记指出："社会主义初级阶段不是一个静态、一成不变、停滞不前的阶段，也不是一个自发、被动、不用费多大气力自然而然就可以跨过的阶段，而是一个动态、积极有为、始终洋溢着蓬勃生机活力的过程，是一个阶梯式递进、不断发展进步、日益接近质的飞跃的量的积累和发展变化的过程。"中国特色社会主义初级阶段，是中国共产党领导中国人民进行伟大斗争、建设伟大工程、推进伟大事业、实现伟大梦想的阶段。我们开启全面建设社会主义现代化国家新征程，到2035年基本实现社会主义现代化，到本世纪中叶把我国建设成为富强民主文明和谐美丽的社会主义现代化强国，既是社会主义初级阶段我国发展的客观要求，又是我国社会主义从初级阶段向更高阶段迈进的必然要求。因此，新发展阶段是我国社会主义发展进程中的一个重要阶段。

来源：2021年1月11日习近平在省部级主要领导干部学习贯彻党的十九届五中全会精神专题研讨班开班式上发表重要讲话。

03.018　经济发展新常态　A new normal for economic development　经济增长速度从高速转向中高速，发展方式从规模速度型转向质量效率型，经济结构调整从增量扩能为主转向调整存量、做优增量并举，发展动力从主要依靠资源和低成本劳动力等要素投入转向创新驱动。

来源：2016年1月18日习近平总书记在省部级主要领导干部学习贯彻党的十八届五中全会精神专题研讨班上的讲话。

03.019　供给侧结构性改革　Supply-side structural reform　重点是解放和发展社会生产力，用改革的办法推进结构调整，减少无效和低端供给，扩大有效和中高端供给，增强供给结构对需求变化的适应性和灵活性，提高全要素生产率。既强调供给又关注需求，既突出发展社会生产力又注重完善生产关系，既发挥市场在资源配置中的决定性作用又更好发挥政府作用，既着眼当前又立足长远。

来源：2016 年 1 月 18 日习近平总书记在省部级主要领导干部学习贯彻党的十八届五中全会精神专题研讨班上的讲话。

03.020　供给侧管理　Supply side management　重在解决结构性问题，注重激发经济增长动力，主要通过优化要素配置和调整生产结构来提高供给体系质量和效率，进而推动经济增长。

来源：2016 年 1 月 18 日习近平总书记在省部级主要领导干部学习贯彻党的十八届五中全会精神专题研讨班上的讲话。

03.021　需求侧管理　Demand side management　重在解决总量性问题，注重短期调控，主要通过调节税收、财政支出、货币信贷等来刺激或抑制需求，进而推动经济增长。

来源：2016 年 1 月 18 日习近平总书记在省部级主要领导干部学习贯彻党的十八届五中全会精神专题研讨班上的讲话。

03.022　经济指标　Economic indicators　反映一定社会经济现象数量方面的名称及其数值。经济现象的名称用经济范畴表述，经济范畴的数量方面则通过数值反映。经济指标在反映经济现象及其发展规律的数量表现时，是以理论经济学所确定的经济范畴的含义为依据。

来源：中国大百科全书总编辑委员会（2002b）。

03.023　社会统计学　Social statistics　描述社会现象数量关系的工具性学科。既指与社会现象有关的实际数据的收集，也指统计分析方法在社会研究中的运用。前者通常称作社会统计，后者称社会统计分析。

来源：卢淑华（2009）。

03.024 宏观经济指标体系 Index systems of macroeconomics 综合分析和评价宏观经济系统所需的一系列变量的集合。宏观经济指标体系包括综合指标、部门和地区指标以及与外部系统相关的指标三类。

来源：中国大百科全书总编辑委员会（1991a）。

03.025 产业链 Industry chain 由若干产业形成的互相制约、互相发展的如同链条般的关系。

来源：沈孟璎（2009）。

03.026 供应链 Supply chain 具有纵向关系的企业组成的企业群。若干企业所组成的企业群中，对其中的任何一家企业，都有另外的企业与之具有纵向关系。两个企业有纵向关系是指一企业的产品供另一企业使用（装配到其产品中，或者用于为顾客服务等）。纵向企业间要交换信息、物资、资金、人员，从而在供应链中形成信息流、物流、资金流、人员流，将设计、生产和流通销售中涉及的供应商、生产商、分销商、零售商以及最终消费者等连成一体的链条，由此使得产品增值。供应链包括内部供应链和外部供应链。内部供应链指产品生产和流通过程所涉及的企业内部的采购部门、生产部门、仓储部门、销售部门等组成的供需网络；外部供应链则指企业外部的，涉及产品生产和流通过程相关的原材料供应商、生产商、储运商、零售商以及最终消费者组成的供需网络。供应链的概念最早从制造企业中提出来，后应用于服务企业及制造与服务混合企业。

来源：陆雄文（2013）。

03.027 产业结构 Industry structure 各产业的构成及各产业之间的联系和比例关系。在每个具体的经济发展阶段、发展时点上，组成国民经济的产业部门是大不一样的。各产业部门的构成及相互之间的联系、比例关系不尽相同，对经济增长的贡献大小也不同。

来源：经济学名词审定委员会（2002）。

03.028　战略性新兴产业　Strategic emerging industries　是引导未来经济社会发展的重要力量。发展战略性新兴产业已成为世界主要国家抢占新一轮经济和科技发展制高点的重大战略。我国正处在经济社会转型升级的关键时期，必须按照高质量发展的要求，抓住机遇，明确方向，突出重点，加快培育和发展战略性新兴产业。

来源：《国务院关于加快培育和发展战略性新兴产业的决定》（2010）。

03.029　负面清单制度　Negative list system　是指国务院以清单方式明确列出在中华人民共和国境内禁止和限制投资经营的行业、领域、业务等，各级政府依法采取相应管理措施的一系列制度安排。市场准入负面清单以外的行业、领域、业务等，各类市场主体皆可依法平等进入。

来源：《国务院关于实行市场准入负面清单制度的意见》（2015）。

03.030　生产布局　Production layout　社会生产在地区上的分布，即其空间形式。主要包括四方面内容：（1）社会生产在一定地区范围内的空间分布及其形成发展的条件；（2）社会生产各部门、行业、企业在地域上的具体组合形式；（3）生产、流通、分配和消费之间在地域上的组合；（4）各地区之间的社会经济联系。

来源：《中国百科大辞典》编委会（1990）。

03.031　工业布局　Industrial allocation　工业在地域上的动态分布或工业生产的地域组织。

来源：地理学名词审定委员会（2006）。

03.032　生产力布局　Allocation of productive forces　物质生产及其单元（企业、设施）等的区位、地点及地区规模、部门结构及地域组织。

来源：地理学名词审定委员会（2006）。

03.033　财政政策　Fiscal policy　政府运用各种财政手段和措施，以实现一定时期预定的包括充分就业、物价稳定和经济增长的宏观经济目标的政策。其主要是通过财政支出与税收政策调节总需求来实现的。

来源：经济学名词审定委员会（2002）。

03.034　货币政策　Monetary policy　通过中央银行调节货币供应量，影响利息率及经济中的信贷供应程度来间接影响总需求，以达到总需求与总供给趋于理想的均衡的一系列措施。一般主要工具包括再贴现政策、存款准备金政策和公开市场业务。

来源：经济学名词审定委员会（2002）。

03.035　绿色国内生产总值　Green GDP　将经济发展中资源成本、环境污染损失成本、生态成本纳入国内生产总值统计口径所形成的绿化后的国内生产总值。

来源：生态学名词审定委员会（2007）。

03.036　绿色金融　Green finance　利用金融手段融通资金并应用于环境保护和绿色产业发展。

来源：《中国大百科全书》总编委员会（2009）。

03.037　绿色管理　Green management　以生态与经济协调发展的思想为指导，对经济活动进行的管理。又称生态经济管理。是生态与经济双重目标的管理。

来源：《中国大百科全书》总编委员会（2009）。

03.038　绿色产业　Green industry　按照生态规律和经济规律相结合的生态经济规律改造传统产业所形成的集约利用资源、生产绿色产品的各产业的总称。绿色产业是一种资源节约利用和综合利用型产业。

来源：《中国大百科全书》总编委员会（2009）。

03.039　集约型经济增长（内涵型增长）　Intensive economic growth　主要依靠提高生产要素的质量和利用效率，来实现经济增长的经济增长方式。以这种方式实现经济增长，消耗较低，成本较低，产品质量能不断提高，经济效益较高。

来源：经济学名词审定委员会（2002）。

03.040　粗放型经济增长（外延型增长）　Extensive economic growth　主要依靠增加生产要素的投入，即增加投资、扩大厂房、增加劳动投入来增加产量的经济增长方式。其基本特征是依靠增加生产要素量的投入来扩大生产规模，实现经济增长。以这种方式实现经济增长，消耗较高，成本较高，产品质量难以提高，经济效益较低。

来源：经济学名词审定委员会（2002）。

03.041　循环经济　Recycling economy　本质上是一种生态经济，要求运用生态学规律而不是机械论规律来指导人类社会的经济活动。循环经济倡导的是一种与环境和谐的经济发展模式，它要求把经济活动组织成一个“资源—产品—再生产”的反馈式流程，其特征是低开采、高利用、低排放。它要求人们摒弃传统的大量消耗自然资源、大量生产消费产品、大量形成废弃物的生产模式，即“自然资源—产品—废物”的物质单向流动过程，建立起“资源—产品—废物—再生资源—再生产品”的循环生产模式。

来源：经济学名词审定委员会（2002）；《中国大百科全书》总编委员会（2009）。

03.042 低碳经济 Low-carbon economy 在可持续发展理念指导下，通过技术创新、制度创新、产业转型、新能源开发等多种手段，尽可能地减少煤炭石油等高碳能源消耗，减少温室气体排放，达到经济社会发展与生态环境保护双赢的一种经济发展形态。

来源：管理科学技术名词审定委员会（2016）。

03.043 政府和社会资本合作 Public-private partnership，PPP 政府和社会资本合作模式是公共服务供给机制的重大创新，即政府采取竞争性方式择优选择具有投资、运营管理能力的社会资本，双方按照平等协商原则订立合同，明确责权利关系，由社会资本提供公共服务，政府依据公共服务绩效评价结果向社会资本支付相应对价，保证社会资本获得合理收益。

来源：《国务院办公厅转发财政部 发展改革委 人民银行关于在公共服务领域推广政府和社会资本合作模式指导意见的通知》（2015）。

03.044 中央生态环保转移支付 Central ecological and environmental protection transfer payment 指通过中央一般公共预算安排的，用于支持生态环境保护方面的资金，具体包括：大气污染防治资金、水污染防治资金、土壤污染防治资金、农村环境整治资金、海洋生态保护修复资金、重点生态保护修复治理资金、林业草原生态保护恢复资金和林业改革发展资金（不含两项资金中全面停止天然林采伐、林业防灾减灾及到人到户补助）、自然灾害防治体系建设补助资金（全国自然灾害综合风险普查经费、安全生产预防和应急救援能力资金、特大型地质灾害防治资金）。

来源：《中央生态环保转移支付资金项目储备制度管理暂行办法》（2021）。

04

‖ 04 ‖

“碳中和”相关术语

04.001　温室气体　Greenhouse gas，GHG　大气中能有效吸收地球发射的红外辐射，阻挡热量自地球向外逃逸。重要的温室气体有二氧化碳、甲烷、氧化亚氮、氯氟烃类、臭氧和六氟化硫。除氯氟烃类外，大气中的温室气体来自海洋、森林、草原和土壤等中的生物的活动（天然源），但这些气体也由于人类的生产和社会活动（人为源）大量排放。氯氟烃类则全部来自人为源。

来源：《中国大百科全书》总编委员会（2009）。

04.002　政府间气候变化专门委员会　Intergovernmental Panel on Climate Change，IPCC　由世界气象组织（WMO）和联合国环境规划署（UNEP）于 1988 年组织设立，其作用是对与人类引起的气候变化相关的科学、技术和社会经济信息进行评估和商定对策。

来源：大气科学名词审定委员会（2009）。

04.003　碳达峰　Peak carbon dioxide emissions　是指二氧化碳排放量达到历史最高值后，先进入平台期在一定范围内波动，然后进入平稳下降阶段。碳排放达峰是二氧化碳排放量由增转降的历史拐点，达峰目标包括达峰时间和峰值。

来源：根据相关文献资料定义。

04.004 碳中和 Carbon neutral 通过植树造林等碳补偿方式，将一定时间内直接或间接产生的二氧化碳排放总量吸收掉，从而达到碳平衡（中和）。

来源：《中国大百科全书》总编委员会（2009）。

04.005 碳排放 Carbon emission 温室气体的排放。温室气体中最主要的气体是二氧化碳，因此用碳作为代表。

来源：林学名词审定委员会（2016）。

04.006 碳减排 Carbon emission reduction 减少人们在生活、生产等活动中向环境所释放出来的二氧化碳。大量的二氧化碳对人们生活环境构成了严重影响。

来源：林学名词审定委员会（2016）。

04.007 碳密度 Carbon density 单位面积的碳储量。通常指有机碳。

来源：林学名词审定委员会（2016）。

04.008 碳通量 Carbon flux 单位时间一定下垫面与大气之间的二氧化碳交换量。

来源：林学名词审定委员会（2016）。

04.009 碳交易 Carbon trading 《京都议定书》为促进全球温室气体排减，以国际公约作为依据的温室气体排减量所采用的市场机制。在6种被要求减排的温室气体中，二氧化碳（CO_2）为最大宗，故这种交易以每吨二氧化碳当量（tCO_2e）为计算单位。

来源：林学名词审定委员会（2016）。

04.010 碳信用 Carbon credit 国际有关机构依据《京都议定

书》等国际公约，发给温室气体减排国、用于进行碳贸易的凭证。一个单位的碳信用通常等于1t或相当于1t二氧化碳的减排量。

来源：林学名词审定委员会（2016）。

04.011　碳固存　Carbon sequestration　又称固碳、碳封存。以捕获碳并安全存储的方式来取代直接向大气中排放 CO_2 的技术。陆地生态系统对 CO_2 的吸收就是一种自然碳固存过程。

来源：林学名词审定委员会（2016）。

04.012　固碳价值　Carbon sequestration value　森林或其他生物吸收和减少大气中的二氧化碳所产生的效益。

来源：林学名词审定委员会（2016）。

04.013　碳补偿　Carbon compensation　个人或组织向二氧化碳减排个人或组织提供相应资金以充抵自己的二氧化碳排放量的行为。

来源：林学名词审定委员会（2016）。

04.014　碳市场　Carbon credit market　以碳汇转化成的碳信用产品为交易物的交换环境和条件的总和。

来源：林学名词审定委员会（2016）。

04.015　碳价格　Carbon price　通过“清洁发展机制”建立起温室气体排放权的交易价格。

来源：林学名词审定委员会（2016）。

04.016　碳库　Carbon pool　碳的储存库，生态系统中的总碳储量。通常包括地上生物量、地下生物量、枯落物、枯死木和土壤有机碳库。其单位为质量单位。

来源：林学名词审定委员会（2016）；《碳汇造林技术规程》（2014）。

04.017 碳基金 Carbon fund 通过“清洁发展机制”建立起关于温室气体排放权交易的专门资金。

来源：林学名词审定委员会（2016）。

04.018 碳排放权 Carbon emission right 是指分配给重点排放单位的规定时期内的碳排放配额。

来源：《碳排放权交易管理暂行条例（草案修改稿）》（2021）。

04.019 碳排放配额 Carbon emission quota 1个单位碳排放配额相当于向大气排放1吨的二氧化碳当量。

来源：《碳排放权交易管理暂行条例（草案修改稿）》（2021）。

04.020 国家核证自愿减排量 Chinese certified emission reduction 是指对我国境内可再生能源、林业碳汇、甲烷利用等项目的温室气体减排效果进行量化核证，并在国家温室气体自愿减排交易注册登记系统中登记的温室气体减排量。

来源：生态环境部《碳排放权交易管理办法（试行）》（2021）。

04.021 蓝碳 Blue carbon 是利用海洋活动及海洋生物吸收大气中的二氧化碳，并将其固定、储存在海洋中的过程、活动和机制。

来源：根据相关文献资料定义。

04.022 碳源 Carbon source 一个碳贮库，它向其他碳贮库提供碳，因此贮量随时间减少。也可解释为有机碳释放超出吸收的系统或区域。

来源：大气科学名词审定委员会（2009）；林学名词审定委员会（2016）。

04.023 碳汇 Carbon sink 一个碳贮库，它接收来自其他碳贮库的碳，因此贮量随时间增加。也可解释为有机碳吸收超出释放的系统或区域，如森林、海洋等。

来源：大气科学名词审定委员会（2009）；林学名词审定委员会（2016）。

04.024 负排放技术 Negative emissions technology 从大气中去除二氧化碳并进行封存的技术方法。包括利用生物过程增加土壤、森林和湿地中的碳储量，利用化学过程直接从空气中捕获二氧化碳并将其封存在地质储层中，以及从大气中捕获二氧化碳并将其与岩石永久结合的地质过程等。

来源：美国国家科学院《负排放技术和可靠碳封存：研究议程》（2019）。

04.025 森林碳汇 Forest carbon sink 通过实地造林、再造林、森林管理等活动，吸收大气中的二氧化碳并与碳贸易结合的过程、活动和机制。

来源：林学名词审定委员会（2016）。

04.026 海洋碳汇 Sea carbon sink 又称蓝碳，是指利用海洋活动及海洋生物吸收大气中的二氧化碳，并将其固定、储存在海洋中的过程、活动和机制。

来源：联合国环境规划署《蓝碳：健康海洋对碳的固定作用——快速反应评估报告》（2009）。

04.027 土壤碳汇 Soil carbon sink 陆地表面由矿物质、有机物质、水、空气和生物组成，具有肥力，能生长植物的未固结层有机碳吸收超出释放的系统或区域。

来源：生态学名词审定委员会（2007）。

04.028 二氧化碳失汇 CO_2 missing sink 在全球碳平衡中尚未确定的二氧化碳汇，即人为活动引起的二氧化碳释放量和大气二氧化碳增加量之差。

来源：林学名词审定委员会（2016）。

04.029 陆地生态系统 Terrestrial ecosystem 特定陆地生物群落与其环境通过能量流动和物质循环所形成的一个彼此关联、相互作用并具有自动调节机制的统一整体。

来源：生态学名词审定委员会（2007）。

04.030 海洋生态系统 Marine ecosystem 海洋生物群落与海底区和水层区环境之间进行不断物质交换与能量传递所形成的统一整体。

来源：生态学名词审定委员会（2007）。

04.031 生物多样性 Biodiversity/Biological diversity 一定地区的各种生物以及由这些生物所构成的生命综合体的丰富程度。也可解释为生物及其所包含的基因和赖以生存的生态环境的多样性和变异性。主要包括遗传多样性、物种多样性和生态系统多样性 3 个层次。其中，物种的数量是衡量生物多样性丰富程度的基本。

来源：《自然资源部办公厅 财政部办公厅 生态环境部办公厅关于印发〈山水林田湖草生态保护修复工程指南（试行）〉的通知》（2020）；《省级国土空间生态修复规划编制指南（试行）》（2020）；林学名词审定委员会（2016）。

04.032 地质多样性 Geological diversity 自然界的地质和物理要素的多样性，如矿物、岩石、土壤、化石和地貌，以及活跃的地质和地貌过程。地质多样性与生物多样性一起构成了地球的自然多样性。

来源：根据相关文献资料定义。

04.033 海洋酸化 Ocean acidification 当二氧化碳被海水吸收时，会发生化学反应，降低海水的酸碱度、碳酸盐离子浓度和生物重要的碳酸钙矿物的饱和状态，这些化学反应被简称为“海洋酸化”。

来源：根据相关文献资料定义。

04.034　碳捕集与封存　Carbon capture and storage，CCS　从大型稳定二氧化碳排放源中分离、收集二氧化碳，并用各种方法储存以减少排放到大气中的过程。

来源：化工名词审定委员会（2019）。

04.035　碳捕集、利用与封存　Carbon capture，utilization and storage，CCUS　从大型稳定二氧化碳排放源中分离、收集二氧化碳，并运输到特定地点加以利用或封存，以实现被捕集二氧化碳与大气长期隔离的过程。电力领域将其解释为把燃煤发电等生产过程中排放的二氧化碳收集起来，进行提纯循环再利用，并用各种方法储存以避免其排放到大气中的一种技术。

来源：化工名词审定委员会（2019）；电力名词审定委员会（2019）。

04.036　电气化　Electrification　国民经济和人民生活的各个领域中广泛使用电能并采用电工、电子技术。电气化可以提高劳动生产率，改进工作及生活条件。电气化也为自动化奠定了技术基础。

来源：中国大百科全书总编辑委员会（1998a）。

04.037　化石能源　Fossil energy　古代生物遗体在特定地质条件下形成的，可作燃料和化工原料的沉积矿产。包括煤、油页岩、石油、天然气等。

来源：煤炭科技名词审定委员会（2016）。

04.038　清洁能源　Clean energy　可再生的、消耗后可得到恢复，或非再生的（如风能、水能、天然气等）及经洁净技术处理过的能源（如洁净煤油等）。狭义的清洁能源是指可再生能源。如水能、生物能、太阳能、风能、地热能和海洋能。广义的清洁能源还包括在能源的生产及其消费过程中，选用对生态环境低污染或无污染的能源。如天然气、清洁煤和核能等。

来源：生态学名词审定委员会（2007）；化工名词审定委员会（2019）。

04.039 风能 Wind energy 近地层风产生的动能。太阳能的一种转化形式。由于太阳辐射造成地球表面各部分受热不均匀，引起大气层中压力分布不平衡，在水平气压梯度的作用下，空气沿水平方向运动形成风。风速愈大，它具有的能量愈大。风能是可再生的清洁能源，储量大、分布广。

来源：《中国大百科全书》总编委员会（2009）；资源科学技术名词审定委员会（2008）；大气科学名词审定委员会（2009）。

04.040 太阳能 Solar energy 太阳内部高温核聚变反应所释放的辐射能。其中约二十亿分之一到达地球大气层，是地球上光和热的源泉。是一种清洁的、可持久供应的自然能源。

来源：资源科学技术名词审定委员会（2008）；《中国大百科全书》总编委员会（2009）。

04.041 海洋能 Ocean energy 蕴藏在海洋中的可再生能源，包括潮汐能、波浪能、海洋温差能、海浪能、潮流能和海水盐差能，广义还包括海洋能农场。海水所具有的可再生自然能源的总称。

来源：《海洋学术语：海洋资源学》（2005）；海洋科技名词审定委员会（2007）。

04.042 水能 Hydropower 天然水流能蕴藏的能量，水体具备的势能、压能和动能的总称，一般指河流的水能，其蕴藏量取决于水流的流量与落差。水能资源是一种自然能源，是一种可再生资源。

来源：地理学名词审定委员会（2006）；资源科学技术名词审定委员会（2008）；电力名词审定委员会（2019）。

04.043 能源金属矿产 Energy metal mineral 能源金属矿产是指可在能源领域发挥重要作用的金属矿产资源。包括铀、钍等众所周知的金属矿产，但不包括煤、油气、地热等常规、非金属能源矿产。能源金属矿产应该具备以下两个基本条件：一是属于金属矿产；二是在能源领域发挥重要作用。可在能源领域发挥重要作用的金属矿产也都可以涵盖进来，锂、钼、镓等稀有、稀散金属及稀土金属也都可以归属于能源金属矿产。

来源：根据相关文献资料定义。

04.044 气候变化 Climate change 数千年平均气候状况的变化，多用于表述历史时期数千年间的气候变化，有时也泛指任何时期的气候变化。

来源：《地球科学大辞典》编委会（2006）。

04.045 国家自主贡献 Nationally determined contributions, NDC 指在控制全球温升不超过2℃目标的指引下，以《巴黎协定》各缔约方“自下而上”方式提出各国目标和行动计划。2015年《联合国气候变化框架公约》第21次缔约方气候变化大会通过了《巴黎协定》，将过去“自上而下”的减排模式，转变为以国家自主贡献为核心的“自下而上”的减排模式，并以全球定期集体盘点的方式促使各方不断提高承诺和行动的力度。《巴黎协定》第四条要求各缔约方每五年通报一次国家自主贡献，缔约方也可随时向提升贡献目标水平的方向来调整已经提出的自主贡献。

来源：根据相关文献资料定义。

04.046 《生物多样性公约》 Convention on Biological Diversity 一项保护地球生物资源的国际公约。1992年6月1日由联合国环境规划署发起的政府间谈判委员会第七次会议在内罗毕通过，1992年6月5日由签约国在巴西里约热内卢举行的联合国环境与发展大会上签署，中国于1992年6月11日签署该公约，1992年11月7日批准。公约明确，生物多样性是指陆地、海洋和其他水生环境一定范围内多种多样活的有机体（动物、植物、微生物）有机结合所构成的稳定生态综合体。这种多样性包括动物、植物和微生物的物种多样性、物种的遗传与变异的多样性及生态系统的多样性。

来源：根据相关文献资料定义。

04.047 《关于特别是作为水禽栖息地的国际重要湿地公约》 Convention of Wetlands of International Importance Especially as Waterfowl Habitats 一项保护湿地的国际公约。简称《湿地公约》，又称《拉姆萨尔公约》。1971 年 2 月 2 日在伊朗的拉姆萨尔签订，后经 1982 年 12 月 3 日巴黎议定书修正。公约明确，湿地系指不问其为天然或人工、长久或暂时之沼泽地、湿原、泥炭地或水域地带，带有或静止或流动，或为淡水、半咸水或咸水水体者，包括低潮时水深不超过 6 米的水域。

来源：根据相关文献资料定义。

05

自然资源调查监测

05.001　自然资源调查　Natural resource survey　自然资源调查分为基础调查和专项调查。其中，基础调查是对自然资源共性特征开展的调查，专项调查指为自然资源的特性或特定需要开展的专业性调查。基础调查和专项调查相结合，共同描述自然资源总体情况。

来源:《自然资源调查监测体系构建总体方案》(2020)。

05.002　自然资源基础调查　Natural resource baseline survey　查清各类自然资源体投射在地表的分布和范围，以及开发利用与保护等基本情况，掌握最基本的全国自然资源本底状况和共性特征。以各类自然资源的分布、范围、面积、权属性质等为核心内容，以地表覆盖为基础，按照自然资源管理基本需求，组织开展我国陆海全域的自然资源基础性调查工作。

来源:《自然资源调查监测体系构建总体方案》(2020)。

05.003　自然资源专项调查　Special investigation of natural resources　针对土地、矿产、森林、草原、水、湿地、海域海岛等自然资源的特性、专业管理和宏观决策需求，组织开展自然资源的专业性调查，查清各类自然资源的数量、质量、结构、生态功能以及相关人文地理等多维度信息。建立自然资源专项调查工作机制，根据专业管理的需要，定期组织全国性的专项调查，发布调查结果。

来源：《自然资源调查监测体系构建总体方案》（2020）。

05.004 耕地资源调查 Arable land resource survey 在基础调查耕地范围内，开展耕地资源专项调查工作，查清耕地的等级、健康状况、产能等，掌握全国耕地资源的质量状况。每年对重点区域的耕地质量情况进行调查，包括对耕地的质量、土壤酸化盐渍化及其他生物化学成分组成等进行跟踪，分析耕地质量变化趋势。

来源：《自然资源调查监测体系构建总体方案》（2020）。

05.005 森林资源调查 Forest inventory investigation 以林地、林木以及林区范围内生长的动、植物及其环境条件为对象的林业调查。查清森林资源的种类、数量、质量、结构、功能和生态状况以及变化情况等，获取全国森林覆盖率、森林蓄积量以及起源、树种、龄组、郁闭度等指标数据。每年发布森林蓄积量、森林覆盖率等重要数据。

来源：中国大百科全书总编辑委员会（1998c）；《自然资源调查监测体系构建总体方案》（2020）。

05.006 草原资源调查 Grassland resource survey 对草原资源的数量、质量、利用状况及其空间分布、环境条件等的调查。旨在查清草原的类型、生物量、等级、生态状况以及变化情况等，获取全国草原植被覆盖度、草原综合植被盖度、草原生产力等指标数据，掌握全国草原植被生长、利用、退化、鼠害病虫害、草原生态修复状况等信息。

来源：《自然资源调查监测体系构建总体方案》（2020）；《草原与牧草术语（征求意见稿）》（2021）。

05.007 湿地资源调查 Wetland resources survey 查清湿地类

型、分布、面积，湿地水环境、生物多样性、保护与利用、受威胁状况等现状及其变化情况，全面掌握湿地生态质量状况及湿地损毁等变化趋势，形成湿地面积、分布、湿地率、湿地保护率等数据。每年发布湿地保护率等数据。

来源：《自然资源调查监测体系构建总体方案》(2020)。

05.008　第三次全国国土调查　The third national land survey
按照国家统一标准，在全国范围内利用遥感、测绘、地理信息、互联网等技术，统筹利用现有资料，以正射影像图为基础，实地调查土地的地类、面积和权属，全面掌握全国耕地、种植园、林地、草地、湿地、商业服务业、工矿、住宅、公共管理与公共服务、交通运输、水域及水利设施用地等地类分布及利用状况。

来源：根据《国务院第三次全国国土调查领导小组办公室关于印发 <第三次全国国土调查实施方案> 的通知》(2018) 归纳总结。

05.009　土地资源调查　Land resources survey　为查清某一国家、某一地区或某一单位的土地数量、质量、分布及其利用状况而进行的量测、分析和评价工作。主要内容包括：土地利用现状调查、土地质量调查、土地评价及土地监测等。

来源：中国大百科全书总编辑委员会 (1998c)。

05.010　土地调查　Land investigation　对土地的权属、利用类型、面积、质量和分布进行的调查。

来源：测绘学名词审定委员会 (2020)。

05.011　土地类型　Land type　土地按其自然属性（综合自然特征）的相似性和差异性划归的类别。有的地理文献把土地利用类型也叫作土地类型。

来源：中国大百科全书总编辑委员会 (1998b)。

05.012 土地结构 Land structure 各种土地类型在某一区域中的组合方式、比例和彼此间相互联系所构成的分布格局。包括质的对比关系和量的对比关系两方面。质的对比关系是指有哪几种土地类型，其排列组合关系如何；量的对比关系是指各种土地类型所占的绝对面积和百分比。广义的土地结构还包括土地利用类型和土地资源评价分等的组合结构。

来源：《中国大百科全书》总编委员会（2009）。

05.013 土地分级 Land hierarchy 按土地的综合自然特性的相对一致性和内部结构的复杂程度，划分出级别高低不同、范围大小不等的个体土地单位，并按彼此的从属关系得出的分级系统。土地分级是土地分类研究的前提，对揭示小尺度地域分异规律有重要意义，可以为小区域内的土地利用规划和土地管理提供重要依据。

来源：中国大百科全书总编辑委员会（1998b）。

05.014 数字正射影像图 Digital orthophoto map，DOM 经过正射投影改正的影像数据集。

来源：《国土变更调查技术规程》（2020）。

05.015 数字高程模型 Digital elevation model，DEM 用一组有序数值阵列形式表示地面高程的一种实体地面模型。

来源：《国土变更调查技术规程》（2020）。

05.016 土地利用遥感监测 Land use remote-sensing monitoring 应用遥感技术，对特定目标或区域土地利用状况及其动态变化信息进行的监测。

来源：《国土变更调查技术规程》（2020）。

05.017 地类图斑 Parcel of single land type 单一地类的地

块，以及被行政区、城镇村庄等调查界线或土地权属界线分割的单一地类地块为图斑。城镇村庄内部同一地类的相邻宗地合并为一个图斑。

来源：《国土变更调查技术规程》(2020)。

05.018　用地管理信息　Information of land use administration 各级自然资源管理部门通过农用地转用审批、土地征收审批、未利用地开发审批、土地供应审批、土地整治等行为确定的且报国家自然资源管理部门备案的发生变化的土地空间及其属性等相关信息。

来源：《国土变更调查技术规程》(2020)。

05.019　地表基质　The surface of the substrate　地球表层孕育和支撑森林、草原、水、湿地等各类自然资源的基础物质。

来源：《地表基质分类方案（试行）》(2020)。

05.020　岩石　Rock　天然产出的具有一定结构构造的矿物集合体，少数由天然玻璃或胶体或生物遗骸组成。

来源：《地表基质分类方案（试行）》(2020)。

05.021　砾质　Psephite　岩石发育的产物。指地表岩石经风化、搬运、沉积作用而成，颗粒粒径≥2mm 者体积含量≥75% 的岩石碎屑物、矿物碎屑物或二者的混合物。

来源：《地表基质分类方案（试行）》(2020)。

05.022　土质　Properties of soil　砾质物质的进一步发育。指由不同粒级的砾（体积含量 <75%）、砂粒和黏粒按不同比例组成的地球表面疏松覆盖物，在适当条件下能够生长植物。

来源：《地表基质分类方案（试行）》(2020)。

05.023　泥质　Argillaceous　长期处在静水或缓慢的流水水体

底部的特殊壤土、粘土，以及天然含水量大于液限、天然孔隙比≥1.5 的粘性土。

来源：《地表基质分类方案（试行）》(2020)。

05.024 河道范围 River range 实地宽度大于 20 米的河道范围，存在明显且连续堤坝的区域，以堤坝为范围边界；无堤坝的，以高水位线为范围边界，即包括常年雨季形成的高水位岸线之间的范围。

来源：《第三次全国国土调查河道耕地和湖区耕地套合统计技术规定》(2020)。

05.025 湖区范围 The lake district scope 常年实地水面面积 5000 平方米以上的湖泊和水库的高水位范围，以及高水位时实地水面面积 1000 平方米以上的坑塘范围。

来源：《第三次全国国土调查河道耕地和湖区耕地套合统计技术规定》(2020)。

05.026 黄河滩区 Yellow River beach 黄河干流和主要支流的最大行洪范围，由河槽、嫩滩和老滩三部分组成。其中，河槽是河道中行水、输沙的部分，按照河水经常冲刷、基本无人工利用的原则确定其范围；嫩滩指洪水漫滩较频繁最接近河槽的一级河漫滩，按照第一道生产堤以内、偶尔行洪且其内无固定居住点的原则确定其范围；老滩是指“黄河大堤”至嫩滩范围线之间的区域，“黄河大堤”不连续处沿较高地形闭合范围线。

来源：《第三次全国国土调查河道耕地和湖区耕地套合统计技术规定》(2020)。

05.027 矢量数据 Vector data 由几何元素所表示的数据。

来源：《第三次全国国土调查统一时点数据库更新技术方案》(2020)。

05.028 格网数据 Grid data 与特定参照系相对应的空间的规则化的数据。

来源：《第三次全国国土调查统一时点数据库更新技术方案》(2020)。

05. 029　图形数据　Graphic data　表示地理实体的位置、形态、大小和分布特征以及几何类型的数据。

来源：《第三次全国国土调查统一时点数据库更新技术方案》(2020)。

05. 030　质量元素　Data quality element　产品满足用户要求和使用目的的基本特征。这种特征可归纳为对成果数据完整性、逻辑一致性、拓扑一致性等质量元素，这些质量元素能予以描述或度量，以便确定对于成果数据质量要求是合格还是不合格。

来源：《第三次全国国土调查统一时点更新县级数据库质量检查细则》(2020)。

05. 031　质检规则　Quality inspection rules　质检规则是用于检验第三次国土调查统一时点更新成果是否满足质量要求所采用的具体评判方法。

来源：《第三次全国国土调查统一时点更新县级数据库质量检查细则》(2020)。

05. 032　拓扑关系　Topological relation　描述两个要素之间边界拓扑和点集拓扑的要素关系。

来源：《第三次全国国土调查县级数据库建设技术规范（修订稿）》(2020)。

05. 033　位置精度　Positional accuracy　空间点位与其真实位置的符合程度。

来源：《第三次全国国土调查县级数据库建设技术规范（修订稿）》(2020)。

05. 034　坐标精度　Coordinate precision　坐标值的精确程度。

来源：《第三次全国国土调查县级数据库建设技术规范（修订稿）》(2020)。

05. 035　属性精度　Attribute accuracy　指获取的属性值（编码值）与其真实值的符合程度。

来源：《第三次全国国土调查县级数据库建设技术规范（修订稿）》(2020)。

05. 036　逻辑一致性　Logical consistency　空间数据在逻辑关系

上的一致性。

来源：《第三次全国国土调查县级数据库建设技术规范（修订稿）》(2020)。

05.037　森林调查　Forest inventory　又称森林清查。森林经营管理的一项基础工作。其目的是为制定林业区划、规划，指导林业生产提供基础资料。其任务是查清森林资源数量、质量，摸清其变化规律，客观反映自然、经济条件，进行综合评价，提出全面的、准确的森林资源调查材料、图面材料、统计报表和调查报告。

来源：林学名词审定委员会（2016）。

05.038　森林资源连续清查　Continuous forest inventory　又称一类调查。定期对省（区、市）、大林区重复进行的森林调查方法。通常采用数理统计方法对设置的固定样地进行森林资源调查。

来源：林学名词审定委员会（2016）。

05.039　森林抽样调查　Sampling method for forestinventory　在森林调查中测定部分样本单元以推算全林结果的调查方法。进行的常规程序包括：确定调查范围、目的因子和要求精度，进行踏查、了解总体的变动情况；设计森林抽样估算方案；制定调查方法和标准；抽取和测定样本，进行资源估计和误差分析、成果汇编等。

来源：中国大百科全书总编辑委员会（1998c）。

05.040　林业遥感　Remote sensing applied in forestry　应用遥感手段获取林区地面物体信息的一整套技术。遥感仪器从高空或远处接收的物体反射或发射的电磁波信息，经过处理后，成为能识别的影像，或成为计算机数字图像处理用的磁带记录，可被用于观察和认识森林生长发育的环境、调查森林资源、监测森林自

05

然灾害和进行林业生产管理以及科学研究工作。

来源：中国大百科全书总编辑委员会（1998c）。

05.041　森林覆盖率　Percentage of forest cover　指以行政区域为单位森林面积与土地面积的百分比。森林面积，包括郁闭度0.2以上的乔木林地面积和竹林地面积、国家特别规定的灌木林地面积、农田林网以及村旁、路旁、水旁、宅旁林木的覆盖面积。

来源：《中华人民共和国森林法实施条例》（2018）。

05.042　标准木　Sample tree　在林分或森林调查中为推算全林蓄积量、生长量或其他指标而选测的有代表性的树木。传统上指按平均标志或代表性选取的作为典型样木的实测树木，广义上还包括按数理统计原理选取的随机样木（见森林抽样调查）。

来源：中国大百科全书总编辑委员会（1998c）。

05.043　森林类型　Forest type　森林群落的分类单位。简称“林型”。是按照群落的内部特性、外部特征及其动态规律所划分的同质森林地段。

来源：中国大百科全书总编辑委员会（1998c）。

05.044　森林结构　Structure of forest　森林植物组成的空间、时间和生活型排列。空间排列称为空间结构；时间排列称为年龄结构；生活型排列称为层片结构。

来源：中国大百科全书总编辑委员会（1998c）。

05.045　森林立地　Forest site　森林生长地段（空间位置）中诸环境因子的总称。生态学上称为生境。森林立地是森林生产力的基础，对森林更新、树种选择、地力维持和经营管理至为重要。林业上根据立地质量，划分立地等级或立地指数来评价林地生产力和制订相应的营林措施。

来源：《中国大百科全书》总编委员会（2009）。

05.046 湿地调查 Wetland investigation 对湿地的数量和质量在野外实践中进行分析研究。

来源：地理学名词审定委员会（2006）。

05.047 湿地资源普查 Wetland resources survey 根据统一的技术规程，在一定区域范围内，周期性地进行的湿地调查，其目的是查清湿地现状，建立湿地资源数据库，为科学管理湿地提供依据。

来源：林学名词审定委员会（2016）。

05.048 海洋调查 Oceanographic survey/Oceanographic investigation 对特定海域的部分海洋要素及相关海洋要素进行观测，并在此基础上对其分布特性及演变规律做出初步评价的过程。

来源：《海洋学综合术语》（2010）。

05.049 全国海岛资源综合调查 Countrywide Comprehensive Investigation of Sea Island Resources 1988年1月30日至1996年5月中国首次对海洋岛屿进行的全国性、大规模、多学科的资源调查，领导小组办公室挂靠在国家海洋局。1989年2月通过了《全国海岛资源综合调查简明规程》，作为海岛调查的基本技术标准和要求。基本任务是考察全国海岛自然环境要素和自然资源的类型、数量、分布特征等基本资料。调查内容包括：气候、地质、地貌、土壤、植被、林业、生物、海洋水文、海水化学、环境质量、土地利用、社会经济与海岛量算等。

来源：《中国大百科全书》总编委员会（2009）。

05.050　全国海岸带和海涂资源综合调查　Countrywide Comprehensive Investigations of the Coastal Zone and Tidalland Resources　简称"全国海岸带综合调查"，是中国首次进行的大规模海岸带综合普查，1979年8月，由国务院批准统一组织。1980年3月，国务院有关部门和沿海10个省（区、市）联合成立了全国海岸带和海涂资源调查领导小组。1982年4月，技术指导组审查并通过了《全国海岸带和海涂资源综合调查简明规程》，并先后成立了水文气象、地质地貌、海洋生物、土地利用、化学环保、社会经济、土壤植被林业、制图8个专业组。沿海10个省（区、市）也都设有相应的组织协调机构。

来源：中国大百科全书总编辑委员会（2002a）。

05.051　自然资源监测　Natural resources monitoring　在基础调查和专项调查形成的自然资源本底数据基础上，掌握自然资源自身变化及人类活动引起的变化情况的一项工作，实现"早发现、早制止、严打击"的监管目标。根据监测的尺度范围和服务对象，分为常规监测、专题监测和应急监测。

来源：《自然资源调查监测体系构建总体方案》（2020）。

05.052　自然资源常规监测　Regular monitoring of natural resources　围绕自然资源管理目标，对我国范围内的自然资源定期开展的全覆盖动态遥感监测，及时掌握自然资源年度变化等信息，支撑基础调查成果年度更新，也服务年度自然资源督察执法以及各类考核工作等。常规监测以每年12月31日为时点，重点监测包括土地利用在内的各类自然资源的年度变化情况。

来源：《自然资源调查监测体系构建总体方案》（2020）。

05.053　自然资源专题监测　Thematic monitoring of natural resources　对地表覆盖和某一区域、某一类型自然资源的特征指标进行动态跟踪，掌握地表覆盖及自然资源数量、质量等变化情况。

来源：《自然资源调查监测体系构建总体方案》(2020)。

05.054　土地（动态）监测　Land (dynamic) monitoring　定期对土地的各种属性进行连续调查，以获取其动态变化信息的土地调查。

来源：《土地基本术语》(2003)。

05.055　森林资源监测　Forest resource monitoring　根据森林资源经营管理和生态建设、科学研究等的需要，采用相应的技术方法和标准，按照确定的时空尺度，在特定范围内对森林资源分布、数量、质量的动态变化以及相关的自然和社会经济条件等数据进行采集、统计、分析和评价的工作。

来源：《森林资源术语》(2010)。

05.056　草原监测　Grassland monitoring　定期有计划地对草原资源数据及信息等进行调查、收集、分析和解释，并结合管理目标进行评价的过程。

来源：《草原与牧草术语（征求意见稿）》(2021)。

05.057　水质监测　Water quality monitoring　对水中化学污染物及物理和生物污染因素进行现场的、长期的、连续的监视和测定，并研究它们对环境质量的影响。对化学污染物的监测往往不只是测定其成分和含量，而且需要进行形态、结构和分布规律的监测；必要时对物理污染因素（如热和放射性等）和生物污染因素（如病原微生物等）也要进行监测。凡是反映水环境质量变化的、对人与水环境有影响的各种因素，及对水环境造成污染的各种成分，均为水环境监测的内容。

来源：《中国大百科全书》总编委员会(2009)。

05.058 海洋预警监测 Marine early warning and monitoring 是指通过网络和计算机手段检测海洋变化引起的海洋灾害或灾难以及其他需要提防的危险发生之前，根据以往的总结的规律或观测得到的可能性前兆，向相关部门发出紧急信号，报告海洋生态危险情况，以避免危害在不知情或准备不足的情况下发生，从而最大限度地减轻危害所造成的损失的行为。

来源：陈连增、雷波（2019）。

05.059 海洋环境监测 Marine environment monitoring 在设定的时间和空间内，使用统一的、可比的采样和检测手段，获取环境海洋学要素和陆源性入海物质资料，以阐明其时空分布、变化规律及其与海洋开发、利用和保护关系的全过程。

来源：《海洋学综合术语》(2010)。

05.060 海洋灾害 Marine disaster 海洋自然环境发生异常或激烈变化，导致在海上或陆地发生的危害社会、经济、环境和生命财产的现象或事件。（注：主要包括风暴潮、海浪、海冰、海啸、赤潮、绿潮等灾害和海岸侵蚀、海水入侵与土壤盐渍化、咸潮入侵）

来源：《海洋防灾减灾术语》(2020)。

05.061 海洋灾害应急 Marine disaster emergency 海洋灾害发生前所做的各种必要准备以及海洋灾害发生后所实施的现场调查、抢险救灾行动。

来源：《海洋防灾减灾术语》(2020)。

05.062 海洋灾害预报和警报 Marine hydro-meteorological forecast 提供灾害性海洋预报的业务或其灾害预报、警报产品。包括海洋观测，观测资料的采集、传输和交换，海洋信息数据处理，灾害性海洋现象或状态诊断、模拟，并预测可能影响人员安全和导致经济、环境、资源损失的现象或状态；向公众、有关海上和海岸作业部门或抗灾部门报告（即预报）或在严重时发布海洋灾害警报，并及时分发和传播，等等。

来源：《中国大百科全书》总编委员会（2009）。

05.063 海洋勘测 Marine survey 探明海洋中资源的种类、储量和分布，尤其是海洋矿产资源，生物资源和化学资源等进行的取样、观察和调查、评价和管理等活动过程。海洋资源丰富，从海岸到大洋，从表层到海底均有分布，如全球海底石油储藏量约为世界已探明石油储量的两倍，深海锰结核和海底热液矿床等储量也很巨大，都有待于勘探和开发利用。

来源：张梓太、沈灏、张闻昭（2015）；谭宇生（2013）。

05.064 海洋观测 Ocean observation 以掌握、描述海洋状况为目的，对潮汐、盐度、海温、海浪、海流、海冰、海啸波等进行的观察测量活动，以及对相关数据采集、传输、分析和评价的活动。

来源：《海洋观测预报管理条例》（2012）。

05.065 海洋遥感 Ocean remote sensing 利用遥感技术对海洋进行远距离非接触大面积观测和长时间监测，并定量测量海洋环境参数的高新技术和新兴分支学科。通常把工作在可见光、红外、微波波段的高灵敏度高性能传感器装载于人造地球卫星、飞船和飞机等远程平台上进行观测。海洋遥感内容涉及物理学、海洋学、信息科学，并与空间技术、光电子技术、微波技术、计算机技术、通信技术密切相关。

来源：《中国大百科全书》总编委员会（2009）。

05.066 海洋预报 Ocean prediction 对潮汐、盐度、海温、海浪、海流、海冰、海啸、风暴潮、海平面变化、海岸侵蚀、咸潮入侵等海洋状况和海洋现象开展的预测和信息发布的活动。

来源：《海洋观测预报管理条例》（2012）。

05.067　自然资源数量　Natural resources quantity　在一定社会经济技术条件下，能够被人类开发利用的各种自然资源的多少。它是表征自然资源的丰富程度的量化指标，可以反映出自然资源的有限性、稀缺性和时间性。

来源：资源科学技术名词审定委员会（2008）。

05.068　自然资源质量　Natural resource quality　在一定社会经济技术条件下，各种自然资源满足人类和社会环境需要的优劣程度，或获取经济效益、社会效益和生态效益的多少和价值高低的表征。

来源：资源科学技术名词审定委员会（2008）。

05.069　自然资源属性　Natural resources attribute　自然资源所固有的自然和社会性质。自然属性是指组成、结构、功能和边界等自然资源系统的状态、关系等所具有的整体性、层次性、周期性、地域性等特性。社会属性是指自然资源作为人类社会生产的劳动手段和劳动对象的性质。

来源：地理学名词审定委员会（2006）。

05.070　自然资源系统　Natural resources system　各种自然资源在一定空间范围内相互联系构成的统一整体。

来源：地理学名词审定委员会（2006）。

05.071　自然资源统计　Natural resources statistics　按照自然资源调查监测统计指标，开展自然资源基础统计，分类、分项统计自然资源调查监测数据，形成基本的自然资源现状和变化成果。

来源：《自然资源调查监测体系构建总体方案》（2020）。

05.072　自然资源分析　Natural resource analysis　基于统计结果等，以全国、区域或专题为目标，从数量、质量、结构、生态功能等角度，开展自然资源现状、开发利用程度及潜力分析，研判自然资源变化情况及发展趋势，综合分析自然资源、生态环境与区域高质量发展整体情况。

来源：《自然资源调查监测体系构建总体方案》(2020)。

05.073　自然资源评价　Natural resource assessment　建立自然资源调查监测评价指标体系，评价各类自然资源基本状况与保护开发利用程度，评价自然资源要素之间、人类生存发展与自然资源之间、区域之间、经济社会与区域发展之间的协调关系，为自然资源保护与合理开发利用提供决策参考。如全国耕地资源质量分析评价、全国水资源分析以及区域水平衡状况评价、全国草场长势及退化情况分析、全国湿地状况及保护情况分析评价等。

来源：《自然资源调查监测体系构建总体方案》(2020)。

05.074　系统评价　Systems evaluation　对新开发的或改建的系统，根据预定的系统目标，用系统分析的方法，从技术、经济、社会、生态等方面对系统设计的各种方案进行评审和选择，以确定最优或次优或满意的系统方案。

来源：中国大百科全书总编辑委员会（1991a）。

05.075　项目综合评价　Project overall evaluation　对技术方案在经济计算和效果评价的基础上进行的全面论证。综合评价通常采用多目标决策方法，基本程序是：选定评价项目；制定评价标准、对各评价项目进行评分；归纳汇总、作出结论。综合评价法有加法、乘法、加乘混合法、除法和最小二乘法。

来源：中国大百科全书总编辑委员会（2002b）。

05.076　技术经济分析　Techno-economic analysis　对各种技术

方案进行的计算、比较与论证。是优选各种技术方案的重要手段与科学方法。

来源：中国大百科全书总编辑委员会（2002b）。

05.077　自然资源质量评价　Evaluation of natural resources quality　对某一地区各种自然资源成分或其整体在一定社会经济技术条件下能被人类开发利用所创造出的财富和价值进行定量或定性的评估。

来源：地理学名词审定委员会（2006）。

05.078　环境质量评价　Environmental quality assessment　按照一定的评价标准和评价方法对一定区域范围内的环境质量进行说明、评定和预测。在地学等科学领域里，有着对一定区域的自然环境条件或某些自然资源（如矿产、水源、土壤、气候、林地）进行评价的传统。

来源：中国大百科全书总编辑委员会（1998b）。

05.079　环境影响评价　Environmental impact assessment　广义指对拟议中的人为活动（包括建设项目、资源开发、区域开发、政策、立法、法规等）可能造成的环境影响（包括环境污染和生态破坏，也包括对环境的有利影响）进行分析、论证的全过程，并提出防治措施和对策；狭义指对拟议中的建设项目在兴建前的可行性研究阶段，对其选址、设计、施工等过程，特别是运营和生产阶段可能带来的环境影响进行预测和分析，提出相应的防治措施，为项目选址、设计及建成投产后的环境管理提供科学依据。

来源：《中国大百科全书》总编委员会（2009）。

05.080　环境现状评价　Assessment for ambient environment　着眼当前情况对一个区域内人类活动造成的环境质量变化进行评

定，为区域环境污染综合防治提供科学依据。

来源：中国大百科全书总编辑委员会（1998b）。

05.081 土地评价 Land evaluation 根据一定的目的要求，对土地性状进行鉴定、分类、评级和估价的工作。其内容主要包括对土地各个要素和有关土地利用的社会经济条件的综合考察，土地质量等级评定，土地利用合理程度和改变用途的可能性的阐明等，并要据以提出提高其生产力的措施。国民经济各部门都有必要根据自己的用地要求对其所占用的土地进行评价。

来源：中国大百科全书总编辑委员会（1998b）。

05.082 土地生态评价 Ecological evaluation of land 对各种土地生态类型的健康状况、适宜性、环境影响、服务功能和价值的综合分析与评价的过程。

来源：《土地基本术语》（2003）。

05.083 土地适宜性评价 Land suitability evaluation 根据对一给定的土地利用类型或利用方式适宜与否、适宜程度和限制性种类，将特定的土地单元进行评定和归类的一种土地评价体系。

来源：《土地基本术语》（2003）。

05.084 土地自然评价 Physical land evaluation 依据土地的自然属性评定土地的利用能力或适宜性等级，并用实物的数量（如作物单产等）表示其评价结果的一类土地评价体系。

来源：《土地基本术语》（2003）。

05.085 土地经济评价 Economic land evaluation 在自然评价的基础上，进行社会经济分析，并用可比的经济效益指标（如单位面积土地产值、投资回报率、级差收入等）表示其评价结果的一类土地评价体系。

来源：《土地基本术语》(2003)。

05.086　土壤资源评价　Soil resource evaluation　按照农业生产和其他利用的目的，对各种土壤资源作适宜性程度的比较和评定。进行土壤资源的质量评价和数量统计，可为改良、利用及规划、管理土壤资源等提供科学依据。目前国际和国内并不严格区分土壤资源评价和土地资源评价。

来源：中国大百科全书总编辑委员会（1998b）。

05.087　耕作制度　Cropping system and soil management　一个地区或生产单位的作物种植制度以及与之相适应的土地保护培养制度的总体。又称农作制度。耕作制度是随着社会经济的发展，生产工具、生产条件与科学技术的进步以及人类对农产品需要的变化而不断演进的。耕作制度的主体是种植制度，它决定一个地区或生产单位的作物构成、配置、熟制和种植方式等。按土地利用的集约化程度和养地方式可分为下列几种类型：(1) 撂荒制。(2) 休闲耕作制。(3) 连年耕作制。

来源：《中国大百科全书》总编委员会（2009）。

05.088　农业自然资源　Agricultural natural resources　自然界可被利用于农业生产的物质和能量来源。一般指各种气象要素和水、土地、生物等自然物，不包括用以制造农业生产工具或用作动力能源的煤、铁、石油等矿产资源和风力、水力等资源。查明不同地区农业自然资源的状况、特点和开发潜力，加以合理利用，不但对发展农业具有重要战略意义，而且有利于保护人类生存环境和发展国民经济。

来源：中国大百科全书总编辑委员会（1998c）。

05.089　矿产资源综合评价　Comprehensive evaluation of miner-

al resources　在对主矿产进行勘查评价的同时，对共伴生矿产的空间分布、资源储量、赋存形式、品质特征、可利用性、经济意义等进行研究评价，为综合开发和综合利用提供依据。

来源：根据相关文献资料定义。

05.090　矿床技术经济评价　Technical and economic evaluation of mineral deposit　在矿床地质评价基础上，根据其技术条件和经济条件，对所拥有的矿产资源在未来一定时期内进行工业开发的经济效益所作的与各勘查阶段工作任务和工作程度相适应的预估。其目的在于为合理部署勘查工作，优选矿产工业开发基地以及拟建矿山建设前期的技术经济论证工作提供科学依据，也为进行矿产资源（储量）的资产评估奠定基础。

来源：中国大百科全书总编辑委员会（2002d）。

05.091　矿床经济效益评价　Deposit economic benefit assessment　矿床未来工业开发对国民经济所作的贡献。可分为直接效益和间接效益。直接效益（direct benefit）是指由矿床未来工业开发的产出物产生，并在该矿床工业开发的项目范围内计算所得的经济效益，一般表现为增加该产出物数量，满足国内需求的效益；替代其他相同或类似矿山企业产出物使其减产以减少国家有用资源消耗（或损失）的效益；增加出口（或减少进口）所增加（或节支）的国家外汇等。间接效益（indirect benefit）亦称外部效益，是指矿山为社会做出的贡献，而矿山本身并未得益的那部分。直接效益和间接效益均需用影子价格进行计算。

来源：《地球科学大辞典》编委会（2006）。

05.092　森林资源评价　Forest resources evaluation　在科学分析的基础上，对森林资源的数量、质量、结构、功能等方面进行评估，为经营者和决策者提供科学依据。

来源：资源科学技术名词审定委员会（2008）。

05.093 森林效益 Beneficial effect of forest 森林生物群体的物质生产、能量贮备及其对周围环境的影响所表现的价值。

来源：《中国大百科全书》总编委员会（2009）。

05.094 森林地理 Forest geogrophy 森林在地球表面的分布。研究这种状况和规律的科学称为森林地理学。它是林学的组成部分，也是植物地理学的一个分支，主要研究世界或某一地区各种森林类型的起源、演变和分布范围，并分析它与地貌、气候、土壤以及其他植物群落的相互关系，为正确地制订林业区划、各项林业政策和技术措施提供科学依据。

来源：中国大百科全书总编辑委员会（1998c）。

05.095 可更新资源 Renewable resource 通过天然作用或人工经营能为人类反复利用的各种自然资源。又称可再生资源。主要是土地资源，包括农耕地、宜垦地、草场、宜林地、沙漠、裸露山地等；水资源，包括地表水和地下水；气候资源，包括光照、温度、降水等；生物资源，包括各种农作物、林木、牧草等植物，鱼类、家畜、家禽、野生的兽和鸟类等动物以及微生物，也包括由它们组成的各种种群和生物群落。是人类生产和生活的物质基础。土地、水、气候和生物资源都有各自的运动规律，彼此相互联系，相互制约，构成完整的系统。

来源：《中国大百科全书》总编委员会（2009）。

05.096 林业生产结构 Productive structure of forestry 林业各生产部门及各生产环节的组成和比例关系。现代林业是由林业内部许多生产部门和生产环节所组成的有机体系，每一部门或环节需要其他部门或环节提供产品作为劳动手段、劳动对象和劳动者的生活资料，同时把本部门或本环节的产品通过交换，供给其他部门或其他环节使用。

来源：中国大百科全书总编辑委员会（1998c）。

05.097 轮伐期 Rotation 轮流伐尽经营类型内各林分后再次回到最初伐区采伐成熟林的生产周期。包括采伐、更新、培育成林到再次采伐周而复始的整个时期。轮伐期的确定可作为实现森林的永续利用安排时间序列的重要手段。只适用于同龄林皆伐或渐伐作业，表示在一个森林经营类型内，为保证永续利用而培育森林所需要的平均年限。通常根据森林成熟所确定的最合理的采伐年龄称主伐年龄，加上更新期就构成了轮伐期的概念。

来源：中国大百科全书总编辑委员会（1998c）。

05.098 湿地评价 Wetland evaluation 揭示湿地生态系统属性与人类需求之间的价值关系的活动。

来源：林学名词审定委员会（2016）。

05.099 水资源评价 Water resources assessment 水资源的数量、质量、时空分布特征和开发利用条件的分析评定。是水资源的合理开发利用、管理和保护的基础，也是国家或地区水资源有关问题的决策依据。

来源：中国大百科全书总编辑委员会（2002a）。

05.100 水质评价 Water quality evaluation 水环境质量评价的简称，是环境质量评价体系中的一种单要素评价。水质评价是根据水的用途，按照一定的评价参数、质量标准和评价方法，对水域的水质或水域的综合体的质量进行定性或定量的评定。

来源：中国大百科全书总编辑委员会（1998b）。

05.101 代表性流域 Representative basins 根据一定原则选定的、能代表水文相似区在天然情况下的水文特征的流域。自然地理条件（土壤性质、地形、地质条件和植被状况等）和水文特征（雨量、蒸发、年径流、洪水特征和径流年内分配特征等）近似的地区称为水文相似区。通常可把一个广阔的地区划分成若干个各具特点的水文相似区，在每个水文相似区内选择一个或数个流域作为整个地区的代表性流域。

来源：中国大百科全书总编辑委员会（2002a）。

05.102　淡水生态　Freshwater ecology　是指内陆水体中生物与生物之间以及生物与环境之间的相互关系。包括生物个体、种群、生物群落和生态系统等层次。淡水生态系统的研究，有助于阐明系统中的物质循环、能流以及演替和平衡的规律，为加强内陆水体的水质管理、防治水体污染或富营养化、合理开发和利用水体生物生产力提供科学依据。

来源：中国大百科全书总编辑委员会（1991b）。

06

自然资源战略规划

06.001 战略 Strategy 泛指对社会政治、经济、文化、科技和外交等领域全局、高层次、长远重大问题的筹划与指导。管理科学认为，战略是组织为求得长期生存和不断发展，为创造和保持竞争优势，对组织的发展目标、达到目标的途径和手段的总体规划。

来源：陈至立（2020）；管理科学技术名词审定委员会（2016）。

06.002 战略决策 Strategic decision making 通常由高层管理者制定的，对涉及组织目标、战略规划等关系到组织生存发展的根本问题进行的决策。

来源：管理科学技术名词审定委员会（2016）。

06.003 战略规划 Strategic planning 制定组织的长期目标并将其付诸实施。

来源：管理科学技术名词审定委员会（2016）。

06.004 区域发展战略 Regional development strategy 区域发展中重大的、带全局性或决策性的谋划，其本身具有面向未来的倾向性，是区域开发中的发展观和全局谋划的有机结合。区域发展战略的基本结构一般包括战略目标、战略重点、战略方针、战略步骤和战略措施等。

来源：经济学名词审定委员会（2002）。

06.005 区域协调发展战略 Regional coordinated development strategy 区域协调发展战略是中共十六届三中全会提出的“五个统筹”之一。具体内容为：积极推进西部大开发，振兴东北地区等老工业基地，促进中部地区崛起，鼓励东部地区率先发展，继续发挥各个地区的优势和积极性，通过健全市场机制、合作机制、互助机制、扶持机制，逐步扭转区域发展差距拉大的趋势，形成东中西相互促进、优势互补、共同发展的新格局。

来源：奚洁人（2007）。

06.006 可持续发展战略 Strategy of sustainable development 是指满足当前需要而又不削弱子孙后代满足其需要之能力的发展。可持续发展还意味着维护、合理使用并且提高自然资源基础，这种基础支撑着生态抗压力及经济的增长。可持续的发展还意味着在发展计划和政策中纳入对环境的关注与考虑，而不代表在援助或发展资助方面的一种新形式的附加条件。

来源：《关于可持续发展的声明》（1989）。

06.007 环境保护战略 Strategy of environmental protection 在综合考虑资源、人口和发展的基础上，为维护生态平衡，创造人类良好的生存环境所采取的综合性和全局性的策略。制定环境保护战略的目的是协调环境保护和社会经济发展的关系，保障人类生存条件，促进国民经济和社会持久健全地发展。

来源：中国大百科全书总编辑委员会（1998b）。

06.008 资源战略 Resource strategy 从全局、长远、内部联系和外部环境等方面，对资源开发利用与保护等重大问题进行谋划而制订的方略。

来源：资源科学技术名词审定委员会（2008）。

06.009 矿产资源战略 Mineral resource strategy 从经济社会

发展全局出发，对矿产资源勘查、开发、利用作出的长远性谋划。包括战略目标、战略任务和战略措施等。

来源：资源科学技术名词审定委员会（2008）。

06.010　矿产资源勘查战略　Mineral resource exploration strategy　指从全局、长远、内部联系和外部环境等方面，对矿产资源勘查、评价进行的谋划或为此制定的方略。

来源：资源科学技术名词审定委员会（2008）。

06.011　矿产资源开发战略　Mineral resource development strategy　指从全局、长远、内部联系和外部环境等方面，对矿产资源开发利用进行的谋划或为此制定的方略。

来源：资源科学技术名词审定委员会（2008）。

06.012　区域资源战略　Regional resource strategy　从全局及长远出发，联系内在和外部环境等因素，对区域资源勘查、评价、开发利用、安全保障、管理和保护等进行的谋划或为此制定的方略。

来源：资源科学技术名词审定委员会（2008）。

06.013　林业发展战略　Forestry development strategy　从林业生产宏观角度出发，制定符合社会经济发展需要的林业战略目标，从总体上研究林业发展过程全局应该采取的方针政策。包括战略指导思想、战略目标、战略重点和战略措施。

来源：林学名词审定委员会（2016）。

06.014　能源发展战略　Energy development strategy　适应国民经济和社会发展的需要，对能源总体发展的谋划和设计，包括制订能源发展的方针、原则、目标及重大措施。能源发展战略具有长期性、全局性、综合性的特点。

来源：资源科学技术名词审定委员会（2008）。

06.015　主体功能区战略　Main functional area strategy　一定的国土空间具有多种功能，但必有一种主体功能。我国各地区各种自然环境和资源条件差别迥然，各地区不能按照统一的发展模式进行发展，根据全国整体发展规划及各地具体情况，我国国土空间按开发方式分为优化开发区域、重点开发区域、限制开发区域和禁止开发区域。按照全国主体功能区的规划，未来国土空间将形成如下战略格局："两横三纵"为主体的城市化战略格局、"七区二十三带"为主体的农业战略格局、"两屏三带"为主体的生态安全战略格局。

来源：依据相关文献定义。

06.016　规划　Planning　确定未来发展目标，制定实现目标的行动纲领以及不断付诸实施的整个过程。

来源：城乡规划学名词审定委员会（2021）。

06.017　资源规划　Resource planning　根据可持续发展的原则，对资源的开发利用与保护方案，作出比选与安排的活动过程。

来源：资源科学技术名词审定委员会（2008）。

06.018　区域规划　Regional planning　根据国家经济社会发展总的战略方向和目标，对一定地区范围内的社会经济发展和建设进行总体部署（包括区际和区内）。

来源：地理学名词审定委员会（2006）。

06.019　区域资源开发规划　Exploitation planning of regional resources　对区域资源开发利用的方向、规模、结构与布局等进行部署的宏观筹划。

来源：资源科学技术名词审定委员会（2008）。

06.020 自然资源区划 Regionalization of natural resources 根据自然资源系统结构特征、功能和空间分布规律以及资源开发利用整治措施的相似性和差异性，运用地域分异理论原则划分成一系列不同等级的区域。

来源：地理学名词审定委员会（2006）。

06.021 生态规划 Ecological planning 指运用生态学原理，综合地、长远地评价、规划和协调人与自然资源开发、利用和转化的关系，提高生态经济效率，促进社会经济可持续发展的一种区域发展规划方法。

来源：资源科学技术名词审定委员会（2008）。

06.022 区域生态规划 Regional ecological planning 是城市生态规划的上位规划。以生态学原理为指导，对城市发展所依赖的流域、区域或政域内的基础生态因子、生态演替过程、景观生态格局和生态服务功能进行系统分析，辨识区域发展的利导和限制因子、生态敏感和适宜性区域，开展生态功能区划，为区域未来可能的社会经济发展提出控制性和诱导性的资源利用、环境保护与生态建设战略和措施。

来源：生态学名词审定委员会（2007）。

06.023 土地生态规划 Land ecological planning 根据生态学原理，以提高区域尺度土地生态系统的整体功能为目标，在土地生态分析、综合评价的基础上，提出优化土地生态系统结构、格局的方案、对策和建议的过程。

来源：资源科学技术名词审定委员会（2008）。

06.024 城市生态规划 Urban ecological planning 是在上位区域生态规划指导下开展的市域生态系统发展规划。包括城市生态概念规划（自然和人类生态因子、生态关系、生态功能和生态网络的发展战略规划）、城市生态工程规划（水、能源、景观、交通和建筑等生态工程建设规划）以及城市生态管理规划（生态资产、生态服务、生态代谢、生态体制和生态文明的管理规划）。

来源：生态学名词审定委员会（2007）。

06.025　自然资源保护和利用规划　Natural resources protection and utilization planning　是指导自然资源保护和利用工作的纲领性文件，是制定相关专项规划和地方规划、部署年度工作、安排财政预算、配置资源要素、完善政策体系、开展审计监督的重要依据。

来源：根据相关文献资料定义。

06.026　矿产资源规划　Mineral resource planning　根据矿产资源禀赋条件、勘查开发利用现状和一定时期内国民经济和社会发展对矿产资源的需求，对地质勘查、矿产资源开发利用和保护等作出的总量、结构、布局和时序安排，是落实国家矿产资源战略、加强和改善矿产资源宏观管理的重要手段，是依法审批和监督管理地质勘查、矿产资源开发利用和保护活动的重要依据。矿产资源规划包括矿产资源总体规划和矿产资源专项规划。

来源：《矿产资源规划编制实施办法》（2012）。

06.027　矿产资源总体规划　Overall planning of mineral resources　矿产资源总体规划包括国家级矿产资源总体规划、省级矿产资源总体规划、设区的市级矿产资源总体规划和县级矿产资源总体规划。国家级矿产资源总体规划应当对全国地质勘查、矿产资源开发利用和保护进行战略性总体布局和统筹安排。省级矿产资源总体规划应当对国家级矿产资源总体规划的目标任务在本行政区域内进行细化和落实。设区的市级、县级矿产资源总体规划应当对依法审批管理和上级自然资源主管部门授权审批管理矿种的勘查、开发利用和保护活动作出具体安排。下级矿产资源总体规划应当服从上级矿产资源总体规划。

来源：《矿产资源规划编制实施办法》(2012)。

06.028　矿产资源专项规划　Special planning of mineral resources　矿产资源专项规划应当对地质勘查、矿产资源开发利用和保护、矿山地质环境保护与治理恢复、矿区土地复垦等特定领域，或者重要矿种、重点区域的地质勘查、矿产资源开发利用和保护及其相关活动作出具体安排。国家规划矿区、对国民经济具有重要价值的矿区、大型规模以上矿产地和对国家或者本地区有重要价值的矿种，应当编制矿产资源专项规划。

来源：《矿产资源规划编制实施办法》(2012)。

06.029　矿产资源规划管理　Management of mineral resource planning　对矿产资源规划制定和实施过程，以及利用矿产资源规划对矿产资源的开发、利用、保护全过程的管理。

来源：资源科学技术名词审定委员会(2008)。

06.030　能源规划　Energy planning　适应国民经济和社会发展的需要，对一定发展时期的能源发展进行总体筹划和部署。

来源：资源科学技术名词审定委员会(2008)。

06.031　林业区划　Forestry division　按照林业生产地域分异规律和自然、经济、社会与技术等方面的条件，对林业生产所做的地域空间上的划分。

来源：林学名词审定委员会(2016)。

06.032　森林区划　Forest division　为了科学经营森林，实现森林永续利用，合理安排空间秩序，针对行政管理、资源管理和组织林业生产的需要，对整个林区进行地域上的划分，将林区和不同的森林对象区划为不同的单位的过程。

来源：林学名词审定委员会（2016）。

06.033　森林功能区划　Division of forest functions　根据森林资源主导功能、生态区位、利用方向等，采用系统分析或分类方法，将经营区内森林划分为若干个独立的功能区域，实行分区经营管理，从整体上发挥森林资源的多功能特性的管理方法或过程。

来源：《森林资源术语》（2010）。

06.034　植被区划　Vegetation regionalization　根据植被空间分布及其组合、区域差异、生态条件等进行的植被分区。

来源：林学名词审定委员会（2016）。

06.035　林业发展规划　Forestry development plan　通过分析林业发展现状和形势，结合林业发展实际而制定的有利于促进林业持续、健康、稳定发展的计划。

来源：林学名词审定委员会（2016）。

06.036　海岛保护规划　Island protection planning　国家实行海岛保护规划制度。海岛保护规划是从事海岛保护、利用活动的依据。制定海岛保护规划应当遵循有利于保护和改善海岛及其周边海域生态系统，促进海岛经济社会可持续发展的原则。国务院海洋主管部门会同本级人民政府有关部门、军事机关，依据国民经济和社会发展规划、全国海洋功能区划，组织编制全国海岛保护规划，报国务院审批。全国海岛保护规划应当按照海岛的区位、自然资源、环境等自然属性及保护、利用状况，确定海岛分类保护的原则和可利用的无居民海岛，以及需要重点修复的海岛等。

来源：《中华人民共和国海岛保护法》（2009）。

06.037 风景名胜区规划 Landscape and famous scenery planning 为保护培育、开发利用和经营管理风景名胜区，并发挥其多种功能而进行的有关土地利用、生物多样性保护、环境保护、景观建设的统筹部署和具体安排。经相应的人民政府审查批准后的风景名胜区规划，具有法律权威，必须严格执行。

来源：生态学名词审定委员会（2007）。

06.038 安全 Safety/Security 免除了不可接受的损害风险的状态。

来源：管理科学技术名词审定委员会（2016）。

06.039 国家安全 National security 国家政权、主权、统一和领土完整、人民福祉、经济社会可持续发展和国家其他重大利益相对处于没有危险和不受内外威胁的状态，以及保障持续安全状态的能力。

来源：《中华人民共和国国家安全法》（2015）。

06.040 国土安全 Homeland security 涵盖领土、自然资源、基础设施等要素，是指领土完整、国家统一、海洋权益及边疆边境不受侵犯或免受威胁的状态。

来源：依据相关文献资料定义。

06.041 生态安全 Ecological security 是指一个国家或人类社会生存和发展所需的生态环境处于不受或少受破坏与威胁的状态，即使生物与环境，生物与生物，人类与地球生态系统之间保持着正常的功能与结构。生态学将其定义为，生态系统完整性和健康的整体水平，尤其是指生存与发展的不良风险最小以及不受威胁的状态。广义上的生态安全，一是防止由于生态环境的退化对经济发展的环境基础构成威胁，主要指环境质量状况低劣和自然资源的减少和退化削弱了经济可持续发展的环境支撑能力；二是防止由于环境破坏和自然资源短缺引起经济的衰退，影响人们的生活条件，特别是环境难民的大量产生，从而导致国家的动荡。

来源：江伟钰、陈方林（2005）；生态学名词审定委员会（2007）。

06.042　粮食安全　Food security　通过减轻贫困和不平等，保证所有人在任何时候能够获得生存和健康所需要的足够食品的社会目标和状态。中国将粮食安全的保证作为一项重要的国策，国际社会也将其视为人类目前的一种基本生活权利。

来源：经济学名词审定委员会（2002）。

06.043　资源安全　Resource security　保证一个国家或地区可以持续、稳定、及时、足量和经济地获取所需自然资源的状态或能力。

来源：资源科学技术名词审定委员会（2008）。

06.044　能源安全　Energy security　能源安全是非传统安全中的一种。是指为保障一国经济社会和国防安全，使能源特别是石油可靠而合理供应，规避对本国生存与发展构成重大威胁的军事、政治、外交和其他非传统安全事件所引起的能源供需风险状态。

来源：资源科学技术名词审定委员会（2008）。

06.045　矿产资源安全　Mineral resource security　指一个国家或地区可持续、稳定、及时、足量和经济地获取所需矿产资源的状态。

来源：资源科学技术名词审定委员会（2008）。

06.046　森林资源安全　Security of forest resources　为满足国家或地区生态防护和国民经济建设需求的具有合理结构的最低森林资源量。

来源：资源科学技术名词审定委员会（2008）。

06.047 水资源安全 Water resource security 不因人为和自然因素导致供水短缺和质量恶化的现象。

来源：资源科学技术名词审定委员会（2008）。

06.048 区域资源安全保障体系 Security systems of regional resource 保障区域社会、经济和生态安全及可持续发展的资源预警、决策、响应、供给和保障的资源战略系统。

来源：资源科学技术名词审定委员会（2008）。

06.049 空间数据安全 Spatial data security 为了防止用户对地理空间数据进行非法或非授权的获取、访问、传播、复制和使用而采取的技术手段和保护措施的总称。

来源：测绘学名词审定委员会（2020）。

06.050 国土空间 Territorial space 国土空间是指国家主权与主权权利管辖下的地域空间，包括陆地国土空间和海洋国土空间。

来源：《省级国土空间规划编制指南》（试行）（2020）。

06.051 空间规划 Spatial planning 与城乡建设、产业发展相关的空间资源保护利用规划及其政策制度，涉及国家、区域、城市等多个层次。空间规划起源于欧洲的规划制度，目的是创造一个有序的区域土地利用、产业布局、城乡建设等的空间组织架构，平衡保护与开发，实现经济社会的整体协调发展。

来源：建筑学名词审定委员会（2016）。

06.052 国土规划 Territorial planning 根据国家社会经济发展的总目标以及区域的自然和社会经济条件，对国土开发、利用和治理、保护而进行全面的规划。

来源：地理学名词审定委员会（2006）。

06.053　国土空间规划　Territorial spatial planning　国土空间规划是对一定区域国土空间开发保护在空间和时间上作出的安排，包括总体规划、详细规划和相关专项规划。总体规划是对国土空间作出的全局安排，是国土空间保护、开发、利用、修复的政策和总纲。详细规划是对具体地块用途和开发建设强度等作出的实施性安排，是开展国土空间开发保护活动、实施国土空间用途管制、核发城乡建设项目规划许可、进行各项建设等的法定依据。相关专项规划是指在特定区域（流域）、特定领域，为体现特定功能，对空间开发保护利用作出的专门安排，是涉及空间利用的专项规划。

来源：《中共中央 国务院关于建立国土空间规划体系并监督实施的若干意见》(2019)。

06.054　国土空间保护　Territorial space protection　对承担生态安全、粮食安全、资源安全等国家安全的地域空间进行管护的活动。

来源：《省级国土空间规划编制指南》(试行)(2020)。

06.055　国土空间开发　Territorial space development　以城镇建设、农业生产和工业生产等为主的国土空间开发活动。

来源：《省级国土空间规划编制指南》(试行)(2020)。

06.056　国土空间利用　Territorial space use　根据国土空间特点开展的长期性或周期性使用和管理活动。

来源：《省级国土空间规划编制指南》(试行)(2020)。

06.057　国土空间用途管制　Territorial space use regulation　以总体规划、详细规划为依据，对陆海所有国土空间的保护、开发和利用活动，按照规划确定的区域、边界、用途和使用条件等，核发行政许可、进行行政审批等。

来源：《省级国土空间规划编制指南》(试行)(2020)。

06.058 城镇空间 Urban space 以承载城镇经济、社会、政治、文化、生态等要素为主的功能空间。

来源：《省级国土空间规划编制指南》（试行）（2020）。

06.059 农业空间 Agricultural space 以农业生产、农村生活为主的功能空间。

来源：《省级国土空间规划编制指南》（试行）（2020）。

06.060 生态空间 Ecological space 以提供生态系统服务或生态产品为主的功能空间。

来源：《省级国土空间规划编制指南》（试行）（2020）。

06.061 生态保护红线 Ecological protection red line 在生态空间范围内具有特殊重要生态功能、必须强制性严格保护的陆域、水域、海域等区域。

来源：《省级国土空间规划编制指南》（试行）（2020）。

06.062 永久基本农田 Permanent basic farmland 按照一定时期人口和经济社会发展对农产品的需求，依据国土空间规划确定的不得擅自占用或改变用途的耕地。

来源：《省级国土空间规划编制指南》（试行）（2020）。

06.063 城镇开发边界 Urban development boundary 在一定时期内因城镇发展需要，可以集中进行城镇开发建设，重点完善城镇功能的区域边界，涉及城市、建制镇以及各类开发区等。

来源：《省级国土空间规划编制指南》（试行）（2020）。

06.064 "双评价" "Double Evaluation" "双评价"是指资源环境承载能力和国土空间开发适宜性评价，是编制国土空间规划、完善空间治理的基础性工作。

来源：《资源环境承载能力和国土空间开发适宜性评价指南（试行）》（2020）。

06.065　主体功能区　Major function area　以资源环境承载能力、经济社会发展水平、生态系统特征以及人类活动形式的空间分异为依据，划分出具有某种特定主体功能、实施差别化管控的地域空间单元。

来源：《省级国土空间规划编制指南》（试行）（2020）。

06.066　城市化发展区　Urbanization development area　指经济社会发展基础较好，集聚人口和产业能力较强的区域。该类区域的功能定位是，推动高质量发展的主要动力源，带动区域经济社会发展的龙头，促进区域协调发展的重要支撑点，重点增强创新发展动力，提升区域综合竞争力，保障经济和人口承载能力。

来源：《省级国土空间规划编制指南》（试行）（2020）。

06.067　农产品主产区　Main agricultural production area　指农用地面积较多，农业发展条件较好，保障国家粮食和重要农产品供给的区域。该类区域的功能定位是，国家农业生产重点建设区和农产品供给安全保障的重要区域，现代化农业建设重点区，农产品加工、生态产业和县域特色经济示范区，农村居民安居乐业的美好家园，社会主义新农村建设的示范区。

来源：《省级国土空间规划编制指南》（试行）（2020）。

06.068　重点生态功能区　Key ecological function area　指生态系统服务功能重要、生态脆弱区域为主的区域。该类区域的功能定位是，保障国家生态安全、维护生态系统服务功能、推进山水林田湖草系统治理、保持并提高生态产品供给能力的重要区域，推动生态文明示范区建设、践行绿水青山就是金山银山理念的主要区域。

来源：《省级国土空间规划编制指南》（试行）（2020）。

06.069 土地用途管制 Land use regulation 国家为实现土地资源的合理利用，保障经济社会可持续发展，通过编制土地利用总体规划，划定土地用途区域，确定土地利用限制条件，实施用途变更许可的强制性管理制度。

来源：管理科学技术名词审定委员会（2016）。

06.070 城乡建设用地增减挂钩 Land-area balance mechanism between the urban and rural settlements 依据土地利用总体规划，将若干拟整理复垦为耕地的农村建设用地地块（即拆旧地块）和拟用于城镇建设的地块（即建新地块）等面积共同组成建新拆旧项目区，通过建新拆旧和土地整理复垦等措施，在保证项目区内各类土地面积平衡的基础上，最终实现增加耕地有效面积，提高耕地质量，节约集约利用建设用地，城乡用地布局更合理的目标。

来源：《城乡建设用地增减挂钩试点管理办法》（2009）。

06.071 土地规划用途分类 Land use classification for planning 根据土地利用总体规划编制和实施管理的需要，在土地利用现状调查的基础上，将有关地类重新归并或调整所形成的土地规划用途类别。

来源：《市（地）级土地利用总体规划编制规程》（2010）。

06.072 土地利用功能区 Regional zoning by the dominating function 为合理利用土地，控制和引导土地利用的主要功能，依据区域土地资源特点和经济社会发展需要划定的空间区域。

来源：《市（地）级土地利用总体规划编制规程》（2010）。

06.073　城市群　City cluster　依托发达的交通通信等基础设施网络所形成的空间组织紧凑、经济联系紧密的城市群体。

来源：《省级国土空间规划编制指南》（试行）（2020）。

06.074　都市圈　Metropolitan region　以中心城市为核心，与周边城镇在日常通勤和功能组织上存在密切联系的一体化地区，一般为一小时通勤圈，是区域产业、生态和设施等空间布局一体化发展的重要空间单元。

来源：《省级国土空间规划编制指南》（试行）（2020）。

06.075　生态单元　Ecological unit　具有特定生态结构和功能的生态空间单元，体现区域（流域）生态功能系统性、完整性、多样性、关联性等基本特征。

来源：《省级国土空间规划编制指南》（试行）（2020）。

06.076　地理设计　Geographical design　基于区域自然生态、人文地理禀赋，以人与自然和谐为原则，用地理学的理论和数字化等工具，塑造高品质的空间形态和功能的设计方法。

来源：《省级国土空间规划编制指南》（试行）（2020）。

06.077　城区　Urban built-up area　在市辖区和不设区的市，区、市政府驻地的实际建设连接到的居民委员会所辖区域和其他区域，是实际已开发建设、市政公用设施和公共服务设施基本具备的建成区。

来源：《城区范围确定规程》（2021）。

06.078　中心城区　Central urban area　市区范围内政治、经济和社会、文化活动的核心区域。根据实际和本地规划管理需求等确定，一般包括城市建成区及规划扩展区域，如核心区、组团、市级重要产业园区等，不包括外围独立发展、零星散布的县城及镇的建成区。

来源:《市级国土空间总体规划编制指南》(试行)(2020)。

06.079　生态保护区　Ecological protection area　具有特殊重要生态功能或生态敏感脆弱、必须强制性严格保护的陆地和海洋自然区域,包括陆域生态保护红线、海洋生态保护红线集中划定的区域。

来源:《市级国土空间总体规划编制指南》(试行)(2020)。

06.080　生态控制区　Ecological control area　生态保护红线外,需要予以保留原貌、强化生态保育和生态建设、限制开发建设的陆地和海洋自然区域。

来源:《市级国土空间总体规划编制指南》(试行)(2020)。

06.081　农田保护区　Farmland protection area　永久基本农田相对集中需严格保护的区域。

来源:《市级国土空间总体规划编制指南》(试行)(2020)。

06.082　城镇发展区　Urban development area　城镇开发边界围合的范围,是城镇集中开发建设并可满足城镇生产、生活需要的区域。

来源:《市级国土空间总体规划编制指南》(试行)(2020)。

06.083　乡村发展区　Rural development area　农田保护区外,为满足农林牧渔等农业发展以及农民集中生活和生产配套为主的区域。

来源:《市级国土空间总体规划编制指南》(试行)(2020)。

06.084　海洋发展区　Marine development area　允许集中开展开发利用活动的海域,以及允许适度开展开发利用活动的无居民海岛。

来源：《市级国土空间总体规划编制指南》（试行）（2020）。

06.085　矿产能源发展区　Mineral and energy development area　为适应国家能源安全与矿业发展的重要陆域采矿区、战略性矿产储量区等区域。

来源：《市级国土空间总体规划编制指南》（试行）（2020）。

06.086　国土空间规划“一张图”　“Inteplan” of spatial planning　以基础地理信息和自然资源调查监测成果数据为基础，应用全国统一的测绘基准和测绘系统，集成整合国土空间规划编制和实施管理所需现状数据、各级各类国土空间规划成果数据和国土空间规划实施监督数据，形成的覆盖全域、动态更新、权威统一的国土空间规划数据资源体系。

来源：《国土空间规划“一张图”实施监督信息系统技术规范》（2020）。

06.087　国土空间基础信息平台　Basic spatial information platform　按照“共建、共用、互联、共享”的原则，集成整合并统一管理各级各类国土空间数据信息，为统一行使全民所有自然资源资产所有者职责、统一行使所有国土空间用途管制和生态保护修复职责，提升国土空间治理体系和治理能力现代化水平，提供基础服务、数据服务、专题服务和业务应用服务的基础设施。

来源：《国土空间规划“一张图”实施监督信息系统技术规范》（2020）。

06.088　城乡规划　Urban and rural planning　政府为实现城市与村镇经济社会发展、人口与资源环境协调发展的目标，对规划区内人口规模、土地使用、资源节约、环境保护和各项建设等重大事项进行统筹协调，并确定各类专门性规划的统一要求，是政府指导和调控城市与村镇建设和发展的基本手段，是社会必须遵守的公共政策。包括城镇体系规划、城市规划、镇规划、乡规划和村庄规划，城市规划、镇规划分为总体规划和详细规划。

来源：《城市规划基本术语标准》（2008）；《中华人民共和国城乡规划法》（2008）。

06.089 城镇体系规划 Urban system planning 一定地域范围内，确定城镇规模等级和布局等的规划。内容包括城镇空间布局和规模控制，重大基础设施布局，为保护生态环境、资源等需要严格控制的区域等。

来源：建筑学名词审定委员会（2016）。

06.090 城市规划 Urban planning 为达到某些社会与经济目标而从事的综合性城市发展规划。是政府确定城镇未来发展目标，改善城镇人居环境，调控非农业经济、社会、文化、游憩活动高度聚集地域内人口规模、土地使用、资源节约、环境保护和各项开发与建设行为，以及对城镇发展进行的综合协调和具体安排。依法确定的城市规划是维护公共利益、实现经济、社会和环境协调发展的公共政策。

来源：《城市规划基本术语标准》（2008）；《中国大百科全书》总编委员会（2009）。

06.091 城市总体规划 Urban comprehensive planning 是一定时期内城市发展必须遵守的公共政策，是依法对规划内城市土地利用、空间布局和各项建设的综合部署，经法定程序批准的城市总体规划文件是编制下位规划和专项规划、实施城市规划行政管理的法律依据。

来源：《城市规划基本术语标准》（2008）。

06.092 详细规划 Detail planning 城市规划区内各项建设的具体安排。以城市总体规划为依据，对街区或地段的土地利用、空间环境和各项建设要求所做的具体空间安排。包括控制性详细规划和修建性详细规划。

来源：地理学名词审定委员会（2006）；建筑学名词审定委员会（2016）。

06.093　控制性详细规划　Regulatory plan　是城市土地出让，控制城市土地开发、实施建设项目管理的法定依据。根据城市总体规划或分区规划，确定不同地块的土地使用性质、开发控制指标、基础设施和服务设施配套建设的要求、自然和历史文化环境的保护要求等。

来源：《城市规划基本术语标准》（2008）。

06.094　修建性详细规划　Site plan　以城市总体规划、分区规划或控制性详细规划为依据，制订用以指导各项建筑和工程设施的设计和施工的规划设计。

来源：《城市规划基本术语标准》（2008）。

06.095　城市功能分区　Urban functional districts　将城市中各种物质要素，如住宅、工厂、公共设施、道路、绿地等按不同功能进行分区布置组成一个相互联系的有机整体。

来源：《城市规划基本术语标准》（2008）。

06.096　生态控制线　Ecological controlling open space　规划区内依据城市总体规划、城市绿地系统规划划定的，对城市生态保育、隔离防护、休闲游憩等有重要作用的生态区域控制线。

来源：《城市绿线划定技术规范》（2016）。

06.097　城市绿线　Urban green line　城市规划确定的，各类绿地范围的控制界线。包括现状绿线、规划绿线和生态控制线。

来源：《城市绿线划定技术规范》（2016）。

06.098　城市紫线　Urban purple line　指国家历史文化名城内

的历史文化街区和省、自治区、直辖市人民政府公布的历史文化街区的保护范围界线，以及历史文化街区外经县级以上人民政府公布保护的历史建筑的保护范围界线。

来源：《城市紫线管理办法》（2011）。

06.099　城市蓝线　Urban blue line　是指城市规划确定的江、河、湖、库、渠和湿地等城市地表水体保护和控制的地域界线。

来源：《城市蓝线管理办法》（2005）。

06.100　城市黄线　Urban yellow line　指对城市发展全局有影响的、城市规划中确定的、必须控制的城市基础设施用地的控制界线。

来源：《城市黄线管理办法》（2005）。

06.101　道路红线　Boundary lines of roads　规划的城市道路路幅的边界线。

来源：《城市规划基本术语标准》（2008）。

06.102　建筑红线　Building line　又称建筑控制线，是城市道路两侧控制沿街建筑物或构筑物（如外墙、台阶等）靠临街面的界线。

来源：《城市规划基本术语标准》（2008）。

06.103　规划区　Planning area　政府实行城乡规划管理和控制的区域。规划区范围之外禁止城乡建设行为；规划区内的一切建设必须服从城乡规划管理。规划区通常由政府在总体规划阶段划定，并由上级政府批准。

来源：《城市规划基本术语标准》（2008）。

06.104　建成区　Built-up area　实际已开发建设并集中连片、

基本具备基础设施和服务设施的地区。

来源：《城市规划基本术语标准》(2008)。

06.105　禁止建设区　Development-prohibited zone　为保护生态环境、自然和历史文化环境，满足基础设施和公共安全等方面的需要，在总体规划中划定的禁止安排城镇开发项目的地区。

来源：《城市规划基本术语标准》(2008)。

06.106　限制建设区　Development-restricted zone　在总体规划中划定的，不宜安排城镇开发项目的地区；确有进行建设必要时，安排的城镇开发项目应符合城镇整体和全局发展的要求，并应严格控制项目的性质、规模和开发强度。

来源：《城市规划基本术语标准》(2008)。

06.107　适宜建设区　Development-appropriate zone　在总体规划中划定的可以安排城镇开发项目的地区。

来源：《城市规划基本术语标准》(2008)。

06.108　城市地下空间　Urban underground space　城市行政区域内地表以下，自然形成或人工开发的空间，是地面空间的延伸和补充。

来源：《城市地下空间规划标准》(2019)。

06.109　建设项目规划选址与用地预审　Site selection of construction project planning and preliminary examination of land use　自然资源主管部门在建设项目审批、核准、备案阶段，依法对项目涉及的土地利用事项，以及以划拨方式提供国有土地使用权的，对项目涉及的国土空间规划情况进行审查、许可的行为。

来源：《国土空间用途管制数据规范（试行）》(2021)。

06.110 农用地转用与土地征收 Agricultural land conversion and land expropriation 建设占用土地涉及农用地（未利用地）转为建设用地、征收农民集体所有的土地，依法依规报有权人民政府的申请、审查、批准的行为。

来源：《国土空间用途管制数据规范（试行）》（2021）。

06.111 建设用地规划许可 Planning permission of construction land use 有权自然资源主管部门依法依规对以划拨或出让方式提供国有土地使用权的建设项目用地的规划审查、许可的行为。

来源：《国土空间用途管制数据规范（试行）》（2021）。

06.112 建设工程规划许可 Planning permission of construction project 有权自然资源主管部门或者省、自治区、直辖市人民政府确定的镇人民政府，依法依规对建筑物、构筑物、道路、管线和其他工程建设的规划审查、许可的行为。

来源：《国土空间用途管制数据规范（试行）》（2021）。

06.113 乡村建设规划许可 Planning permission of rural construction 有权自然资源主管部门依法依规对乡镇企业、乡村公共设施和公益事业建设以及农村村民住宅建设活动的规划审查、许可的行为。

来源：《国土空间用途管制数据规范（试行）》（2021）。

06.114 土地核验与规划核实 Land verification and planning verification 有权自然资源主管部门依法依规对建设项目土地利用是否符合土地出让合同、建设工程是否符合规划条件和规划许可内容等核实、验收的行为。

来源：《国土空间用途管制数据规范（试行）》（2021）。

06.115 村庄规划 Village planning 对一定时期内农村的生产

生活服务设施、公益事业等各项建设的用地布局、建设要求，以及对耕地等自然资源和历史文化遗产保护、防灾减灾等的具体安排和实施管理。是国土空间规划体系中乡村地区的详细规划，是开展国土空间开发保护活动、实施国土空间用途管制、核发乡村建设项目规划许可、进行各项建设等的法定依据。

来源：《自然资源部办公厅关于加强村庄规划促进乡村振兴的通知》（2019）；城乡规划学名词审定委员会（2021）。

07

自然资源权属权益

07.001 “两统一” “Two Unification” 统一行使全民所有自然资源资产所有者职责，统一行使所有国土空间用途管制和生态保护修复职责。

来源：《中共中央关于深化党和国家机构改革的决定》（2018）；《深化党和国家机构改革方案》（2018）。

07.002 所有权 Ownership 所有权人对自己的不动产或者动产，依法享有占有、使用、收益和处分的权利。所有权人有权在自己的不动产或者动产上设立用益物权和担保物权。用益物权人、担保物权人行使权利，不得损害所有权人的权益。

来源：《中华人民共和国民法典》（2020）。

07.003 国家所有 State-owned 法律规定属于国家所有的财产，属于国家所有即全民所有。矿藏、水流、海域属于国家所有。无居民海岛属于国家所有，国务院代表国家行使无居民海岛所有权。城市的土地，属于国家所有。法律规定属于国家所有的农村和城市郊区的土地，属于国家所有。森林、山岭、草原、荒地、滩涂等自然资源，属于国家所有，但是法律规定属于集体所有的除外。

来源：《中华人民共和国宪法》（2018）；《中华人民共和国民法典》（2020）。

07.004　全民所有　Whole people owned　法律规定属于国家所有的财产，属于国家所有即全民所有。国有财产由国务院代表国家行使所有权。矿藏、水流、森林、山岭、草原、荒地、滩涂、海域和无居民海岛等自然资源，都属于国家所有，即全民所有；由法律规定属于集体所有的森林和山岭、草原、荒地、滩涂除外。城市的土地属于国家所有。

来源：《中华人民共和国宪法》(2018)；《中华人民共和国民法典》(2020)。

07.005　集体所有　Collective owned　农村和城市郊区的土地，除由法律规定属于国家所有的以外，属于集体所有；宅基地和自留地、自留山，也属于集体所有。集体所有的不动产和动产包括：法律规定属于集体所有的土地和森林、山岭、草原、荒地、滩涂；集体所有的建筑物、生产设施、农田水利设施；集体所有的教育、科学、文化、卫生、体育等设施；集体所有的其他不动产和动产。集体所有权是指集体所有制组织的全体劳动群众对其公有的财产享有占有、使用、收益和处分的权利。是社会主义劳动群众集体所有制的法律表现，也是巩固和发展社会主义集体所有制经济、保护社会主义集体财产不受侵犯的重要法律手段。

来源：《中华人民共和国宪法》(2018)；《中华人民共和国民法典》(2020)。

07.006　用益物权　Rights of usufruct　指用益物权人对他人所有的不动产或者动产，依法享有占有、使用和收益的权利。

来源：《中华人民共和国民法典》(2020)。

07.007　担保物权　Security interests　指担保物权人在债务人不履行到期债务或者发生当事人约定的实现担保物权的情形，依法享有就担保财产优先受偿的权利，但是法律另有规定的除外。

来源：《中华人民共和国民法典》(2020)。

07.008 自然资源产权 Property rights of natural resources 国家、集体或个人对于某种自然资源（或某一地域范围内的自然资源）形成的一组排他性的权利。

来源：刘学敏、金建军、李咏涛等（2008）。

07.009 自然资源产权制度 Systems of nature resource property right 自然资源的所有、使用、经营等法律制度的总称。主要包括自然资源所有权制度、自然资源的使用权制度、自然资源的经营权制度等。

来源：资源科学技术名词审定委员会（2008）。

07.010 自然资源所有权 Ownership of natural resource 自然资源所有人依法对所属自然资源享有的占有、使用、收益和处分的权利。

来源：江伟钰、陈方林（2005）。

07.011 自然资源所有制 Systems of natural resource ownership 反映一定的社会中人与人之间对自然资源所享有的占有权、使用权、收益权和处分权的法律关系的制度。

来源：资源科学技术名词审定委员会（2008）。

07.012 全民所有自然资源 Natural resources owned by the whole people 矿藏、水流、森林、山岭、草原、荒地、滩涂等自然资源，都属于国家所有，即全民所有；由法律规定属于集体所有的森林和山岭、草原、荒地、滩涂除外。

来源：《中华人民共和国宪法》（2018）。

07.013 全民所有自然资源资产所有者职责 Responsibilities of owners of national owned natural resource assets 《中共中央关于全面深化改革若干重大问题的决定》提出，健全国家自然资源资产管理体制，统一行使全民所有自然资源资产所有者职责。根据《自然资源部职能配置、内设机构和人员编制规定》，自然资源部履行全民所有土地、矿产、森林、草原、湿地、水、海洋等自然资源资产所有者职责。

来源：《中共中央关于全面深化改革若干重大问题的决定》（2013）；《自然资源部职能配置、内设机构和人员编制规定》（2018）。

07.014　集体所有自然资源　Natural resources owned by collective　由法律规定属于集体所有的森林和山岭、草原、荒地、滩涂等自然资源。

来源：《中华人民共和国宪法》（2018）。

07.015　自然资源所有权主体　Ownership subject of natural resources　自然资源的所有权人即自然资源权利主体。我国自然资源所有权分为国家所有权和集体所有权。全民所有自然资源所有权主体是国家。集体所有自然资源所有权主体是本集体成员之全部。

来源：《中华人民共和国宪法》（2018）；《中华人民共和国民法典》（2020）及解读。

07.016　全民所有自然资源资产所有权代表行使主体　The ownership of natural resource assets owned by the whole people represents the exercising subject　全民所有自然资源资产归国家所有，由国务院代表国家行使所有权。国务院授权国务院自然资源主管部门具体代表统一行使全民所有自然资源资产所有者职责。

来源：《关于统筹推进自然资源资产产权制度改革的指导意见》（2019）。

07.017　全民所有自然资源资产所有权代理行使主体　Agent exercising the ownership of natural resource assets owned by the whole people　对全民所有的自然资源资产，按照不同资源种类和

在生态、经济、国防等方面的重要程度，研究实行中央和地方政府分级代理行使所有权职责的体制，实现效率和公平相统一。分清全民所有中央政府直接行使所有权、全民所有地方政府行使所有权的资源清单和空间范围。地方政府（包括省级人民政府和地市级人民政府）即为全民所有自然资源资产所有者职责代理履行主体。

来源：《生态文明体制改革总体方案》（2015）；《关于统筹推进自然资源资产产权制度改革的指导意见》（2019）。

07.018　建设用地使用权　Right to use land for construction　建设用地使用权人依法对国家所有的土地享有占有、使用和收益的权利，有权利用该土地建造建筑物、构筑物及其附属设施。

来源：《中华人民共和国民法典》（2020）。

07.019　土地承包经营权　Right to contractual management of land　土地承包经营权人依法对其承包经营的耕地、林地、草地等享有占有、使用和收益的权利，有权从事种植业、林业、畜牧业等农业生产。土地承包经营权的客体包括耕地、林地、草地等农业用地。

来源：《中华人民共和国民法典》（2020）。

07.020　土地承包经营期　The term of a contract for land　是土地承包经营权存续的期间。耕地的承包期为三十年，草地的承包期为三十年至五十年，林地的承包期为三十年至七十年。

来源：《中华人民共和国民法典》（2020）。

07.021　土地使用权出让　Granting of the land-use right　指国家以土地所有者的身份将土地使用权在一定年限内让与土地使用者，并由土地使用者向国家支付土地使用权出让金的行为。土地使用权出让可以采取协议、招标、拍卖的方式。

来源：《中华人民共和国城镇国有土地使用权出让和转让暂行条例》（1990）。

07.022　土地使用权出让最高年限　Maximum number of years for the transfer of land use rights　居住用地七十年，工业用地五十年，教育、科技、文化、卫生、体育用地五十年，商业、旅游、娱乐用地四十年，综合或者其他用地五十年。

来源：《中华人民共和国城镇国有土地使用权出让和转让暂行条例》(1990)。

07

07.023　土地使用权转让　Transfer of the right to land use　指土地使用者将土地使用权再转移的行为，包括出售、交换和赠与。未按土地使用权出让合同规定的期限和条件投资开发、利用土地的，土地使用权不得转让。

来源：《中华人民共和国城镇国有土地使用权出让和转让暂行条例》(1990)。

07.024　土地使用权出租　Lease of land-use right　土地使用权人将自己占有的土地的一部分或全部，以收取地租为对象，在约定的期限内交由他人占有使用，并在期限届满时收回土地的行为。

来源：资源科学技术名词审定委员会（2008）。

07.025　土地使用权抵押　Mortgage of land-use right　在我国土地使用权人作为债务人（抵押人），在法律许可的范围内不转移土地的占有，而将其土地使用权作为债权的担保，在债务人不履行债务时，债权人（抵押权人）有权依法将该土地使用权变价并从所得价款中优先受偿的法律行为。

来源：资源科学技术名词审定委员会（2008）。

07.026　土地拍卖　Land auction　在中国，通过公开竞价而定价的方式买卖土地使用权的行为。

来源：《土地基本术语》(2003)。

07.027　土地招标　Land bidding　在中国，通过招标、投标机制择优选拔买受人的方式买卖土地使用权的行为。

来源：《土地基本术语》（2003）。

07.028 土地租赁 Land leasing 在不改变土地所有权条件下，土地所有人或使用人将土地一定期限的占有权、使用权、收益权和有限度的处分权按约定条件让与承租人的行为。

来源：《土地基本术语》（2003）。

07.029 土地证券化 Land securitization 将土地产权或土地贷款债权转化为可流通的有价证券出售给投资者，而从资本市场融通资金的过程。

来源：《土地基本术语》（2003）。

07.030 土地使用权划拨 Allocation of land use right 县级以上人民政府依法批准，在土地使用者缴纳补偿、安置等费用后将该幅土地交付其使用，或者将土地使用权无偿交付给土地使用者使用的行为。

来源：城乡规划学名词审定委员会（2021）。

07.031 矿业权 Exploration-mining rights 探矿权、采矿权为财产权，统称为矿业权。

来源：《矿业权出让转让管理暂行规定》（2000）。

07.032 探矿权 Exploitation right 是指在依法取得的勘查许可证规定的范围内，勘查矿产资源的权利。取得勘查许可证的单位或者个人称为探矿权人。

来源：《中华人民共和国矿产资源法实施细则》（1994）。

07.033 采矿权 Mining right 是指在依法取得的采矿许可证规定的范围内，开采矿产资源和获得所开采的矿产品的权利。取得采矿许可证的单位或者个人称为采矿权人。

来源：《中华人民共和国矿产资源法实施细则》(1994)。

07.034　矿业权登记　Registration of exploration-mining rights　指经矿业权中标人或竞得人申请，由自然资源管理部门将相应矿业权及其变动事项进行登记的过程。

来源：《不动产登记暂行条例实施细则》(2016)；《矿业权登记信息管理办法》(2020)。

07.035　矿业权出让　Granting of exploration-mining rights　指自然资源主管部门根据矿业权登记权限，以招标、拍卖、挂牌、协议等方式依法向探矿权申请人授予探矿权和以招标、拍卖、挂牌、探矿权转采矿权、协议等方式依法向采矿权申请人授予采矿权的行为。

来源：《矿业权交易规则》(2011)。

07.036　矿业权招标　Bidding for exploration-mining rights　指登记管理机关依照有关法律法规的规定，通过招标方式使中标人有偿获得矿业权的行为。

来源：《矿业权出让转让管理暂行规定》(2000)。

07.037　矿业权拍卖　Auction of exploration-mining rights　指登记管理机关遵照有关法律法规规定的原则和程序，委托拍卖人以公开竞价的形式，向申请矿业权竞价最高者出让矿业权的行为。

来源：《矿业权出让转让管理暂行规定》(2000)。

07.038　矿业权挂牌　Listing of exploration-mining rights　指主管部门发布挂牌公告，在挂牌公告规定的期限和场所接受竞买人的报价申请并更新挂牌价格，根据挂牌期限截止时的出价结果确定探矿权采矿权竞得人的活动。

来源：《矿业权出让转让管理暂行规定》(2000)。

07.039 矿业权出租 Exploration-mining rights leasing 指矿业权人作为出租人将矿业权租赁给承租人，并向承租人收取租金的行为。矿业权出租应当符合国务院规定的矿业权转让的条件。矿业权人在矿业权出租期间继续履行矿业权人的法定的义务并承担法律责任。

来源：《矿业权出让转让管理暂行规定》(2000)。

07.040 矿业权抵押 Exploration-mining rights mortgage 指矿业权人依照有关法律作为债务人以其拥有的矿业权在不转移占有的前提下，向债权人提供担保的行为。以矿业权作抵押的债务人为抵押人，债权人为抵押权人，提供担保的矿业权为抵押物。

来源：《矿业权出让转让管理暂行规定》(2000)。

07.041 矿业权转让 Remise of exploration-mining rights 指矿业权人将矿业权依法转移给他人的行为。

来源：《矿业权交易规则》(2011)。

07.042 矿业权评估 Evaluation of exploration-mining rights 对矿业权所依附的矿产资源价值的判断。评估者根据所掌握的矿产资源信息和市场信息，对现在或未来的市场进行多因素分析，在此基础上对矿业权具有的市场价值量进行估算。

来源：《矿产资源规划常用名词术语解释（试行)》(2019)。

07.043 海域所有权 Ownership of sea area 海域属于国家所有，国务院代表国家行使海域所有权。任何单位或者个人不得侵占、买卖或者以其他形式非法转让海域。

来源：《中华人民共和国民法典》(2020)；《中华人民共和国海域使用管理法》(2001)。

07.044　海域使用权　The right to use sea areas　指组织或者个人依法取得对国家所有的特定海域排他性使用权。单位和个人使用海域，必须依法取得海域使用权。海域使用权也可以通过招标或者拍卖的方式取得。招标或者拍卖工作完成后，依法向中标人或者买受人颁发海域使用权证书。中标人或者买受人自领取海域使用权证书之日起，取得海域使用权。海域使用权人不得擅自改变经批准的海域用途；确需改变的，应当在符合海洋功能区划的前提下，报原批准用海的人民政府批准。

来源：《中华人民共和国民法典》(2020)；《中华人民共和国海域使用管理法》(2001)。

07.045　海域使用权最高期限　Maximum term of sea area use right　养殖用海十五年，拆船用海二十年，旅游、娱乐用海二十五年，盐业、矿业用海三十年，公益事业用海四十年，港口、修造船厂等建设工程用海五十年。

来源：《中华人民共和国海域使用管理法》(2001)。

07.046　无居民海岛所有权　Ownership of uninhabited islands　无居民海岛属于国家所有，国务院代表国家行使无居民海岛所有权。

来源：《海岛保护法》(2009)。

07.047　无居民海岛使用权　Right to use uninhabited islands　无居民海岛使用权可以通过申请审批方式出让，也可以通过招标、拍卖、挂牌的方式出让。其中，旅游、娱乐、工业等经营性用岛有两个及两个以上意向者的，一律实行招标、拍卖、挂牌方式出让。未经批准，无居民海岛使用者不得转让、出租和抵押无居民海岛使用权，不得改变海岛用途和用岛性质。

来源：《无居民海岛使用金征收使用管理办法》(2010)。

07.048　林权　Forest ownership　全称“森林权属”。权利主体（森林所有者和经营者）对森林、林木、林地的所有权、使用权、收益权、处分权，以及所有、使用、收益、处置等方面的权、责、利关系。

来源：《森林资源术语》（2010）；林学名词审定委员会（2016）。

07.049　林权证　Certificate of forest ownership　森林、林木和林地所有权或使用权的法律凭证。

来源：《森林资源术语》（2010）。

07.050　林地所有权　Forestland ownership　林地所有者对林地的占有、使用、收益和处分的权利。

来源：林学名词审定委员会（2016）。

07.051　林地使用权　Forestland use right　根据合同或有关规定，对国有和集体所有的林地所享有的使用权利，是从所有权中分离出来的由非所有人行使的权利。

来源：林学名词审定委员会（2016）。

07.052　林木所有权　Tree ownership　所有人可以依法支配其林木，并依照自己的意愿占有、使用和处分，并享有其收益的权利。

来源：林学名词审定委员会（2016）。

07.053　林地流转　Forestland transfer and circulation　在不改变林地所有权和林地用途的前提下，将其使用权按照一定的程序，以有偿的方式由一方转让给另一方的经济行为。

来源：林学名词审定委员会（2016）。

07.054　林权流转　Forest property circulation　按照一定的程

序，对林木所有权进行有偿转让的经济行为。

来源：林学名词审定委员会（2016）。

07.055 林权制度 Forest tenure systems 对林权所包含的权能界定，主客体的设定、确立和保护的一系列行为规范。

来源：林学名词审定委员会（2016）。

07.056 不动产 Real estate 指土地、海域以及房屋、林木等定着物。

来源：《不动产登记暂行条例》（2019）。

07.057 不动产登记 Real estate registration 指不动产登记机构依法将不动产权利归属和其他法定事项记载于不动产登记簿的行为。

来源：《不动产登记暂行条例》（2019）。

07.058 自然资源产权体系 Property right system of nature resource 制定权利清单，明确各类自然资源产权主体权利。处理好所有权与使用权的关系，创新自然资源全民所有权和集体所有权的实现形式，除生态功能重要的外，可推动所有权和使用权相分离，明确占有、使用、收益、处分等权利归属关系和权责，适度扩大使用权的出让、转让、出租、抵押、担保、入股等权能。

来源：《生态文明体制改革总体方案》（2015）。

07.059 自然资源确权登记 Right confirmation registration of natural resources 对水流、森林、山岭、草原、荒地、滩涂、海域、无居民海岛以及探明储量的矿产资源等自然资源的所有权和所有自然生态空间统一进行确权登记。

来源：《自然资源统一确权登记暂行办法》（2019）。

07.060　自然资源首次登记　First registration of natural resources　指在一定时间内对登记单元内全部国家所有的自然资源所有权进行的第一次登记。

来源：《自然资源统一确权登记暂行办法》(2019)。

07.061　自然资源变更登记　Registration of changes in natural resources　指因自然资源的类型、范围和权属边界等自然资源登记簿内容发生变化进行的登记。

来源：《自然资源统一确权登记暂行办法》(2019)。

07.062　自然资源注销登记　Deregistration of natural resources　指因不可抗力等因素导致自然资源所有权灭失进行的登记。

来源：《自然资源统一确权登记暂行办法》(2019)。

07.063　自然资源更正登记　Natural resources correction registration　指登记机构对自然资源登记簿的错误记载事项进行更正的登记。

来源：《自然资源统一确权登记暂行办法》(2019)。

07.064　资产　Assets　资产是一种价值储备，反映经济所有者在一定时期内通过持有或使用该实体而产生的一次性经济利益或连续性经济利益。它是价值从一个核算期向另一个核算期结转的载体。

来源：《国民账户体系》(2008)。

07.065　自然资源资产　Natural resource assets　具有稀缺性、有用性（包括经济效益、社会效益、生态效益）及产权明确的自然资源。自然资源要成为资源资产，要满足三个条件。一是具有稀缺性，这是资源转化为资源资产的重要前提；二是能够产生效益，包括经济效益、社会效益、生态效益；三是明晰的产权，只有产权关系明晰，资源才有可能转化为资源资产。

来源：《〈中共中央关于全面深化改革若干重大问题的决定〉辅导读本》及相关文献资料。

07.066　国民经济核算体系　System of national accounts，SNA　国民经济核算体系是关于国民经济核算的理论、方法、指标体系，确定了一套全面、系统的基本概念、基本分类、核算原则、核算框架、基本指标和基本核算方法，是我国开展国民经济核算工作的标准和规范。主要由基本核算和扩展核算组成。基本核算是本体系的核心内容，旨在对国民经济运行过程进行系统描述；扩展核算是对核心内容的补充与扩展，重点对国民经济中的某些特殊领域的活动进行描述。基本核算包括国内生产总值核算、投入产出核算、资金流量核算、资产负债核算、国际收支核算；扩展核算包括资源环境核算、人口和劳动力核算、卫生核算、旅游核算、新兴经济核算。

来源：《中国国民经济核算体系》(2016)。

07.067　环境经济核算　Environmental economy accounting　环境经济核算将环境统计及其与经济的关系置于官方统计的核心，用于考察经济与环境之间的相互作用，描述环境资产存量和存量变化。环境经济核算体系中心框架是一个多用途概念框架，是一个由一整套综合表格和账户组成的统计框架，指导编辑一致且相似的统计数据和指标，以便制定政策并进行分析研究。

来源：《2012 年环境经济核算体系中心框架》。

07.068　企业内部经济核算制　Economic calculation system within business　在中国社会主义企业内部，实行责、权、利相结合，以运用价值形式为主，对有关经济指标进行计算、比较和考核，借以提高经济效益的一种经营管理制度。

来源：中国大百科全书总编辑委员会（2002b）。

07.069 资产负债表 Balance sheet 资产负债表是在某一特定时点编制的记录一个机构单位或一组机构单位所拥有的资产价值和承担的负债价值的报表。

来源：《国民账户体系》(2008)。

07.070 自然资源资产负债表 Natural resources balance sheet 自然资源资产负债表是用国家资产负债表的方法，将全国或一个地区的所有自然资源资产进行分类加总形成报表，显示某一时点上自然资源资产的“家底”。反映一定时间自然资源资产存量的变化。编制自然资源资产负债表，是对领导干部实行自然资源资产离任审计、建立生态环境损害责任终身追究制的基础。

来源：《〈中共中央关于全面深化改革若干重大问题的决定〉辅导读本》。

07.071 资产计价 Assets valuation 指以一定的货币单位计量资产的价值。独立核算企业所具有的资产，有些是货币性的，有些是非货币性的；有些是有形的，有些是无形的。各项资产（包括货币资金）都需要用一定的货币单位计量其价值。在会计实务中，资产计价主要是对非货币性资产进行货币计量。这是进行价值核算的必要前提，也是会计工作的一项重要内容。采用不同的计价标准和方法，必然影响用货币表现的财产状况，并影响成本、费用、收益和损失的计算，从而影响财务成果的确定。

来源：中国大百科全书总编辑委员会（2002b）。

07.072 社会核算矩阵 Social accounting matrix, SAM 描述经济系统运行的、矩阵式的、以单式记账形式反映复式记账内容的经济核算表。将描述生产的投入产出表与国民收入和生产账户结合在一起，全面地刻画了经济系统中生产创造收入、收入引致需求、需求导致生产的经济循环过程，清楚地描述了特定年份一国或一地区的经济结构和社会结构。

来源：管理科学技术名词审定委员会（2016）。

07.073　自然资源资产核算　Natural resource asset accounting　是指在科学调查和估算的基础上，对一定时间和空间内自然资源（资产）的自然属性、经济属性和社会属性综合考察，从实物、价值和质量等方面，统计、核实和测算其总量和结构变化并反映其平衡状况，以及将资源（资产）纳入国民经济核算体系的活动。自然资源资产核算的根本目标是促进自然资源合理利用与保护。

来源：根据相关文献资料定义。

07.074　自然资源生态价值　Ecological value of natural resources　人类直接或间接从生态系统中获得的效用或服务的货币化体现。

来源：《自然资源价格评估通则》（2021）。

07.075　生态产品价值实现　Value realization of ecological products　生态产品价值实现的主要目标是，到2025年，生态产品价值实现的制度框架初步形成，比较科学的生态产品价值核算体系初步建立，生态保护补偿和生态环境损害赔偿政策制度逐步完善，生态产品价值实现的政府考核评估机制初步形成，生态产品“难度量、难抵押、难交易、难变现”等问题得到有效解决，保护生态环境的利益导向机制基本形成，生态优势转化为经济优势的能力明显增强。到2035年，完善的生态产品价值实现机制全面建立，具有中国特色的生态文明建设新模式全面形成，广泛形成绿色生产生活方式，为基本实现美丽中国建设目标提供有力支撑。

来源：《关于建立健全生态产品价值实现机制的意见》（2021）。

07.076　国有资产管理情况综合报告　Comprehensive report on the management of state owned assets　指综合反映各类国有资产和管理的基本情况，管理中的突出问题，加强国有资产管理、防止国有资产流失等情况的报告，是国有资产管理情况年度报告的方式之一，是各级人大常委会加强国有资产管理监督的重要方式。

来源：《中共中央关于建立国务院向全国人大常委会报告国有资产管理情况制度的意见》(2018)；《全国人民代表大会常务委员会关于加强国有资产管理情况监督的决定》(2020)。

07.077　国有资产管理情况专项报告　Special report on the management of state owned assets　指分别反映企业国有资产（不含金融企业）、金融企业国有资产、行政事业性国有资产、国有自然资源资产等国有资产管理情况、管理成效、相关问题和改进工作安排的报告，是国有资产管理情况年度报告的方式之一。

来源：《中共中央关于建立国务院向全国人大常委会报告国有资产管理情况制度的意见》(2018)；《全国人民代表大会常务委员会关于加强国有资产管理情况监督的决定》(2020)。

07.078　国有自然资源（资产）管理情况专项报告　Special report on the management of state owned natural resource assets

是反映国有自然资源资产管理情况、管理成效、相关问题和改进工作安排的报告，是国有资产管理情况专项报告之一。

来源：《中共中央关于建立国务院向全国人大常委会报告国有资产管理情况制度的意见》(2018)；《全国人民代表大会常务委员会关于加强国有资产管理情况监督的决定》(2020)。

07.079　国有自然资源（资产）报表　Report forms of state owned natural resource assets　是反映国有自然资源资产存量情况和变动情况的报表，是国有自然资源资产管理情况专项报告的重要组成部分。

来源：《十三届全国人大常委会贯彻落实〈中共中央关于建立国务院向全国人大常委会报告国有资产管理情况制度的意见〉五年规划（2018—2022）》(2019)；《全国人民代表大会常务委员会关于加强国有资产管理情况监督的决定》(2020)。

07.080 全民所有自然资源资产清查 National owned natural resource assets inventory 利用已有各类自然资源专项调查（清查）中资源权属、数量、质量、用途、分布等成果，补充统一基准时点（2020 年 12 月 31 日）下的自然资源资产价格、使用权、收益等信息，清查自然资源资产实物量，估算自然资源资产经济价值，探索核实国家所有者权益。全民所有自然资源资产清查是一项摸清全民所有土地、矿产、森林、草原、湿地和海洋等自然资源资产底数的基础工作。

来源：《全民所有自然资源资产清查技术指南（征求意见稿）》(2021)。

07.081 领导干部自然资源资产离任审计 Audit on the departure of leading cadres' natural resources assets 审计机关应当根据被审计领导干部任职期间所在地区或者主管业务领域自然资源资产管理和生态环境保护情况，结合审计结果，对被审计领导干部任职期间自然资源资产管理和生态环境保护情况变化产生的原因进行综合分析，客观评价被审计领导干部履行自然资源资产管理和生态环境保护责任情况。开展领导干部自然资源资产离任审计，应当坚持依法审计、问题导向、客观求实、鼓励创新、推动改革的原则，主要审计领导干部贯彻执行中央生态文明建设方针政策和决策部署情况，遵守自然资源资产管理和生态环境保护法律法规情况，自然资源资产管理和生态环境保护重大决策情况，完成自然资源资产管理和生态环境保护目标情况，履行自然资源资产管理和生态环境保护监督责任情况，组织自然资源资产和生态环境保护相关资金征管用和项目建设运行情况，以及履行其他相关责任情况。

来源：《领导干部自然资源资产离任审计规定（试行）》(2017)。

07.082 资源权益主体 Subject of right and interests of natural resources 又称自然资源权益的权属主体，是指根据自然资源相关法律的规定，对一定的自然资源享有资源权益的主体。可以成为我国自然资源权益主体的，主要有国家、全民所有制单位、集体经济组织、涉外企业、个人。

来源：江伟钰、陈方林（2005）。

07.083 自然资源价格 Natural resource price 在市场条件下形成的自然资源权利价格，是自然资源经济价值在市场中的货币化体现。

来源：《自然资源价格评估通则》（2021）。

07.084 资源税 Resource tax 开发利用国有资源的单位和个人为纳税人，以重要资源品为课税对象，旨在消除资源条件优劣对纳税人经营所得利益影响的税类。在中华人民共和国领域和中华人民共和国管辖的其他海域开发应税资源的单位和个人，为资源税的纳税人，应当依照本法规定缴纳资源税。应税资源的具体范围，由《资源税税目税率表》确定。资源税按照《税目税率表》实行从价计征或者从量计征。

来源：资源科学技术名词审定委员会（2008）；《中华人民共和国资源税法》（2020）。

07.085 资源使用费 Resource use fee 国家以资源所有者身份将一定年限的资源使用权出让给资源使用者，而向资源使用者收取的资源出让金。如土地使用权出让金等。

来源：资源科学技术名词审定委员会（2008）。

07.086 资源权利金 Resource royalty 资源开发和利用者，为占用或耗用资源而向资源所有者支付的经济补偿。多以货币形式支付，也以实物形式支付。如矿业权占用费等。

来源：资源科学技术名词审定委员会（2008）。

07.087 土地资产 Landed estates/Land assets 被人占有、利

用、支配和交易的土地。

来源：《土地基本术语》(2003)。

07.088　土地资源资产核算　Land resource asset accounting　在土地资源调查、统计的基础上，依据具体工作目标和需求，对一定时间（或时点）和空间内的土地资源资产的实物量、价值量的整体核算分析，客观反映其规模、结构、时空分布与变化状况等。

来源：《全民所有土地资源资产核算技术规程》(2020)。

07.089　土地资源实物量核算　Land resource physical quantity accounting　对一定时间（或时点）和空间内土地资源的实物量、质量的调查、量测与统计。

来源：《全民所有土地资源资产核算技术规程》(2020)。

07.090　土地资产价值量核算　Land asset value accounting　按照统一规则，对一定时间（或时点）和空间内土地资源资产的价值量进行全面整体调查、分类批量评估、统一核定分析。规程中仅指土地资源资产在为人类生产生活提供各类服务中体现的经济价值量。

来源：《全民所有土地资源资产核算技术规程》(2020)。

07.091　土地资本　Land capital　为改良土地而投入并固定于土地中的资本。

来源：《土地基本术语》(2003)。

07.092　土地储备　Land banking　指县级（含）以上自然资源主管部门为调控土地市场、促进土地资源合理利用、维护所有者权益、依法取得土地、实施资产管护、组织前期开发、储存以备供应的行为。

来源：来源：《土地储备管理办法》(2017)。

07.093 土地市场 Land market 进行土地交易活动的场所，或指各种土地交换的关系总和。其中，土地出让市场是指，政府以土地所有者的身份将土地使用权让与土地使用者，且土地使用者向政府支付土地使用权出让金的土地使用权获得方式。土地转让市场是指，政府以土地所有者的身份将土地使用权让与土地使用者，且土地使用者向政府支付土地使用权出让金的土地使用权获得方式。

来源：《土地基本术语》（2003）。

07.094 协议买卖 Purchase-and-sale by agreement 在中国，通过共同协议价款等条件的方式买卖土地所有权或使用权的行为。

来源：《土地基本术语》（2003）。

07.095 标准宗地 Standard lot 在标定区域内，土地条件、土地利用状况等特征具有代表性，且利用状况相对稳定，地价水平能够起示范和比较标准作用的宗地。

来源：《标定地价规程》（2017）。

07.096 地价 Land price 土地权利和一定时期的预期收益在某一时点的购买价格。我国的地价是以土地使用权出让、转让为前提，一次性支付的多年地租的现值总和。

来源：建筑学名词审定委员会（2016）。

07.097 标定地价 Standardized price of land 政府为管理需要确定的，标准宗地在现状开发利用、正常市场条件、法定最高使用年期或政策规定年期下，某一估价期日的土地权利价格。

来源：《标定地价规程》（2017）。

07.098 地价动态监测 Dynamic monitoring of land price 根据城市土地市场的特点，通过设立地价监测点，收集、处理并生成系列的地价指标，对城市地价状况进行观测、描述和评价的过程。

来源：《城市地价动态监测技术规范》（2007）。

07. 099　土地税收　Land taxation　国家以土地为征税对象，凭借政治权力从土地所有者或使用者手中强制地、无偿地取得部分土地收益的制度。

来源：《土地基本术语》（2003）。

07. 100　城镇土地使用税　Land use tax　对在城市、建制镇和工矿区范围内使用土地的单位和个人，依其实际占用的土地面积和等级为征收的税种。

来源：《土地基本术语》（2003）。

07. 101　土地出让收入　Income from land transfer　在中国，政府将一定年期国有土地使用权出让土地使用者时，土地使用者一次或分次向国家支付的一定数量的货币金额；或以划拨方式取得国有土地使用权的土地使用者在转让、出租或转换为批租土地使用权时，向国家补交的一定数量的货币金额。其实质是一定年期国有土地使用权的出让价格。

来源：《土地基本术语》（2003）。

07. 102　土地使用费　Land occupancy charge　国有土地使用人为取得国有土地使用权按合同规定每年向国家支付的费用。其实质是地租。

来源：《土地基本术语》（2003）。

07. 103　新增建设用地土地有偿使用费　Land use fee upon consideration of new for construction　指国务院或省级人民政府在批准农用地转用、征用土地时，向取得出让等有偿使用方式的新增建设用地的县、市人民政府收取的平均土地纯收益。

来源：《中华人民共和国土地管理法》(1986)；《新增建设用地土地有偿使用费收缴使用管理办法》(1999)。

07.104 国有土地使用权出让收入 Land leasing revenue 是政府以出让等方式配置国有土地使用权取得的全部土地价款，包括受让人支付的征地和拆迁补偿费用、土地前期开发费用和土地出让收益等。土地价款的具体范围包括：以招标、拍卖、挂牌和协议方式出让国有土地使用权所确定的总成交价款；转让划拨国有土地使用权或依法利用原划拨土地进行经营性建设应当补缴的土地价款；变现处置抵押划拨国有土地使用权应当补缴的土地价款；转让房改房、经济适用住房按照规定应当补缴的土地价款；改变出让国有土地使用权的土地用途、容积率等土地使用条件应当补缴的土地价款，以及其他和国有土地使用权出让或变更有关的收入等。按照土地出让合同规定依法向受让人收取的定金、保证金和预付款，在土地出让合同生效后可以抵作土地价款。

来源：《国务院办公厅关于规范国有土地使用权出让收支管理的通知》(2006)。

07.105 国有土地有偿使用费 Use charge of state-owned land 国有土地有偿使用中政府取得的地价或地租部分，即国有土地出让金中扣除征地总费用后的部分，国有土地租赁中的租金和国有土地作价入股的股金。

来源：《土地基本术语》(2003)。

07.106 矿产资源核算 Mineral resources account 对矿产资源的存量和流量以及矿产资源的财富进行科学的计量，是整个国民经济核算体系的一个重要组成部分。矿产资源核算既包括存量的核算，也包括流量的核算；既要有实物形态的核算，也要有价值形态的核算；既要对多类矿种分别核算，也要进行综合核算。同时，矿产资源的核算应与国民经济财富增长变化核算以及国民经济运行的投入、产出使用的核算相互联系得到反映。矿产资源核算可分三个层次进行。第一层次是对每一矿种进行核算，以反映其增减变化；第二层次是对矿产资源进行综合核算，以反映矿产资源总量的增减变化；第三层次是将矿产资源核算纳入国民经济核算体系。

来源：《地球科学大辞典》编委会（2006）。

07.107　矿产资源价值核算指标体系　Index system accounting mineral resources value　对矿产资源实物量和价值量进行核算的各种指标的总和。制定资源核算指标体系，通过核算，把资源核算表与国民经济核算表接口，按照资产更新和折旧的方式，把资源的增加和耗减纳入国民经济账户，反映资源系统及生态环境系统与社会经济系统之间的投入产出关系，促进其持续、稳定、协调发展。1995 年，在国家科学技术委员会组织研究的《中国资源核算研究》的专题研究报告中，提出了一套矿产资源价值核算指标体系。这套指标体系由矿产资源潜在价值（总值）、矿产资源开发期望产值、矿产资源勘查劳动价值、矿产资源净价值和矿业权价值五项指标组成。

来源：《地球科学大辞典》编委会（2006）。

07.108　矿产资源收益净现值法　Net present value method of calculating mineral resources profits　简称 NPV 法。是在国外被广泛运用的一种考虑时间因素的经济效果评价方法。选定标准收益率作为贴现率（亦称折现率）折算投资计划在使用年限内各年发生的现金流入（+）及现金流出（-）的现值合计数，为净现值。

来源：《地球科学大辞典》编委会（2006）。

07.109　资本化收益法　Capitalize proceeds method　预测评估对象的未来收益并将其转换为价值的方法。体现建立在资金具有时间价值的观念上，以企业的预期收益能力为导向求取评估对象的价值。

来源：管理科学技术名词审定委员会（2016）。

07.110 贴现现金流量法 Discounted cash flow，DCF 用贴现现金流量方法确定最高可接受的并购价值的方法，这就需要估计由并购引起的期望的增量现金流量和贴现率（或资本成本），即企业进行新投资，市场所要求的最低的可接受的报酬率。该模型所用的现金流量是指自由现金流量（free cash flow，FCF）即扣除税收、必要的资本性支出和营运资本增加后，能够支付给所有的清偿者的现金流量。

来源：美国西北大学阿尔弗雷德·拉巴波特于1986年提出。

07.111 矿产资源权益金制度 The system of mineral resources equity fund 是指按照《生态文明体制改革总体方案》要求，坚持以推进供给侧结构性改革为主线，以维护和实现国家矿产资源权益为重点，以营造公平的矿业市场竞争环境为目的，建立的符合我国特点的新型矿产资源权益金制度。在矿业权出让环节，将探矿权采矿权价款调整为矿业权出让收益。在矿业权占有环节，将探矿权采矿权使用费整合为矿业权占用费。在矿产开采环节，组织实施资源税改革。在矿山环境治理恢复环节，将矿山环境治理恢复保证金调整为矿山环境治理恢复基金。

来源：《矿产资源权益金制度改革方案》（2017）。

07.112 矿业权出让收益 Revenues from the transfer of mining rights 在矿业权出让环节征收的，适用于所有国家出让矿业权、体现国家所有者权益。是国家基于自然资源所有权，将探矿权、采矿权出让给探矿权人、采矿权人而依法收取的国有资源有偿使用收入。矿业权出让收益包括探矿权出让收益和采矿权出让收益。在中华人民共和国领域及管辖海域勘查、开采矿产资源的矿业权人，应依照本办法缴纳矿业权出让收益。在矿业权出让环节，将探矿权采矿权价款调整为矿业权出让收益。

来源：《国务院关于印发矿产资源权益金制度改革方案的通知》（2017）；《矿业权出让收益征收管理暂行办法》（2017）。

07.113　矿山地质环境治理恢复基金　Mine geological environment management and restoration fund　通过建立基金的方式，筹集治理恢复资金。矿山企业按照满足实际需求的原则，根据其矿山地质环境保护与土地复垦方案，将矿山地质环境治理恢复费用按照企业会计准则相关规定预计弃置费用，计入相关资产的入账成本，在预计开采年限内按照产量比例等方法摊销，并计入生产成本。同时，矿山企业需在其银行账户中设立基金账户，单独反映基金的提取情况。

来源：财政部、国土资源部、环境保护部《关于取消矿山地质环境治理恢复保证金建立矿山地质环境治理恢复基金的指导意见》（2017）。

07.114　国有森林资源　The state-owned forest resource　森林资源属于国家所有，由法律规定属于集体所有的除外。国家所有的森林资源的所有权由国务院代表国家行使。国务院可以授权国务院自然资源主管部门统一履行国有森林资源所有者职责。国家所有的林地和林地上的森林、林木可以依法确定给林业经营者使用。林业经营者依法取得的国有林地和林地上的森林、林木的使用权，经批准可以转让、出租、作价出资等。

来源：《中华人民共和国森林法》（1984）。

07.115　森林资源核算　Forest resource accounting　以森林资源生产和再生产过程为主要对象的全面核算，通过统一的具有内在联系的指标和指标体系，系统地反映森林资源及相关产业的经济运行过程、联系和规律性，为宏观经济决策提供科学依据的活动。

来源：林学名词审定委员会（2016）。

07.116 森林生态补偿基金 Forest ecological service payment fund 因生态建设的需要，对非公有制森林行使公法上的征用和管制措施，给森林所有者造成的损失给予的一定经济补偿的专项资金。

来源：林学名词审定委员会（2016）。

07.117 林业基金 Forestry fund 为保护和发展森林资源而专门设立的专项资金。主要用于造林、营林、森林资源保护和管理，包括国家的林业投资、财政拨款、银行贷款、育林基金，以及其他方面筹集的林业资金。

来源：林学名词审定委员会（2016）。

07.118 育林基金 Forestry cultivation fund 为了弥补国家营林资金的投入不足，本着“以林养林”原则而建立的林业生产性专项资金。由林业部门从木竹销售收入中按照规定比例提取或征收的专项用于营林事业的基金。

来源：林学名词审定委员会（2016）。

07.119 林业收益 Forestry revenue 在林业生产经营活动中获取的各种林产品和林副产品所产生的对活动主体或整个社会的福利。

来源：林学名词审定委员会（2016）。

07.120 森林收益 Forest income 在森林资源开发经营和利用过程中由于经营性因素或其他外部客观因素所形成的对活动主体或整个社会的收入。以货币表示。

来源：林学名词审定委员会（2016）。

07.121 森林价值 Forest value 森林资源对人类社会在经济、社会和生态方面的一切功效、作用与影响总量。一般用货币表示。

来源：林学名词审定委员会（2016）。

07.122　抚育费　Tending fee　对造林后的树林进行除草、修枝、间伐等作业时所发生的费用。

来源：林学名词审定委员会（2016）。

07.123　林地纯收益　Forestland net income　林地生产木材产品及各种林副产品所取的总收益扣除各项成本后的余额。一般用货币量表示。

来源：林学名词审定委员会（2016）。

07.124　林业税费　Forestry tax and fee　林业经营需要依法缴纳的税费。分为林业税和林业费两种。

林业税（forestry tax）指国家为满足社会公共需要，根据其社会职能，以木材、非木质林产品及其他衍生品为对象，按照法律规定，强制地、无偿地征收的税收。

林业费（forestry fee）指国家机关和地方政府向有关林业当事人提供某种特定劳务或服务，按规定收取的一种费用。

来源：林学名词审定委员会（2016）。

07.125　国有草原　State owned grassland　草原属于国家所有，由法律规定属于集体所有的除外。国家所有的草原，由国务院代表国家行使所有权。任何单位或者个人不得侵占、买卖或者以其他形式非法转让草原。依法确定给全民所有制单位、集体经济组织等使用的国家所有的草原，由县级以上人民政府登记，核发使用权证，确认草原使用权。未确定使用权的国家所有的草原，由县级以上人民政府登记造册，并负责保护管理。

来源：《中华人民共和国草原法》（2002）。

07.126　草原自然资源资产　Grassland natural resources assets　国家拥有或控制的，预期会给国家和人民带来经济利益的、能以货币计量的草原资源的各种物质财富要素的总称。

来源：《草原与牧草术语（征求意见稿）》（2021）。

07.127 草原植被恢复费 Grassland vegetation restoration fee 因建设征用或者使用草原的，应当交纳草原植被恢复费。草原植被恢复费专款专用，由草原行政主管部门按照规定用于恢复草原植被，任何单位和个人不得截留、挪用。

来源：《中华人民共和国草原法》（2002）。

07.128 海洋权益 Marine rights and interests 国家在其管辖海域内所享有的领土主权、司法管辖权、海洋资源开发权、海洋空间利用权、海洋污染管辖权以及海洋科学研究权等权利和利益的总称。

来源：海洋科学名词审定委员会（1991）。

07.129 海域出让金 The income of sea rental 政府依法将国家所有的海域使用权在一定年限内出让给单位和个人所收取的价款。所谓一定年限是指通过招标或者拍卖的海域使用权最高期限。所谓依法是依据《海域使用管理法》的规定。

来源：资源科学技术名词审定委员会（2008）。

07.130 海域转让金 The income of subletting the rental sea 通过招标或拍卖的方式取得海域使用权的单位和个人，依法将其海域使用权在自己使用的年限内再转让所取得的海域使用权的转让价款。

来源：资源科学技术名词审定委员会（2008）。

07.131 海域使用金 Charge for sea area utilization 国家以海域所有者身份依法出让海域使用权，而向取得海域使用权的单位和个人收取的权利金。海域使用金统一按照用海类型、海域等别以及相应的海域使用金征收标准计算征收。海域使用金应当按照国务院的规定上缴财政。

来源：《海域使用管理法》（2001）；《财政部 国家海洋局关于加强海域使用金征收管理的通知》（2007）。

07. 132　无居民海岛使用金　The use fee of uninhabited islands　无居民海岛使用金，是指国家在一定年限内出让无居民海岛使用权，由无居民海岛使用者依法向国家缴纳的无居民海岛使用权价款，不包括无居民海岛使用者取得无居民海岛使用权应当依法缴纳的其他相关税费。

来源：《无居民海岛使用金征收使用管理办法》(2010)。

07. 133　水资源税　Water resource tax　以地表水和地下水为课税对象，向水资源纳税人以从量征收方式征收的税种。

来源：《水资源税改革试点暂行办法》(2016)。

‖ 08 ‖

自然资源开发利用

08.001　自然资源开发　Natural resource exploitation　在一定技术水平条件下，人类对各种自然资源发现、勘探、查明，并通过一定手段把资源转化为自身所需生产资料和生活资料的全过程。这种过程实质上是资源在形态、价值、能量等方面发生变化的运动过程，是人类对自然界干预和改造的过程，它受自然规律和社会经济规律的共同支配。

来源：《中国大百科全书》总编委员会（2009）。

08.002　自然资源利用效益　Benefits of natural resource use　指自然资源的利用效果，即一个地区或一个部门、一个集团或一个企业开发利用自然资源所获得或预期获得的经济效益以及所产生的生态环境效益和社会效益的总称。

来源：资源科学技术名词审定委员会（2008）。

08.003　自然资源利用经济效益　Economic benefits of natural resource use　在自然资源利用过程中，资源所取得的产品和（或）服务的价值。

来源：资源科学技术名词审定委员会（2008）。

08.004　自然资源利用生态效益　Ecological benefits of natural resource use　在自然资源利用过程中，通过建立新的自然资源生态系统或改善原来的自然资源生态系统所增强的生态功能和效应。

来源：资源科学技术名词审定委员会（2008）。

08.005　自然资源利用社会效益　Social benefits of natural resource use　在自然资源利用过程中，对实现社会发展目标（包括增加就业，收入分配公平，改善劳动条件，提高健康、文化水平，提高国防能力等）所产生的影响和效果。

来源：资源科学技术名词审定委员会（2008）。

08.006　自然资源经济评价　Economic evaluation of natural resources　从经济发展和生产布局的角度出发，根据技术条件综合论证自然资源开发利用的可能性、方向和经济合理性。

来源：中国大百科全书总编辑委员会（1998b）。

08.007　土地开发　Land development　对未利用土地，通过工程、生物或综合措施，使其达到可利用状态的活动。包括开发为农用地和开发为建设用地，前者使未利用土地达到可供农业利用状态的活动，后者使未利用土地达到可供建设利用状态的活动。

来源：《土地整治术语》（2018）。

08.008　农用地开发　Agriculture land development　通过工程、生物或综合措施，使未利用土地达到可供农业利用状态的活动。

来源：《土地整治术语》（2018）。

08.009　建设用地开发　Construction land development　通过工程、生物或综合措施，使未利用土地达到可供建设利用状态的活动。

来源：《土地整治术语》（2018）。

08.010　土地利用　Land use　人类通过一定的活动，利用土地的属性来满足自身需要的过程。一个国家国民经济各部门的生产建设都要落实到土地上，土地利用的广度、深度和合理程度是它的生产规模、水平和特点的集中反映。土地利用既受自然条件制约，又受社会、经济、技术条件影响，是这些因素共同作用的结果。

来源：《土地基本术语》(2003)；中国大百科全书总编辑委员会（1998b)。

08.011　土地利用分类　Land use classification　按土地的用途或利用方式对土地进行的类型划分。

来源：《土地基本术语》(2003)。

08.012　土地利用结构　Land use structure　一定区域内，各种土地利用类型和土地覆被之间在数量上的比例关系，以各种土地利用类型或土地覆被占该区域土地总面积的比重表示。

来源：《土地基本术语》(2003)。

08.013　土地利用率　Use-land ratio　在土地利用过程中，以最低的土地成本产生最大的效益。

来源：《土地基本术语》(2003)。

08.014　土地节约集约利用　Saving and intensive use of land　通过规模引导、布局优化、标准控制、市场配置、盘活利用等手段，达到节约土地、减量用地、提升用地强度、促进低效废弃地再利用、优化土地利用结构和布局、提高土地利用效率的各项行为与活动。

来源：《土地整治术语》(2018)。

08.015　节地技术　Land saving technology　指能够在减少土地占用、提高土地利用效率方面达到高于社会平均节地水平效果的，先进的、科学的、合理的工程技术。

来源：《自然资源部办公厅关于开展第二批节地技术和节地模式案例征集工作的通知》（2019）。

08.016 节地模式 Land saving mode 指人们在节约集约利用土地的实践中所采取的一系列技术、规划、设计、管理和政策等在时空上的优化组合形式，是多因素共同作用产生的集合体，是对节地实践进行的综合概括。

来源：《自然资源部办公厅关于开展第二批节地技术和节地模式案例征集工作的通知》（2019）。

08.017 建设用地节约集约利用 Saving and intensive use of construction land 通过降低建设用地消耗、增加对土地的投入，不断提高土地利用效率和经济效益的一种开发经营模式。

来源：《建设用地节约集约利用评价规程》（2008）。

08.018 城市建设用地集约利用 Intensive use of urban construction land 以符合有关法规、政策、规划为导向，通过增加对土地投入，不断提高城市土地利用效率和经济效益的一种开发经营模式。

来源：《建设用地节约集约利用评价规程》（2008）。

08.019 开发区土地集约利用 Intensive use of development zone land 以符合有关法规、政策、规划为导向，通过增加对土地的投入，改善经营管理，挖掘土地利用潜力，不断提高开发区土地利用效率和经济效益的一种开发经营模式。

来源：《开发区土地集约利用评价规程》（2010）。

08.020 土地集约利用评价 Evaluation of intensive use of land 对土地利用状况进行调查、分析，评价土地集约利用程度，测算土地集约利用潜力的过程。

来源：《开发区土地集约利用评价规程》（2010）。

08.021 可持续土地利用评价 Sustainable land management evaluation 运用一定的评价指标体系和方法，对影响土地利用的自然、经济和社会各项因素及其变化过程进行综合分析，衡量在一定时段内某种土地利用的稳定性和发展性。

来源：《土地基本术语》(2003)。

08.022 批而未供土地 Permitted land without provision 指依法经有批准权限的人民政府批准土地征收和农用地转用，满 2 年未能以签订土地出让合同或核发划拨决定书等方式办理供地手续并交付到土地使用者的建设用地。

来源：《中华人民共和国土地管理法》(1986)。

08.023 供而未用土地 Provided land without utilization 指国有建设用地使用权人超过国有建设用地使用权有偿使用合同或划拨决定书约定、规定的动工日期未动工开发的国有建设用地，且距离动工日期未满 1 年。

来源：《中华人民共和国土地管理法》(1986)。

08.024 城镇低效用地 Inefficient urban land 建设用地中的布局散乱、利用粗放、用途不合理、建筑危旧的城镇存量建设用地。

来源：《关于深入推进城镇低效用地再开发的指导意见（试行）的通知》(2016)。

08.025 城镇低效用地再开发 Inefficient urban land redevelopment 对城镇中布局散乱、利用粗放、用途不合理、建筑危旧的存量建设用地采取综合整治措施，增加城镇建设用地有效供给和提高土地利用效能的活动。

来源：《土地整治术语》(2018)。

08.026　闲置土地　Idle land　指国有建设用地使用权人超过国有建设用地使用权有偿使用合同或划拨决定书约定、规定的动工开发日期满1年未动工开发的国有建设用地。已动工开发但开发建设用地面积占应动工开发建设用地总面积不足1/3或者已投资额占总投资额不足25%，中止开发建设满1年的国有建设用地，也可以认定为闲置土地。

来源：《闲置土地处置办法》(2012)。

08.027　工矿废弃地复垦利用　Abandoned industrial and mining land reclamation　将历史遗留的工矿废弃地以及交通水利等基础设施废弃地加以复垦，盘活和利用建设用地的活动。

来源：《土地整治术语》(2018)。

08.028　低丘缓坡未利用地开发　Development of rolling land　对具备成片开发利用条件的低丘缓坡区域，按照适宜性原则，统筹优化城乡用地结构和布局，增加土地有效供给的活动。

来源：《土地整治术语》(2018)。

08.029　土地利用计划　Land-use plan　根据土地利用总体规划、年度或中期国民经济和社会发展计划以及计划年度土地供需预测编制的，用以调控土地利用的年度或中期计划。

来源：《土地基本术语》(2003)。

08.030　土地利用中期计划　Medium-term land-use plan　根据土地利用总体规划、国民经济和社会发展年度五年计划和计划期间土地供需预测编制的，用以调控土地利用的五年计划。

来源：《土地基本术语》(2003)。

08.031　矿产资源开发利用　Development and utilization of mineral resources　根据矿产资源的特性和可持续发展的原则，采用

勘探、采选、冶炼等工程技术措施，使矿产资源为人类生存、发展服务的一切活动。

来源：根据资源科学技术名词审定委员会（2008）修改定义。

08.032 矿产资源节约利用 Economical utilization of mineral resources 通过优化矿产资源开发利用空间格局、产业结构、生产方式及资源消费的生活方式，降低矿产资源开发利用损失、减少矿产资源消耗的矿产资源利用方式。

来源：根据相关文献资料定义。

08.033 矿产资源集约利用 Concentrative utilization of mineral resources 以资源、技术、资本等生产要素投入最优化、产能规模化、产业集中化等为特征实现社会经济发展单位GDP资源消耗最小的矿产资源利用方式。

来源：根据相关文献资料定义。

08.034 矿产资源高效利用 Efficient utilization of mineral resources 在安全合规、环境影响和成本合理的前提下，单位时间内或单位面积内最大程度地发挥矿产资源价值的资源利用方式。

来源：根据相关文献资料定义。

08.035 矿产资源综合利用 Comprehensive utilization of mineral resources 在对主矿产进行开发利用的同时，安全合规、环保地对共伴生矿产进行充分利用。

来源：根据相关文献资料定义。

08.036 矿产资源综合利用率 Total recovery of mineral resources 采选作业中，各最终产品中有用组分（包括主要有用组分、共生有用组分、伴生有用组分）的质量之和占当期消耗矿产资源储量中所有有用组分质量之和的百分比。

来源：《矿产资源综合利用技术指标及其计算方法》（2015）。

08.037　绿色矿山　Green mines　在矿产资源开发全过程中，实施科学有序的开采，对矿区及周边生态环境扰动控制在可控范围内，实现矿区环境生态化、开采方式科学化、资源利用高效化、企业管理规范化和矿区社区和谐化的矿山。

来源：《非金属矿行业绿色矿山建设规范》等9项绿色矿山建设行业标准。

08.038　绿色矿业发展示范区　Green mining development demonstration area　为大力推进矿业领域生态文明建设，加快矿业转型和绿色发展，按照政策引导、地方主体、一区一案、突出特色，创新驱动、示范引领的原则，由各省（区、市）自然资源主管部门结合全国矿产资源规划和各省（区、市）矿产资源总体规划确定的布局安排，选择资源相对富集、矿山分布相对集中、矿业秩序良好、转型升级需求迫切、地方政府积极性高、有一定工作基础的市县开展绿色矿业发展示范区创建工作，打造矿业领域生态文明建设的样板区、资源合理开发利用先进技术和装备应用的展示区、矿山环境保护与矿地和谐的模范区、矿产资源管理创新的先行区。示范区的主要任务有优化矿山布局，调整矿业产业结构，全域推进绿色矿山建设，全面推进绿色勘查，全面推进矿山地质环境恢复治理，创新绿色发展管理，积极构建绿色矿业发展长效机制等。

来源：《国土资源部办公厅关于开展绿色矿业发展示范区建设的函》(2017)。

08.039　开采回采率　Mining recovery　采出的纯矿石量（资源储量）占当期消耗的矿产资源储量的百分比。

来源：《矿产资源综合利用技术指标及其计算方法》(2015)。

08.040　选矿回收率　Mineral processing recovery　选矿产品中某有用组分的质量占入选原矿中该有用组分质量的百分比。

来源：《矿产资源综合利用技术指标及其计算方法》(2015)。

08.041 采矿损失率 Mining loss ratio 采矿过程中，损失资源储量占当期消耗矿产资源储量的百分比。

来源：《矿产资源综合利用技术指标及其计算方法》（2015）。

08.042 海岸带综合利用 Comprehensive and utilization of coastal zone 政府通过制定计划和法规，综合管理和安排海岸带各种资源开发和空间利用的布局、比重和次序，从而既能保护资源和环境，又能获得最大的社会经济效益。

来源：中国大百科全书总编辑委员会（2002a）。

08.043 海水淡化 Sea water desalination 脱除海水中的盐分和杂质，生产淡水的过程。

来源：《海洋学综合术语》（2010）改写。

08.044 海水化学资源利用 Seawater chemical resources utilization 从海水中提取各种化学元素（化学品）及其深加工利用的过程。

来源：《海水综合利用工程环境影响评价技术导则》（2008）改写。

08.045 海水综合利用 Comprehensive utilization of seawater 采用科学的技术工艺，其流程中包含两种或多种海水资源利用技术的过程。

来源：资源科学技术名词审定委员会（2008）。

08.046 海洋油气勘探 Offshore oil and gas exploration 综合利用各学科知识，利用石油地质、地球物理、地球化学、海洋地质和钻探等方法技术，寻找和查明海洋油气资源储藏情况的过程。

来源：根据相关文献资料定义。

08.047　海洋油气开发　Offshore oil and gas development　从海底岩层中开采油气资源，并进行油气处理和输送的生产和服务活动。

来源：根据相关文献资料定义。

08.048　海域海岛开发　Sea island development　对未利用海域海岛，通过工程、生物或综合措施，使其达到可利用状态的活动，包括开发为农用地、养殖用海和开发为建设用海等。

来源：欧阳健，欧福秋《搞好海域海岛渔业开发　广东站稳经济发展的排头兵》(2013)。

08.049　围填海工程　Sea reclamation engineering　通过筑堤等方式围割海域并填成陆地的建设工程。

来源：《GB/T 海洋经济常用术语（征求意见稿)》。

08.050　森林利用　Forest utilization　人类根据森林的特点，按一定的经济、社会目的，对森林进行长期性或周期性的经营管理和改造。

来源：林学名词审定委员会（2016)。

08.051　森林永续利用　Sustained yield of forest　均衡、持久、合理地利用森林的方式。目的是发挥森林的再生作用，既保证当前生产，又使森林资源能续用不竭。又称永续经营、永续作业。森林永续利用是森林经理工作的基本原则。

来源：中国大百科全书总编辑委员会（1998c)。

08.052　林地生产率　Forestland production rate　林地生产成果与林地面积的比值。通常用单位面积上的产量或产值来表示。

来源：林学名词审定委员会（2016)。

08.053　林地利用率　Woodland using rate　有林地占林业用地

的百分比。

来源：林学名词审定委员会（2016）。

08.054 湿地合理利用 Wetland wise use 在维持湿地生态系统自然属性的前提下，使湿地能够可持续地为人类提供福利的利用方式。

来源：林学名词审定委员会（2016）。

08.055 湿地利用 Wetland utilization 人类对湿地资源和生态环境系统进行合理的开发，以满足其生存需求的行为。

来源：地理学名词审定委员会（2006）。

08.056 湿地开发阈值 Threshold value of wetland development 在湿地自然综合体的特性受到保护的前提下，湿地开垦面积的最大限额。

来源：林学名词审定委员会（2016）；地理学名词审定委员会（2006）。

08.057 自然资源综合监管平台 Platform on integrated information of natural resources 由动态信息采集与监测系统和数据综合分析系统组成，以自然资源遥感监测"一张图"核心数据库为基础，对自然资源批、供、用、补、查进行全程全面动态监控的信息系统。

来源：《土地整治术语》（2018）。

08.058 自然资源执法监察 Law enforcement supervision on nature resources 各级自然资源执法监察主管部门依法对自然资源相关法律关系主体执行和遵守法律、法规的情况实施监督检查，并对违法者实施行政处罚的执法活动。

来源：根据相关文献资料定义。

08.059　例行督察　Routine inspector　国家自然资源督察机构依据法律法规和政策，针对某一地区、行业的一定时段内自然资源利用和管理情况进行全面或者专项的常规性监督检查和评估。纠正发现的问题，提出改进意见和建议。

来源：《土地例行督察工作规范（试行）》（2009）；《国家海洋局关于印发海洋督察方案的通知》（2016）。

08.060　审核督察　Audit inspector　国家自然资源督察机构依照国务院规定的权限和程序，对督察区域内应报国务院审批和由省级人民政府以及省级人民政府授权的设区市人民政府审批的事项及批后实施情况进行监督检查的活动。包括对审批工作的合法性、合规性和真实性进行监督检查，及时发现和纠正行政审批违法违规问题。

来源：根据《审核督察工作规范（试行）》（2014）、《国家海洋局关于印发海洋督察方案的通知》（2016）定义。

08.061　专项督察　Special inspector　针对自然资源行政管理和执法工作中的苗头性、倾向性或者重大的违法违规问题等特定事项进行监督检查，提出整改意见和建议。

来源：根据《国家海洋局关于印发海洋督察方案的通知》（2016）和相关文件定义。

08.062　海洋督察　Marine inspector　上级海洋行政主管部门对下级海洋行政主管部门、各级海洋行政主管部门对其所属机构或委托的单位依法履行行政管理职权的情况进行监督检查的活动。

来源：《海洋督察工作管理规定》（2011）。

08.063　延伸督察　Extended inspector　以督察过程中发现的土地违规违法线索，延伸督察地区、时段和内容，包括对相关联部门、单位和个人的调查取证。

来源：《土地例行督察工作规范（试行）》（2009）。

08.064　现场督察　Site inspector　自然资源督察机构和督察人员根据相关规定，对被督察单位开展的实地监督检查。

来源：根据《海洋督察工作规范》(2011) 等相关文件定义。

08.065　内业审核　Internal audit　根据自然资源管理法律法规和政策有关规定，对被督察地区一定时段内涉及督察内容的档案卷宗的真实性、合法性进行审核的活动。

来源：《审核督察工作规范（试行）》(2014)；《土地例行督察工作规范（试行）》(2009)。

08.066　外业核查　Field verification　国家土地督察机构对被督察地区一定时段内卫星遥感监测变化图斑，以及其他资源利用和管理行为涉及的现场进行勘测核实。

来源：根据《审核督察工作规范（试行）》(2014)、《土地例行督察工作规范（试行）》(2009) 定义。

08.067　约谈　Interview　是指上级自然资源主管部门对下级自然资源主管部门的主要负责人，就督察工作中发现的重大问题进行谈话。

来源：依据相关政策法规文件定义。

08.068　土地督察回访　Return visit of land inspectors　国家土地督察机构针对开展过的督察工作，在结束整改核查一定时期后，进一步监督检查遗留问题的整改情况，检验和评价督察成效，征询有关意见和建议，以及了解督察工作人员的履责情况等活动。

来源：依据相关政策法规文件定义。

08.069　自然资源等别　Natural resources grade　在全国尺度下，对自然资源的自然属性综合差异的量化排序，通常用一定数目表达。

来源：《自然资源分等定级通则》(2021)。

08.070 自然资源级别 Natural resources class 在规定区域内，对自然资源的自然、社会经济、区位等属性综合差异的量化排序，通常用一定数目表达。

来源：《自然资源分等定级通则》(2021)。

08.071 自然资源分等 Gradation of natural resources 综合分析影响各类自然资源质量的各项因素，揭示自然资源质量的全国差异，划分自然资源质量等别的活动。

来源：《自然资源分等定级通则》(2021)。

08.072 自然资源定级 Classification of natural resources 根据自然资源的自然和经济属性及其在社会经济活动中的地位、作用，对自然资源质量进行综合分析，揭示其区域内部的地域差异，评定自然资源质量级别的活动。

来源：《自然资源分等定级通则》(2021)。

08.073 自然资源价格评估 Valuation of natural resources 自然资源评估专业人员根据评估目的和待估对象的状况，遵循评估原则，按照一定的评估程序，在全面调查和综合分析价格影响因素的基础上，根据自然资源的类别、效用特征及其市场状况，选用适宜的评估方法，通过直接市场或模拟市场上的客观价格信号，对待估对象在估价期日的价格进行估算和判定的活动。

来源：《自然资源价格评估通则》(2021)。

08.074 估价期日 Date of valuation 待估对象的价值或价格对应的某一特定日期。“评估基准日”“评估期日”“评估时点”“价值时点”等均为此同一内涵。

来源：《自然资源价格评估通则》(2021)。

08.075 政府公示价格 Published value of natural resources

以促进生态文明建设与自然资源的合理开发利用，维护经济和市场的平稳健康发展为目标，遵循政府公示价格相应的原则、方法和程序进行评估测算，并经政府确认、公布实施的自然资源价格标准。政府公示价格的表现形式包括建设用地、耕地、园地、林地、草地等各类土地资源的基准地价、标定地价，以及海域基准价等。

来源：《自然资源价格评估通则》(2021)。

08.076 土地估价 Land valuation 在一定的市场条件下，根据土地的权利状况和经济、自然属性，按土地在经济活动中的一般收益能力，综合评定出在某一时点某宗土地或某一等级土地在某一权利状态下的价格。

来源：资源科学技术名词审定委员会 (2008)。

08.077 土地使用权出让地价评估 Land valuation of granted land-use right 土地估价专业评估师按照规定的程序和方法，参照当地正常市场价格水平，评估拟出让宗地土地使用权价格或应当补缴的地价款。

来源：《国土资源部办公厅关于印发〈国有建设用地使用权出让地价评估技术规范〉的通知》(2018)。

08.078 土地估价行业"双随机、一公开"监督检查 "Double Random, One Public" supervision and inspection of land valuation industry 依据《中华人民共和国资产评估法》及土地估价相关政策规定，自然资源部和省级自然资源主管部门对土地估价行业实施监督检查时，随机抽取检查对象、随机抽取检查人员，及时公开抽查情况和查处结果。

来源：《自然资源部办公厅关于发布〈土地估价行业"双随机、一公开"监督检查实施细则（试行）〉有关问题的通知》(2019)。

08.079 建设用地审批制度 Permission for building land 政府

根据行政相对人的申请，经过审查，依法给予或不给予相对人使用土地进行建设的权利的行政行为。

来源：《土地基本术语》(2003)。

08.080 建设用地预审 Pre-examination for building land 在基本建设项目可行性研究阶段，政府土地行政机关参与审查，对是否供地及供地条件提出意见的行政行为。

来源：《土地基本术语》(2003)。

08.081 农用地转用审批 Permission for agricultural land use shifting 建设占用土地涉及农用地转为建设用地时，政府根据行政相对人的申请，经过审查，依法给予或不给予相对人使用土地进行建设的权利的行政行为。

来源：《土地基本术语》(2003)。

08.082 征地审批 Permission for land condemnation 非农村集体经济组织及其成员建设需要使用集体所有土地时，政府根据行政相对人的申请，经过审查，依法律规定的权限同意或不同意征收（征用）集体所有土地的行政行为。

来源：《土地基本术语》(2003)。

08.083 建设用地备案制度 Recordation system building land 政府按照法律规定，对合法的建设用地申请予以存查、上报的行政行为。

来源：《土地基本术语》(2003)。

08.084 建设用地定额 Quota for building land supply 在通常的场地条件和平均的工艺、设计、技术经济水平，一个建设项目（或单项工程）主体和配套工程所需占用的额定土地面积。

来源：《土地基本术语》(2003)。

08.085 禁止开采矿产 Minerals forbidding to be exploited 在规划期内矿产资源开发利用活动对生态环境造成严重破坏或重大影响，禁止开采的矿产。

来源：《矿产资源规划常用名词术语解释（试行）》(2019)。

08.086 限制开采矿产 Minerals restricted to be exploited 在规划期限内按照矿产资源供需关系、国家产业政策、技术经济政策，对其开发利用活动实施一定限制的矿产。

来源：《矿产资源规划常用名词术语解释（试行）》(2019)。

08.087 森林采伐许可证 Forest cutting license 又称森林采伐证（logging permit）。采伐林木的单位或者个人依照法律规定办理的准许采伐林木的证明，是采伐森林和林木的法律凭证。

来源：林学名词审定委员会（2016）；《森林资源术语》(2010)。

08.088 森林采伐限额 Forest cutting limit/Forest fell limit/Forest cutting quota 国家根据合理经营、可持续利用森林资源的原则，对森林、林木实行限额消耗的法定控制指标，是森林经营单位每年最大的采伐量。国家严格控制森林年采伐量。省、自治区、直辖市人民政府林业主管部门根据消耗量低于生长量和森林分类经营管理的原则，编制本行政区域的年采伐限额，经征求国务院林业主管部门意见，报本级人民政府批准后公布实施，并报国务院备案。重点林区的年采伐限额，由国务院林业主管部门编制，报国务院批准后公布实施。

来源：《中华人民共和国森林法》(1984)。

08.089 非法采伐 Illegal logging 盗伐和滥伐的总称。盗伐是指擅自砍伐国家、集体、他人所有、他人承包经营的森林或者其他林木。滥伐是指未经林业行政主管部门及其法律规定的主管部门批准并核发林木采伐许可证，或者虽持有林木采伐许可证，但违反林木采伐许可证规定的时间、数量、树种或者方式，任意采伐本单位所有或者本人所有的森林或者其他林木的，以及超过林木采伐许可证规定的数量采伐他人所有的森林或者其他林木。

来源：林学名词审定委员会（2016）。

08.090　毁林开荒　Deforestation and land reclamation　由于人为活动而造成的土地由林地转化为耕地的土地利用变化过程。

来源：林学名词审定委员会（2016）。

08.091　经济轮伐期　Economic rotation　在实行皆伐作业的同龄林经营单位内，周而复始地进行采伐、培育到再度采伐并实现经济收入达到最大的期限和时间。

来源：林学名词审定委员会（2016）。

08.092　围填海管控　Sea reclamation control　国家严格管理填海、围海等改变海域自然属性的用海活动。严格限制填海、围海等改变有居民海岛海岸线的行为，严格限制填海连岛工程建设；确需填海、围海改变海岛海岸线，或者填海连岛的，项目申请人应当提交项目论证报告、经批准的环境影响评价报告等申请文件，依照《中华人民共和国海域使用管理法》的规定报经批准。

来源：《中华人民共和国海域使用管理法》（2001）。

08.093　海域使用　Sea area use　持续使用特定海域三个月以上的排他性用海活动。

来源：《海域使用分类》（2009）。

08.094　海域使用类型　Type of sea area use　根据不同的海域使用方式和特点所形成的海域差异性划分的海域类别。

来源：《海域使用分类》（2009）。

08.095　用海方式　Sea use pattern　根据海域使用特征及对海域自然属性的影响程度划分的海域使用方式。

来源：《海域使用分类》（2009）。

08.096　无居民海岛开发利用　Development and utilization of uninhabited island　持续使用无居民海岛或无居民海岛上特定区域的排他性用岛活动。

来源：《无居民海岛开发利用测量规范》（2018）。

08

09

国土空间生态保护修复

09.001　国土空间开发适宜性　Suitability of land and space development　在维系生态系统健康和国土安全的前提下，综合考虑资源环境等要素条件，在特定国土空间进行农业生产、城镇建设等人类活动的适宜程度。

来源：《资源环境承载能力和国土空间开发适宜性评价指南（试行）》(2020)。

09.002　自然地理格局　Natural geographical pattern　是指自然地理本底条件及其空间分布格局。

来源：《省级国土空间生态修复规划编制指南（试行）》(2020)；《自然资源部办公厅 财政部办公厅 生态环境部办公厅关于印发〈山水林田湖草生态保护修复工程指南（试行）〉的通知》(2021)。

09.003　绿色基础设施　Green infrastructure　是指一个相互联系的绿色空间网络，由各种开敞空间和自然区域组成，包括绿道、湿地、雨水花园、森林、乡土植被等，组成一个相互联系、有机统一的网络系统。

来源：《省级国土空间生态修复规划编制指南（试行）》(2020)；《自然资源部办公厅 财政部办公厅 生态环境部办公厅关于印发〈山水林田湖草生态保护修复工程指南（试行）〉的通知》(2021)。

09.004　景观　Landscape　是指几十公里至几百公里范围内，由不同生态系统类型所组成的异质性地理单元。宏观上还包括能够反映气候、地理、生物、经济、社会和文化综合特征的景观复合体。

来源：《省级国土空间生态修复规划编制指南（试行）》（2020）；《自然资源部办公厅 财政部办公厅 生态环境部办公厅关于印发〈山水林田湖草生态保护修复工程指南（试行）〉的通知》（2021）。

09.005　生态修复　Ecological restoration　亦称生态恢复，是指协助退化、受损生态系统恢复的过程。即人工修复或重建因生产建设活动损毁的生态系统，使其达到系统自维持状态的过程。生态修复方法包括保育保护、自然恢复、辅助修复、生态重塑等。生态修复目标可能是针对特定生态系统服务的恢复，也可能是针对一项或多项生态服务质量的改善。

来源：《自然资源部办公厅 财政部办公厅 生态环境部办公厅关于印发〈山水林田湖草生态保护修复工程指南（试行）〉的通知》（2020）；《省级国土空间生态修复规划编制指南（试行）》（2020）；《土地复垦方案编制规程》（2011）。

09.006　生态系统恢复　Ecosystem restoration　通过人工或自然等措施，使受损生态系统恢复合理的结构和功能，使其达到能够自我维持的状态。有狭义和广义两种含义。狭义是指恢复到受损前生态系统的原貌；广义是指再建一个与原先不同的，但与当地环境相适应的、符合发展要求的生态系统。

来源：林学名词审定委员会（2016）。

09.007　自然恢复　Natural recovery　对于轻度受损、恢复力强的生态系统，主要采取切断污染源、禁止不当放牧和过度猎捕、封山育林、保证生态流量等消除胁迫因子的方式，加强保护措施，促进生态系统自然恢复。

来源：《山水林田湖草生态保护修复工程指南（试行）》（2020）。

09.008　辅助修复　Auxiliary repair　亦称辅助再生。对于中度受损的生态系统，结合自然恢复，在消除胁迫因子的基础上，采取改善物理环境，参照本地生态系统引入适宜物种，移除导致生态系统退化的物种等中小强度的人工辅助措施，引导和促进生态系统逐步恢复。

来源：《山水林田湖草生态保护修复工程指南（试行）》(2020)。

09.009　生态重塑　Ecological reconstruction　亦称生态重建。对于严重受损的生态系统，要在消除胁迫因子的基础上，围绕地貌重塑、生境重构、恢复植被和动物区系、生物多样性重组等方面开展生态重建。生境重构关键要消除植被（动物）生长的限制性因子；植被重建要首先构建适宜的先锋植物群落，在此基础上不断优化群落结构，促进植物群落正向演替进程；生物多样性重组关键是引进关键动物及微生物实现生态系统完整食物网构建。

来源：《山水林田湖草生态保护修复工程指南（试行）》(2020)。

09.010　山水林田湖草一体化保护修复　Integrated protection and restoration of landscape，forest，field，lake and grass　是指按照山水林田湖草是生命共同体理念，依据国土空间总体规划以及国土空间生态保护修复等相关专项规划，在一定区域范围内，为提升生态系统自我恢复能力，增强生态系统稳定性，促进自然生态系统质量的整体改善和生态产品供应能力的全面增强，遵循自然生态系统演替规律和内在机理，对受损、退化、服务功能下降的生态系统进行整体保护、系统修复、综合治理。

来源：《山水林田湖草生态保护修复工程指南（试行）》(2020)。

09.011　基于自然的解决方案　Nature-based solutions，NbS　是指对自然的或已被改变的生态系统进行保护、可持续管理和修复行动，这些行动能够有效地和具有适应性地应对社会挑战，同时为人类福祉和生物多样性带来益处。NbS 包含 8 项基本准则：有效地解决人类社会挑战；根据不同层面和尺度来规划和设计；保护和提升生物多样性和生态系统的完整性；经济可行性；基于包容、透明和赋权的治理过程；促进首要目标和其他多种效益间的平衡；基于证据进行适应性管理；在适当的辖区范围内使 NbS 主流化并发挥其可持续性。

来源：《基于自然的解决方案全球标准》（2021）。

09.012 土地退化 Land degradation 土地由于人为活动和自然作用而不再能正常地维持其经济功能和（或）原来的自然生态功能的现象和过程。

来源：《土地整治术语》（2018）。

09.013 土地石漠化 Land rocky desertification 土地受人为活动干扰，使地表植被遭受破坏，导致土壤严重流失，基岩大面积裸露或砾石堆积的石漠化景观形成过程。

来源：《土地整治术语》（2018）。

09.014 土地荒漠化 Land desertification 因气候变异和人类活动在内的多种因素而造成的生物生产力下降和破坏，最后出现类似荒漠景观的现象和过程。

来源：《土地整治术语》（2018）。

09.015 矿山生态修复 Mine ecological restoration 是指针对矿产资源开发引发地灾隐患、占用和损毁土地、生态破坏等问题，通过预防控制、保护恢复和综合整治措施，使矿山地质环境达到稳定、损毁的土地达到可供利用状态以及生态功能恢复的活动。

来源：四川市级国土空间生态修复规划术语与定义。

09.016 生态缓冲带 Ecological buffer zone 是指在相邻空间或系统的一定边界区域建设乔灌草相结合的立体植物带，在不同空间或系统之间起到一定的缓冲作用。

来源：四川市级国土空间生态修复规划术语与定义。

09.017　生态隔离带　Ecological isolation zone　是介于农村自然环境和城市人工环境之间的一种过渡性绿地，是城市基础设施中具有生命力的一种设施。

来源：四川市级国土空间生态修复规划术语与定义。

09.018　自然干扰　Natural disturb　是指来自不可抗拒的自然力的干扰作用，包括大气干扰、地质干扰和生物干扰等。

来源：江伟钰、陈方林（2005）。

09.019　自然生态平衡　Natural ecological balance　是指在没有人的参与下的自然生态系统的平衡状态，是生物个体或种群依靠自然规律逐渐演替形成的平衡状态。自然生态平衡有益于生物的繁衍、物种的保存、资源的涵养、环境的改善。

来源：江伟钰、陈方林（2005）。

09.020　矿山土地复垦　Mine land reclamation　对矿山企业复垦责任范围内的土地进行复垦的工作。

来源：《矿山土地复垦基础信息调查规程》（2016）。

09.021　露天开采　Opencast mining　将矿藏上的覆盖物（包括岩石、土壤等）剥离后开采显露矿层的采掘方式。

来源：《土地复垦方案编制规程》（2011）。

09.022　地下开采　Underground mining　通过挖掘井巷进入地下开采矿石的采掘方式。

来源：《土地复垦方案编制规程》（2011）。

09.023　开采深度　Mining depth　凹陷露天采场内开采水平最高点至露天采场底面的垂直深度。

来源：《土地复垦方案编制规程》（2011）。

09.024 剥采比 Stripping ratio 剥离量与有用矿物量之比值。

来源:《土地复垦方案编制规程》(2011)。

09.025 采空区 Goaf 采煤后所废弃的空间。

来源:《土地复垦方案编制规程》(2011)。

09.026 闭坑 Closed pit 矿产资源开采枯竭后，经审批废弃的矿山。

来源:《土地复垦方案编制规程》(2011)。

09.027 地表移动和变形 Ground surface movement and deformation 一般指在采煤影响下地表产生的下沉、倾斜、曲率、水平移动和水平变形。

来源:《土地复垦方案编制规程》(2011)。

09.028 富营养化 Eutrophication 海水中营养盐的自然或人为增加及其引起的生态效应。

来源:《海洋调查规范》(2007)。

09.029 海洋环境污染 Marine environment pollution 由于人类活动，直接或间接地把物质或能量引入海洋环境，造成或可能造成损害生物资源和海洋生物、危害人类健康、妨碍捕鱼和其他各种合法的海洋活动、损坏海水使用质量和减损环境优美等的有害影响。海洋污染物的种类多且复杂，包括各种有机污染物、石油及其衍生物、重金属、农药、放射性物质等。

来源:《中国大百科全书》总编委员会(2009)。

09.030 海洋生物群落结构 Marine biotic community structure 海洋生物群落的物种组成、空间格局和时间动态等特征。

来源:《海洋调查规范》(2007)。

09.031　海洋生态系统功能　Marine ecosystem function　海洋生态系统中的物质循环、能量流动、信息传递及其调控作用。

来源：《海洋调查规范》（2007）。

09.032　海滩修复　Beach restoration　海岸受破坏或消失，导致海岸灾害防护功能、生态功能和旅游价值降低或丧失，为了恢复海岸系统、修复海滩景观、改善海岸带生态环境，通过海滩养护等工程技术手段来修复被破坏的海滩。

来源：《海滩养护与修复技术指南》（2018）。

09.033　海岸养护　Beach nourishment　将异地与修复区海岸环境相适应的沉积物通过人工手段搬运到海岸指定位置，增加平均高潮位以上海滩的宽度，恢复海滩功能。必要时可辅以特定的海岸构筑物。

来源：《海滩养护与修复技术指南》（2018）。

09.034　潮间带生态　Intertidal ecology　潮间带各种生物之间，及其与环境的相互关系。潮间带是指有潮区最高高潮线到最低低潮线之间的海岸带。该地带在涨潮时淹没在海水中，退潮时又暴露在空气中，受到陆、海双重复杂的影响。

来源：中国大百科全书总编辑委员会（2002a）。

09.035　微生物修复　Microbial remediation　利用微生物的吸收降解作用清除环境中污染物的一个自发或受控的过程。

注：可分为原位微生物修复和异位微生物修复：（1）原位微生物修复指在污染的原地点进行的微生物修复；（2）异位微生物修复指移动污染物到临近地点或反应器内进行的微生物修复。

来源：《海洋岸滩石油污染微生物修复指南》（2020）。

09.036　湿地修复　Wetland rehabilitation　人工措施或自然干

扰使退化湿地恢复原来状态的过程。

来源：林学名词审定委员会（2016）。

09.037 国土综合整治 Territorial comprehensive consolidation and rehabilitation 针对国土空间开发利用中产生的问题，遵循“山水林田湖草生命共同体”理念，综合采取工程、技术、生物等多种措施，修复国土空间功能，提升国土空间质量，促进国土空间有序开发的活动，是统筹山水林田湖草系统治理、建设美丽生态国土的总平台。

来源：《土地整治术语》（2018）。

09.038 土地综合整治 Comprehensive land consolidation and rehabilitation 为满足人类生产、生活和生态功能需要，依据土地整治规划及相关规划，在一定区域范围内，通过综合运用相关政策，采取先进工程技术，调整土地利用结构，优化土地空间布局，保障土地可持续利用，实现粮食安全、现代农业、精准扶贫、生态修复等综合效应的治理活动，具有内容丰富、模式多样、目标多远、手段综合等特点，是推进乡村振兴和城市更新、实现城乡融合发展的重要平台。

来源：《土地整治术语》（2018）。

09.039 土地整治 Land consolidation and rehabilitation 为满足人类生产、生活和生态功能需要，依据土地整治规划及相关规划，对未利用、低效和闲置利用、损毁和退化土地进行综合治理的活动；是土地开发、土地整理、土地复垦、土地修复的统称。

来源：《土地整治术语》（2018）。

09.040 土地整理 Land consolidation 在一定区域内，采取行政、经济、法律、工程和生物等措施，对田、水、路、林、村进行综合整治，对土地利用状况进行调整改造，对土地资源进行重新分配，提高土地质量和土地利用效率，增加有效耕地面积，改善生产、生活条件和生态环境的活动。

来源:《土地整治术语》(2018)。

09.041　农用地整理　Agriculture land consolidation　以农用地为对象，通过实施土地平整、灌溉与排水、田间道路、农田防护与生态环境保持等工程，提高土地治理，增加有效耕地面积，改善农业生产条件和生态环境的活动。

来源:《土地整治术语》(2018)。

09.042　建设用地整理　Construction land consolidation　以提高土地节约集约利用水平为目的，采取一定措施，对利用率不高的村镇用地、城镇用地、独立工矿用地、交通和水利设施用地等建设用地进行整治的活动。

来源:《土地整治术语》(2018)。

09.043　土地修复　Land restoration　对受污染土地、退化土地采取综合整治措施，改变土壤不良性状、恢复和提高土地生产能力的活动。

来源:《土地整治术语》(2018)。

09.044　生态型土地整治　Ecological land consolidation and rehabilitation　以“山水林田湖草生命共同体”理念为指导，采用生态环保技术措施实施土地整治，通过土地生态系统的维持、修复与重建，提升生态系统服务与功能，提供绿色产品和优美景观，保护生物多样性，促进人与自然和谐共生。

来源:《土地整治术语》(2018)。

09.045　新增耕地潜力　Potential of newly increased cultivated land　一定区域内通过采取土地整治措施可以新增加的耕地

面积。

来源：《土地整治术语》(2018)。

09.046 新增耕地率 Percentage of newly increased cultivated land 新增耕地面积占土地整治项目建设规模的比例。

来源：《土地整治术语》(2018)。

09.047 土地适宜性 Land suitability 某一土地单元对某一特定土地用途或土地利用方式的适用程度。

来源：《土地整治术语》(2018)。

09.048 土地限制性 Land limitation 某一土地单元对某一特定土地用途或土地利用方式的不适宜性或局限性。

来源：《土地整治术语》(2018)。

09.049 土地垦殖率 Cultivated land ratio 一定区域内耕地面积占土地总面积的比例。

来源：《土地整治术语》(2018)。

09.050 土地整治潜力 Potential of land consolidation and rehabilitation 在一定的经济社会发展条件和科学技术水平等因素限制下，对未利用、低效和闲置利用、损毁和退化土地进行综合治理，由此可增加的有效耕地面积，其他农用地面积和节约的建设用地面积，以及土地利用效率和土地质量提高的程度。

来源：《土地整治术语》(2018)。

09.051 土地复垦潜力 Potential of land reclamation 损毁土地通过工程、生物等措施，所能恢复利用的土地面积和土地利用效率提高的程度。

来源：《土地整治术语》(2018)。

09. 052　宜耕后备土地资源开发潜力　Potential of arable reserved land resource reclamation　通过对宜耕后备土地资源采取整治措施，增加耕地面积，改善生态环境的潜力。

来源：《土地整治术语》(2018)。

09. 053　土地整治重点区域　Priority area of land consolidation and rehabilitation　基于土地整治潜力调查评价和区域资源环境、经济社会条件分析结果，按照土地整治类型和限制因素相对一致性而划定的优先实施土地整治的空间范围。

来源：《土地整治术语》(2018)。

09. 054　新增粮食产能　Newly increased grain production capability　土地整治项目实施后，某一种作物在项目区内单位耕地上实际增加的粮食产量，其中粮食作物可选用小麦、水稻、玉米。

来源：《土地整治术语》(2018)。

09. 055　土地整治工程　Land consolidation and rehabilitation project　实施土地整治所采取的各项建设措施的总称。

来源：《土地整治术语》(2018)。

09. 056　拆旧区　Old dismantling construction area　拟整理复垦为耕地（或农用地）的现状建设用地的地块所组成的区域。

来源：《土地整治术语》(2018)。

09. 057　建新区　New construction area　在城乡建设中拟被用为建设用地的地块所组成的区域，未来可用于安置拆旧区农户或作为新增建设用地使用。

来源：《土地整治术语》(2018)。

09.058 土地整治项目 Land consolidation and rehabilitation project 在一定时间、区域和投资范围内，具有明确建设目标和内容的土地整治活动。

来源：《土地整治术语》(2018)。

09.059 替代生境 Equivalent habitats 由于人类活动而导致某特定种类动植物赖以生存的原生境受到破坏时，在其他位置所营造的、能够维持其生存或生活的自然或近自然环境。

来源：《河湖生态系统保护与修复工程技术导则》(2020)。

09.060 土地复垦 Land reclamation 对生产建设活动和自然灾害损毁的土地，采取整治措施，使其达到可供利用状态的活动。

来源：《土地复垦质量控制标准》(2013)。

09.061 土地复垦率 Land reclamation rate 复垦的土地面积占复垦责任范围土地面积的百分比。

来源：《土地复垦方案编制规程》(2011)。

09.062 土地复垦费 Land reclamation charge 土地复垦义务人不复垦，或者复垦验收中经整改仍不合格的情形下，由土地复垦义务人缴纳，专项用于有关自然资源主管部门代为组织复垦的资金。

来源：《土地整治术语》(2018)。

09.063 永久性建设用地 Permanent construction land 依法征收并用于建设工业场地、公路和铁路等永久性建筑物、构筑物及相关用途的土地。

来源：《土地复垦方案编制规程》(2011)。

09.064　临时用地　Temporary land use　建设项目施工、地质勘查等临时使用且不修建永久性建（构）筑物、使用后恢复原状并交还土地所有权人或使用权人，经自然资源主管部门依法批准使用的土地。

来源：《自然资源部关于规范临时用地管理的通知》（自然资规〔2021〕2号）。

09.065　弃土场　Spoil ground　项目建设过程中排弃剩余土壤和岩石的场地。

来源：《土地复垦方案编制规程》（2011）。

09.066　取土场　Borrow ground　因项目建设填方需要或复垦工程需要挖取土壤和岩石风化物的场地。

来源：《土地复垦方案编制规程》（2011）。

09.067　复垦区　Reclamation area　生产建设项目损毁土地和永久性建设用地构成的区域。

来源：《土地复垦方案编制规程》（2011）。

09.068　土地复垦单元　Land reclamation unit　复垦方向、措施与标准基本一致的待复垦土地单元。

来源：《生产项目土地复垦验收规程》（2014）。

09.069　土地复垦质量　Land reclamation quality　生产建设活动和自然灾害损毁的土地经整治措施后，在地表形态、土壤质量、配套设施和生产水平方面达到可供持续利用状态的程度。

来源：《土地复垦质量控制标准》（2013）。

09.070　土壤损毁　Land destination　人类生产建设活动或自然灾害造成土地原有功能部分或完全丧失的过程。

来源：《土地复垦质量控制标准》（2013）。

09.071　土地挖损　Land excavation　因采矿、挖沙、取土等生产建设活动致使原地表形态、土壤结构、地表生物等直接损毁，土地原有功能丧失的过程。

来源：《土地复垦质量控制标准》（2013）。

09.072　土地塌陷　Land subsidence　因地下开采导致地表沉降、变形，造成土地原有功能部分或全部丧失的过程。

来源：《土地复垦质量控制标准》（2013）。

09.073　土地压占　Land occupancy　因堆放剥离物、废石、矿渣、粉煤灰、表土、施工材料等，造成土地原有功能丧失的过程。

来源：《土地复垦质量控制标准》（2013）。

09.074　土地污染　Land pollution　因生产过程中排放的污染物，造成土壤原有理化性状恶化、土地原有功能部分或全部丧失的过程。

来源：《土地复垦质量控制标准》（2013）。

09.075　表土　Topsoil　能够进行剥离的、有利于快速恢复地力和植物生长的表层土壤或岩石风化物。不限于耕地的耕作层，园地、林地、草地的腐殖质层，其剥离厚度根据原土壤表土层厚度、复垦土地利用方向及土方需要量等确定。

来源：《土地复垦方案编制规程》（2011）。

09.076　排土场　Dump　堆放剥离物的场所。建在露天采场以内的称内排土场，建在露天采场以外的称外排土场。

来源：《土地复垦质量控制标准》（2013）。

09.077　废石场　Waste dump　矿山采矿剥离、排弃物的集中堆放的场地。

来源:《土地复垦质量控制标准》(2013)。

09.078　尾矿库　Tailings reservoir　筑坝拦截谷口或围地构成的用以贮存金属或非金属矿山进行矿石选别后排出尾矿的场所。

来源:《土地复垦质量控制标准》(2013)。

09.079　赤泥堆场　Red mud disposal site　铝土矿提取氧化铝后排出赤泥的堆放场地。

来源:《土地复垦质量控制标准》(2013)。

09.080　世界自然保护同盟　International Union for Conservation of Nature, IUCN　国际性的非政府的环境组织。成立于1948年10月5日，始称国际自然保护同盟，1956年改称国际自然与自然资源保护同盟，1990年改为世界自然保护同盟。总部设在瑞士格兰德。截至2000年，同盟成员包括78个政府、112个政府机构、735个非政府组织和附属机构，以及来自181个国家约10000名的科学家和专家，是世界上最大的自然保护性质的组织。

来源:《中国大百科全书》总编委员会(2009)。

09.081　保育保护　Conservation and protection　亦称保护保育。对于代表性自然生态系统和珍稀濒危野生动植物物种及其栖息地，采取建立自然保护地、去除胁迫因素、建设生态廊道、就地和迁地保护及繁育珍稀濒危生物物种等途径，保护生态系统完整性，提高生态系统质量，保护生物多样性，维护原住民文化与传统生活习惯。

来源：四川市级国土空间生态修复规划术语与定义。

09.082　自然资源保护　Natural resources protection　保护存在

于自然界的没有为人类所利用的一切自然资源。指人类采取行政、法律、经济等手段合理利用、保护和恢复自然资源（或条件），使污染和破坏环境的行为，特别是给人类造成的灾难（如水土流失等）的行为得到控制，以建立人类社会最适合生活、工作和生产的环境，满足当代人和后代人的物质与文化需求。

来源：资源科学技术名词审定委员会（2008）。

09.083 自然资源许可制度 License system of nature resources 是指在从事开发利用自然资源的活动之前，必须向有关管理机关提出申请，经审查批准，发给许可证后，方可进行该活动的一整套管理措施。它是自然资源行政许可的法律化，是自然资源保护管理机关进行自然资源保护监督管理的重要手段。自然资源许可证包括资源开发许可证、资源利用许可证和资源进出口许可证。

来源：江伟钰、陈方林（2005）。

09.084 资源开发的强制性保护 The compel protection of resources development 即坚持环境影响评价和“三同时”制度，严格执行建设项目环评分级审批、分类管理的规定，明确省、市、县生态环境部门环评职责，切实加强基层中小型建设项目的环评工作；把好建设项目生态环境监管关，依法查处无序开发造成的严重破坏生态事件；开展生态监察，把住重点项目、重点工程和重点区域开发管理关。

来源：江伟钰、陈方林（2005）。

09.085 海岛保护 Island protection 是指海岛及其周边海域生态系统保护，无居民海岛自然资源保护和特殊用途海岛保护。国务院和沿海地方各级人民政府应当采取措施，保护海岛的自然资源、自然景观以及历史、人文遗迹。禁止改变自然保护区内海岛的海岸线。禁止采挖、破坏珊瑚和珊瑚礁。禁止砍伐海岛周边海域的红树林。

来源:《中华人民共和国海岛保护法》(2009)。

09.086　森林保护　Forest protection/Forest conservation　采用各种监测、防治和管理措施，以避免或减轻森林遭受各类林业有害生物、林火与气象灾害等多种致灾因子危害的活动。

来源：林学名词审定委员会（2016）。

09.087　草原保护　Grassland protection　对危害草原的有害生物和滥垦、滥牧、乱挖野生植物资源的各种行为进行防治和禁止的措施。

来源:《草原与牧草术语（征求意见稿)》(2021)。

09.088　草地生态保护工程　Grassland ecological protection projects　通过保护、建设、合理利用等技术措施和政策制定，维持草原生态系统过程，促进草原生态经济良性循环和持续发展而设立的工程项目。

来源:《草原与牧草术语（征求意见稿)》(2021)。

09.089　湿地保护　Wetland conservation　通过采取各种手段或措施，维持湿地现有的面积、生态特征和生态功能等自然属性，使湿地免受破坏或有害影响。

来源：林学名词审定委员会（2016）。

09.090　湿地保护制度　Wetland protection system　将所有湿地纳入保护范围，禁止擅自征用占用国际重要湿地、国家重要湿地和湿地自然保护区。确定各类湿地功能，规范保护利用行为，建立湿地生态修复机制。

来源:《生态文明体制改革总体方案》(2015)。

09.091 水资源保护 Water resources protection 防止水体水质污染与水量枯竭的技术措施。水既是环境要素，又是重要的自然资源。水资源保护是环境保护的主要内容，也是水资源管理的重要组成部分。工作内容：包括水质调查与监测、水质评价、水质预测预报、水质规划与管理、污水处理、污染源管理、水量开采的监测与管理、水资源保护政策和法规制订等。

来源：中国大百科全书总编辑委员会（2002c）。

09.092 资源价值观 Value viewpoint of resource 指自然资源应该是有价值的，对其开发使用都应有偿。这一观点要求对资源的社会再生产进行经济核算，确定资源的价值与价格，形成补偿机制良性循环。

来源：江伟钰、陈方林（2005）。

09.093 资源系统观 Systematic viewpoint of resources 是资源观最核心的观点。只有当人类充分认识到自己是人与自然大系统的一部分，才可能真正实施与自然协调发展。而且只有当人类把各种资源都看成人与自然这个大系统中的一个子系统，并正确处理这种资源子系统和其他资源子系统之间的关系，人类才能高效利用资源。

来源：江伟钰、陈方林（2005）。

09.094 自然资源稀缺性 Deficiency of natural resources 在一定的时空范围内能够被人们利用的自然资源是有限的，而人们对物质需求的欲望是无限的，两者之间的矛盾构成资源的稀缺性。

来源：资源科学技术名词审定委员会（2008）。

09.095 自然资源可更新性 Renewability of natural resources 自然资源通过自身繁殖或复原，得以不断推陈出新，从而能被持续利用的特性。

来源：资源科学技术名词审定委员会（2008）。

09.096　自净作用　Self-purifying effect　大气、土壤或水体等受到污染后能够自然净化的作用，通过物理、化学、生物等自然作用而使污染物总量减少，浓度降低，逐渐恢复到未污染的状态。

来源：江伟钰、陈方林（2005）。

09.097　自然资源有偿使用制度　Paid use system of natural resources　是指国家采取强制手段使开发利用自然资源的单位或个人支付一定费用的一整套管理措施。它是在资源紧缺的情况下建立发展起来的一套管理制度，是自然资源价值在法律上的体现和确认。其形式主要包括收税和收费。

来源：江伟钰、陈方林（2005）。

09.098　自然资源有偿使用权　Paid use right of natural resources　是自然资源使用人在使用自然资源时必须向所有人支付相应费用。

来源：江伟钰、陈方林（2005）。

09.099　海域有偿使用制度　Paid system of sea area use　海域属于国家所有，国家实行海域有偿使用制度。单位和个人使用海域，应当按照国务院的规定缴纳海域使用金。海域使用金应当按照国务院的规定上缴财政。

来源：《中华人民共和国海域使用管理法》（2001）。

09.100　水资源有偿使用制度　System of paid use of water resources　国家对水资源依法实行取水许可制度和有偿使用制度。农村集体经济组织及其成员使用本集体经济组织的水塘、水库中的水的除外。国务院水行政主管部门负责全国取水许可制度和水资源有偿使用制度的组织实施。

来源：《中华人民共和国水法释义》（2003）。

09. 101　无居民海岛有偿使用制度　Paid use system of uninhabited islands　国家实行无居民海岛有偿使用制度。单位和个人利用无居民海岛，应当经国务院或者沿海省、自治区、直辖市人民政府依法批准，并按照本办法规定缴纳无居民海岛使用金。未足额缴纳无居民海岛使用金的，海洋主管部门不得办理无居民海岛使用权证书。

来源：《无居民海岛使用金征收使用管理办法》（2010）。

09. 102　平衡与补偿原理　Balance and compensation principle　是指生态系统是一个动态平衡系统，也是一个反馈调节系统，内部具有一种自动调节的能力，以保持系统自身的相对稳定性。这种调节能力取决于系统存在的反馈机制，组成的多样性及物质和能量流动循环的复杂性。一般来讲，在成分多样，能量流动和物质循环途径复杂的生态系统中，较易保持稳定，因为系统的一部分发生机能障碍时，可以被其他部分调节、更新、补偿。例如，一个复杂的生态系统不可能使单一的物种大发生，天敌可以阻止任何一个种群达到足够大的数量，以致扰乱了生态系统内部的平衡。

来源：江伟钰、陈方林（2005）。

09. 103　自然资源补偿费　Natural resources depletion compensation fee　是指为弥补、恢复、更新自然资源的减少、流失或破坏而向开发利用自然资源者收取的费用。

来源：江伟钰、陈方林（2005）。

09. 104　土地补偿费　Land compensation fee　国家建设需要征用农民集体所有的土地时，用地单位依法向被征地单位支付的款项。其实质是国家对农民集体在被征用的土地上长期投工、投资的补偿。它包括两种：一种是耕地补偿费，二是其他土地补偿费。征用耕地的补偿标准，由省（区、市）结合当地实际情况具体规定。

来源：邹瑜、顾明（1991）；江伟钰、陈方林（2005）。

09.105　林地补偿费　Woodland compensation fee　依法对占用林地的单位和个人征收的对原林地所有者或经营者的投入和收益造成损失的补偿资金和实物。

来源：林学名词审定委员会（2016）。

09.106　水资源费　Water resources fee　由水法规定的对直接使用水资源者收取的费用。直接从江河、湖泊或者地下取用水资源的单位（包括中央直属水电厂和火电厂）和个人，除按规定不需要申请领取水许可证的情形外，均应按照本办法规定缴纳水资源费。水资源费征收标准，由各省、自治区、直辖市价格主管部门会同同级财政部门、水行政主管部门制定，报本级人民政府批准，并报国家发展改革委、财政部和水利部备案。

来源：资源科学技术名词审定委员会（2008）；《水资源费征收使用管理办法》（2008）。

09.107　生态补偿　Ecological compensation　通过行政干预手段，使生态影响的责任者承担破坏资源环境的经济损失；对生态环境保护、建设者和生态环境质量降低的受害者进行补偿的一种生态经济机制。

来源：资源科学技术名词审定委员会（2008）；《自然保护区名词术语》（2007）。

09.108　生态补偿主体　The supplied object of ecological compensation　生态补偿主体是指筹集资金、实施补偿活动的组织机构。补偿的主体包括国家，损坏、危害环境的矿山企业或可能的生态受益组织等。

来源：《生态文明背景下流域生态补偿法律机制的构建》（2008）。

09.109 生态补偿客体 The accepted object of ecological compensation 生态补偿客体即补偿对象。包括自然资源环境所有者、使用者及生态系统本身。

来源：根据相关文献资料定义。

09.110 森林生态补偿 Forest ecological service payment 政府因生态建设的需要，对非公有制森林行使公法上的征用和管制，从而给森林所有者造成的损失所采取的经济补偿。

来源：林学名词审定委员会（2016）。

09.111 森林生态效益补偿基金 Forest ecological benefit compensation fund 是森林保护方面的基金制度之一，该项基金用于提供生态效益的防护林和特种用途林的森林资源、林木的营造、抚育、保护和管理，必须专款专用，不得挪作他用。具体办法由国务院规定。

来源：江伟钰、陈方林（2005）。

09.112 原生环境 Primary environment 指基本未受人类生产、生活活动影响的自然环境。其特点是物质的迁移转化、能量和信息的传递以及物种的演化，大体仍按自然界固有的规律进行。

来源：江伟钰、陈方林（2005）。

09.113 绿色文明 Green civilization 是指人类在开发利用自然进行生产和生活消费的过程中，从维护社会、经济、自然系统的整体利益出发，尊重自然、保护自然，注重生态环境建设和生态环境质量的提高，使现代经济社会发展建立在生态系统良性循环的基础之上，以有效地解决一系列经济社会活动的需求同自然生态环境系统供给之间的矛盾，实现人与自然的协同进化和社会、经济、环境三者的协调发展。

来源：江伟钰、陈方林（2005）。

09.114　绿色补贴政策　The policy of the Green's subsidize　是指设置一些强制性条件，要求受补贴的农民必须检查自己的环保行为，定期对自己农场所属的区域野生资源、森林、植被进行检查。同时，要求对土壤、水、空气进行检查和测试，定期向有关部门提交报告。政府根据农民的环境保护检查情况决定对其是否给予补贴以及补贴金额。此外，对表现出色者给予减免农业所得税，以资鼓励。

来源：江伟钰、陈方林（2005）。

10

地质勘查

10.001　地质员　Geologist　指从事区域地质调查、矿产地质普查，水文地质、海洋地质、石油地质普查工作，具有中专及中技学历或能胜任本职地质技术工作的人员。

来源：张鸿云（1993）。

10.002　地质队　Geological team　指从事地质勘探工作的、独立的基层地质勘查单位。按从事工作内容的繁简不同，分为综合地质队和专业队，如测绘队、区域地质调查队、物探队、化探队、探矿队、航测队、水文地质队、工程地质队、遥感地质队、地震队等。除此之外，还有方法队、综合研究队。也包括专业化改组后，仍按野外队管理的地质调查研究所。地质队具有独立单位的基本特征，即有独立的组织机构，经济上实行独立核算，具有法人资格等。

来源：张鸿云（1993）。

10.003　地勘企业　Geological prospecting enterprises　企业化了的地勘单位，即原来是承担地质勘查工作的地质勘查单位，在改革开放过程中，部分地勘单位转轨成为自负盈亏自主经营的企业。

来源：张鸿云（1993）。

10.004　地质经济　Geological economy　是地质经济工作、地质经济科学和地质经济资料的总称。仅谈地质经济一词，不能简单地理解为是其中的一个方面。三者之间的关系是：地质经济工作和地质经济科学是理论和实际的关系，地质经济资料是地质经济活动的数字和文字概括，对于地质经济科学的研究具有很大的帮助作用。

来源：张鸿云（1993）。

10.005　地质勘查　Geological exploration　地质勘查工作实践活动的简称。广义地说，一般可理解为地质工作的同义词，是根据经济建设、国防建设和科学技术发展的需要和地质情况的可能，对一定范围内的岩石、地层、构造、矿产、地下水、地表水、地貌、环境等地质情况有重点的地质调查研究工作。

来源：张鸿云（1993）。

10.006　地质勘探　Geological prospecting　是指对一定地区内的岩石、地层、构造、矿产、地下水、地质灾害、地貌等地质情况进行勘察、调查研究的活动。包括地质测绘、地球物理勘探、地球化学勘探、地质遥感、水文地质、环境地质、工程地质、海洋地质和钻探工程、坑探工程、地质实验测试等。

来源：《地质勘探安全规程》（2004）。

10.007　地质调查　Geological survey　泛指一切以地质现象（岩石、地层、构造、矿产、水文地质、地貌等）为对象，以地质学及其相关科学为指导，以观察研究为基础的调查工作。

来源：根据相关文献资料定义。

10.008　地质资料　Geological data　指在地质工作中形成的文字、图表、声像、电磁介质等形式的原始地质资料、成果地质资料和岩矿芯、各类标本、光薄片、样品等实物地质资料。

来源：《地质资料管理条例》（2002）。

10.009 地质环境 Geological environment 主要指的是地表及以下的地壳，即岩石圈。

来源：张鸿云（1993）。

10.010 地质储量 Discovered petroleum initially-in-place 在钻井发现油气后，根据地震、钻井、录井、测井和测试等资料估算的油气数量，包括预测地质储量、控制地质储量和探明地质储量，这三级地质储量按勘探开发程度和地质认识程度依次由低到高。

来源：《固体矿产资源储量分类》（2020）。

10.011 探明地质储量 Proved petroleum initially-in-place 钻井获得工业油气流，并经钻探评价证实，对可供开采的油气藏所估算的油气数量，其确定性高。

来源：《固体矿产资源储量分类》（2020）。

10.012 地质勘查经济学 Economics of geological exploration 从宏观角度出发，研究整个地质勘查业及其所属各个分支的经济活动和经济事物的科学。

来源：王希凯（1992）。

10.013 地质勘查行业管理 Geological prospecting industry management 对从事地质勘查活动的规则和行为进行调控、规范和监督管理，并为地质勘查行业发展提供服务。

来源：《关于加强地质勘查行业管理的通知》（2006）。

10.014 地质勘查单位 Geological prospecting units 简称地勘单位。广义的地勘单位指地质矿产行业的一切单位，狭义的地勘单位指直接从事地质勘探工作的机构或单位。

来源：张鸿云（1993）。

10.015　地质工作规律　Geological work law　指地质工作过程中各个地质工作阶段之间，各种勘查手段和技术方法之间，地质工作与国民经济之间所存在的普遍的、必然的内在联系。

来源：张鸿云（1993）。

10.016　地质工作布局　Geological work layout　是指地质工作在一国或一地区范围内的空间分布与组合。

来源：张鸿云（1993）。

10.017　地质工作战略　Geological work strategy　是指导整个地质工作长远发展，为社会经济及建设服务的全局的、宏观的、长远的计划和策略。

来源：张鸿云（1993）。

10.018　地质工作手段　Geological work means　为达到地质工作的目的而采用的地质勘查与探测的技术、方法、工程的总称。

来源：张鸿云（1993）。

10.019　地质工作成果　Geological work achievements　是指通过地质工作为国家建设所探明的矿产资源和提供的各种地质资料。

来源：张鸿云（1993）。

10.020　地质生产资料　Geological means of production　从事地质生产活动所必需的一切物质条件。

来源：张鸿云（1993）。

10.021　地质野外作业　Geological field operation　亦称地质野外工作，旧称地质田野工作。指地质工作者在离城镇或居民点较远的地质区和地质点进行的调查、普查、勘探、测量等工作。

来源：张鸿云（1993）。

10.022 地质找矿效果 Geological prospecting effect 是指在地质调查研究和勘查活动中所获得的，能够满足经济建设和社会发展需要的矿产资源（包括地下水资源）和地质资料等有效成果的总称。

来源：张鸿云（1993）。

10.023 地质技术经济评价 Geological technology and economic evaluation 是指根据地质勘查工作所获得的各种信息和资料，对矿床或有工作价值的矿点，从技术方面和经济方面进行衡量、计算、比较和评定的工作。

来源：张鸿云（1993）。

10.024 地质勘探可行性研究 Geological exploration feasibility study 是指在详查工作基础上，对拟将勘探的地质项目，从地质、技术、经济等方面进行分析研究和方案比较，并论证矿床经济价值和工业开采意义的一项工作。其目的是为勘探项目的立项决策和择优勘探方案提供依据。

来源：张鸿云（1993）。

10.025 地质勘探投资风险 Geological exploration investment risk 是地质勘探投资过程中发生经济损失的机会和可能性。地质勘探投资风险可归结为三种：自然性风险、社会性风险、经营性风险。

来源：张鸿云（1993）。

10.026 成矿远景区划 Metallogenic prospective zoning 是研究成矿规律，进行成矿预测，提出选区和地质勘查工作布置建议的工作，它是合理布置地质工作，拟订工作规划和预测各个地区各类矿产资源总量的基础，是编制地质工作计划，特别是长远规划的依据。

来源：张鸿云（1993）。

10.027　区域地质调查　Regional geological survey　是指在选定地区的范围内，在充分研究和运用已有资料的基础上，采用必要的手段，所进行的全面系统的综合性的地质调查研究工作。

来源：张鸿云（1993）。

10.028　工程地质勘查　Engineering geological investigation　是运用地质、工程地质理论和各种技术方法，为解决工程建设中的地质问题而进行的调查研究工作。

来源：张鸿云（1993）。

10.029　查明资源　Identify resources　是指其位置、品位、质量和数量系由具体的地质依据得知或估算的资源。查明资源包括经济的、边界经济的和次经济的三部分。

来源：张鸿云（1993）。

10.030　地面沉降　Land subsidence　是指一定程度和面积的地面下沉。

来源：张鸿云（1993）。

10.031　艰险地区　Difficult and dangerous areas　是指海拔3000米以上或者其他无人居住、自然条件恶劣、生存条件差的地质工作区。

来源：《地质勘探安全规程》（2004）。

‖ 11 ‖

测绘地理信息

11.001　大地测量　Geodesy　测定地球形状、大小、重力场及其变化和建立地区以至全球的三维控制网的科学与技术。

来源：《测绘基本术语》（2008）。

11.002　北斗卫星导航系统　BeiDou Navigation Satellite System, BDS　中国建立和管理的在全球或特定区域提供定位、导航、授时、短报文通信和位置报告等服务的导航卫星系统。

来源：测绘学名词审定委员会（2020）。

11.003　地球资源卫星　Earth resources satellite　用于勘测和研究地球自然资源的遥感卫星。

来源：测绘学名词审定委员会（2010）；测绘学名词审定委员会（2010）。

11.004　航空摄影（测量）　Aerophotogrammetry　利用航空飞行器所拍摄的航空影像进行的摄影测量。

来源：《测绘基本术语》（2008）。

11.005　卫星遥感　Satellite remote sensing　通过利用卫星上各种遥感器来获得各种地物辐射、反射和折射电磁波的不同信号，再发回给地面站，经过处理和判读，从而认识各种地物的本来面目。

来源：李浩培、王贵国（2003）。

11.006　遥感图像处理　Remote sensing image processing　对遥感图像进行操作以达到预期目的的技术。

来源：《测绘基本术语》(2008)。

11.007　大地坐标基准　Geodetic coordinate datum　用于大地坐标计算的起算数据。包括参考椭圆的大小、形状及其定位定向参数等。

来源：测绘学名词审定委员会（2020）。

11.008　土地测量　Land survey　调查和测定土地及其附属物的权属、位置、数量和利用现状等地籍要素，编制地籍图，建立和管理地籍信息系统的技术。

来源：《测绘基本术语》(2008)。

11.009　工程测量　Engineering surveying　工程建设和自然资源开发各阶段进行的控制测量、地形测绘、施工放样、变形监测等技术。

来源：《测绘基本术语》(2008)。

11.010　矿山测量　Mine surveying　在矿山建设和采矿过程中，为矿山的勘探、设计、建设和运营管理以及矿山报废等所进行的测绘工作。主要包括：矿图的测绘、矿山施工测量、地表移动观测和矿体几何图绘制等。

来源：《地质矿产勘查测绘术语》(1998)。

11.011　地界测量　Land boundary survey　对行政区域或地块界线、界点、重要界标设施等所进行的测量。

来源：测绘学名词审定委员会（2020）。

11.012　线路测量　Route survey　为铁路、公路、渠道、输电

线路、管线及架空索道等线形工程所进行的测量工作。

来源：《测绘基本术语》（2008）。

11.013 测绘 Surveying and mapping，SM 对自然地理要素或者地表人工设施的形状、大小、空间位置及其属性等进行测定、采集、表述，以及对获取的数据、信息、成果进行处理和提供的活动。其内容包括研究测定、描述地球和其他天体的形状、大小、重力场、表面形态以及它们的各种变化，确定自然地理要素和人工设施的空间位置及属性，制成各种地图和建立有关信息系统。

来源：《中华人民共和国测绘法》（2017）；《测绘基本术语》（2008）。

11.014 基础测绘 Fundamental surveying and mapping 为国民经济和社会发展以及各部门和各项专业测绘提供基础地理信息而实施的测绘活动。

来源：测绘学名词审定委员会（2020）。

11.015 应急测绘 Surveying and mapping for emergency response 指为国家应对突发自然灾害、事故灾难、公共卫生事件、社会安全事件等突发公共事件高效有序地提供地图、基础地理信息数据、公共地理信息服务平台等测绘成果，根据需要开展遥感监测、导航定位、地图制作等技术服务。贯穿突发事件的预防、应对、处置和恢复全过程中的重要基础工作，是国家突发事件应急体系的重要内容，是新时期公益性测绘地理信息工作的重要业务。

来源：《关于进一步加强应急测绘保障服务能力建设的意见》（2016）。

11.016 海洋测量 Marine survey 以海洋为研究对象，在海洋区域及邻近陆地开展的各种测量工作的统称。包括海道测量、海岸地形测量、海底地形测量、海洋大地测量、海洋重力测量、海洋磁力测量和海洋工程测量等内容。

来源：测绘学名词审定委员会（2020）。

11.017　军事测绘　Military surveying and mapping　为军事需要，研究测量与描绘地球及其自然表面形态和人工设施，确定目标的空间位置、绘制军用地图、建立军事地理信息系统和实施军事测绘保障的相关活动。

来源：测绘学名词审定委员会（2020）。

11.018　测绘资质　Licence for surveying and mapping　从事测绘活动的机构应当具备的条件和所达到的相应测绘活动等级的资格。按照专业范围，测绘资质划分为：大地测量、测绘航空摄影、摄影测量与遥感、地理信息系统工程、工程测量、不动产测绘、海洋测绘、地图编制、导航电子地图制作、互联网地图服务。按照级别，测绘资质分为甲、乙、丙、丁四级。

来源：测绘学名词审定委员会（2020）；《测绘资质管理规定》（2014）。

11.019　测绘标准　Standard of surveying and mapping　为使测绘活动获得最佳秩序，对测绘作业及其成果所规定共同和重复使用的规则、导则或特性的文件。

来源：测绘学名词审定委员会（2020）。

11.020　注册测绘师　Registered surveyor　具有法定测绘执业资格的专业技术人员。

来源：测绘学名词审定委员会（2020）。

11.021　地理空间　Geographical space　地球表层自然现象和人文现象的分布范围。

来源：测绘学名词审定委员会（2020）。

11.022 地理信息 Geographical information 描述与地理位置和时间相关事务或对象及其关系的信息。具有基础性、共享性、多维性和动态性的特征。

来源：测绘学名词审定委员会（2020）。

11.023 地理信息产业 Geographic information industry 指以测绘和地理信息系统、遥感、导航定位等技术为基础，以地理信息资源开发利用为核心，从事地理信息获取、处理、应用的经济活动，以及与这些活动有关联的单位集合。地理信息产业范围分为地理信息服务、地理信息硬件制造与软件开发、地理信息相关服务 3 个大类。

来源：《地理信息产业统计分类》（2017）。

11.024 地理信息工程 Geographic information engineering 获取、存储、管理、传输、分析、显示和应用地理信息全过程的总称。

来源：测绘学名词审定委员会（2020）。

11.025 地理信息共享 Geographic information sharing 以计算机及空间数据基础设施等技术硬件为依托，在标准、政策、法律等软环境支持下，对地理信息进行的共同使用。

来源：测绘学名词审定委员会（2020）。

11.026 地理信息产权 Geographic information intellectual property 在地理信息领域人们创造的智力劳动成果的专有权利。通常是国家赋予创造者对其智力成果在一定时期内享有的专有权或独占权。包括著作权、工业权、人身权利和财产权利。

来源：测绘学名词审定委员会（2020）。

11.027 地理信息标准化 Geographic information standardization 为实现地理空间信息的共享和服务，针对直接或间接与地球上位置相关的目标或现象，制定共同使用和重复使用的条款的活动。包括编制、发布及贯彻执行地理信息标准化的过程。

来源：测绘学名词审定委员会（2020）。

11.028　地理信息系统　Geographic information system，GIS　在计算机软硬件支持下，按照空间分布及属性，把各种地理信息以一定的格式输入、存储、检索、更新、显示、制图、综合分析和应用的技术系统。

来源：测绘学名词审定委员会（2020）。

11.029　地理国情监测　National geographical census and monitoring　综合利用现代测绘地理信息技术，对自然与人文地理要素进行的动态观测、统计和分析。具体对地表形态、地表覆盖和水系、道路等基础要素，以及湿地、冰川、沙漠、城镇等重点对象进行量化动态监测，并统计分析其分布特征、地域差异、变化特征等，形成反映地表资源、环境、生态、经济等相关要素空间分布及其发展变化规律的监测数据、地图图形和研究报告等，从地理空间的角度客观、综合地展示国情国力。

来源：测绘学名词审定委员会（2020）；《基础性地理国情监测内容与指标》(2019)。

11.030　地理信息分类　Geographic information classification　在一定范围内，将具有共同属性或特征的地理信息归并在一起，把不具有这些属性和特征的地理信息区分开来的过程。

来源：测绘学名词审定委员会（2020）。

11.031　地理信息编码　Geographic information coding　按照确定的地理信息分类，将分类信息用易于被计算机和人识别的符号体系进行表达和记录的过程。

来源：测绘学名词审定委员会（2020）。

11.032 地理数据采集 Geographic data collection 从地图、外业观测成果、航空像片、遥感影像、统计资料等获取地理空间信息数据的过程。

来源：测绘学名词审定委员会（2020）。

11.033 空间数据管理 Spatial data management 为了提高空间数据的利用水平和存取效率而采取的一系列技术、方法、手段和措施的总和。

来源：测绘学名词审定委员会（2020）。

11.034 地理信息服务 Geographic information service 利用各种便捷方式向用户提供地理信息及相关计算功能的活动。如通过网络向用户提供地理信息查询、空间分析和统计计算等活动。

来源：测绘学名词审定委员会（2020）。

11.035 云地理信息系统 Cloud geographic information system 将云计算的各种功能用于支撑地理空间信息系统的各要素，包括建模、存储、处理等，从而改变用户传统的地理信息系统应用方式和建设模式，以一种更加友好的方式提供更高级的地理信息服务。

来源：测绘学名词审定委员会（2020）。

11.036 地籍 Cadastre 以宗地为单位记载土地的位置、范围、面积、权属、利用现状等信息，由政府管理的土地档案。

来源：测绘学名词审定委员会（2020）。

11.037 地籍调查 Cadastral survey 对土地权属、土地利用现状、土地等级和房产情况等地籍要素所进行的调查。

来源：测绘学名词审定委员会（2020）。

11.038　地籍测绘　Cadastral surveying and mapping　调查和测定地籍要素、编制地籍图、建立和管理地籍信息系统的科学与技术。

来源：测绘学名词审定委员会（2020）。

11.039　地籍测量　Cadastral survey　调查和测定地籍要素，编制地籍册和地籍图（或者更新和维护地籍数据库）

来源：测绘学名词审定委员会（2020）。

11.040　地籍管理　Cadastral management　为管理土地而采取的土地调查（含测量）、土地分等定级、估价、土地等级、土地统计、地籍档案为主要内容的综合措施。

来源：测绘学名词审定委员会（2020）。

11.041　地籍信息系统　Cadastral information system　以地籍信息（包括土地权属、等级、用途等）为对象的管理信息系统。是土地信息系统的子系统。

来源：测绘学名词审定委员会（2020）。

11.042　海籍　Marine cadastral document　记载各项目用海的位置、界址、权属、面积、类型、用途、用海方式、使用期限、海域等级等基本情况的簿册和图件。

来源：测绘学名词审定委员会（2020）。

11.043　国家系列比例尺地图　National series scale maps　国家统一规划出版的、按相关标准编制的具有通用比例尺的地图系列。

来源：测绘学名词审定委员会（2020）。

11.044　水系图　Drainage map　表示海岸、滩涂、江河、湖

泊、水库、水塘、沟渠等自然和人工水体位置、大小形状、流向等水系要素及水工建筑设施的综合性图件。

来源：测绘学名词审定委员会（2020）。

11.045　海图　Chart　以海洋为主要描述对象的地图。按表示内容分为航海图、普通海图和专题海图。

来源：测绘学名词审定委员会（2020）。

12

土地资源

12.001 土地 Land 陆地表面由岩石、土壤、气候、水文、生物等自然要素构成的自然综合体。

来源:《中国大百科全书》总编委员会(2009)。

12.002 土地科学技术 Land science and technology 关于土地及其利用系统的特征、结构、形成、演变、效应和调控的科学,以及为适应人类社会可持续发展所需的土地调查、监测、评价、规划、利用、整治、保护、登记和管理等工程技术的总称。

来源:《土地整治术语》(2018)。

12.003 土地权属 Land ownership 土地权属是土地的所有权及由其派生出来的土地占有、使用和收益权的统称。

来源:邹瑜、顾明(1991)。

12.004 土地等级 Land grade 指根据土地的自然、经济属性和它在社会经济活动中的作用,对土地质量进行的综合评定。

来源:马克伟(1991)。

12.005 耕地 Cultivated land 种植农作物的土地。包括粮食作物用地、经济作物用地、蔬菜地、饲料地、间作果木地和轮作休闲地。

来源:《中国大百科全书》总编委员会(2009)。

12.006 耕地保有量 The amount of cultivated land reserved 在一定区域内的耕地总数量。它等于上一年结转的耕地数量扣除年内各项建设占用的耕地数量，扣除年内农业结构调整占用和生态建设退耕的数量，加上年内土地开垦、土地整理增加的耕地的数量。

来源：江伟钰、陈方林（2011）。

12.007 耕地保护 Cultivated land protection 是指人们为保证耕地的永续利用和为可持续发展提供基本保障所采取的措施。我国耕地保护的目标是保证现有耕地的面积不再减少，并通过各种措施，使耕地的质量有所提高。

来源：江伟钰、陈方林（2005）。

12.008 耕地质量 Cultivated land quality 耕地的综合属性，即耕地的地力水平。指耕地用于农作物栽培使用时，在一定时期内单位面积耕地的物质生产能力［kg/(hm^2·单位时间)］。它由耕地生产力和耕地位置决定。耕地生产力决定农作物的产量和产品质量；耕地的位置也是构成耕地质量的一个重要方面，它是由耕地的空间地域性决定的。

来源：江伟钰、陈方林（2011）。

12.009 耕地保护补偿制度 Cultivated land protection compensation system 指为保护耕地资源及其生态效益，保护农田及其生态环境的制度，通过资金、物资、技术、减免赋税等形式为耕地生态功能保护者或者利益受损者提供补偿援助。

来源：祝光耀（1980）。

12.010 田长制 Field Chief System 指为落实永久基本农田保护而建立的以村（社区）为单位的网格化管理机制，由市政府、区（县、市）政府、乡（镇、街道）主要领导分别作为辖区内永久基本农田保护一级、二级、三级田长，村（社区）负责人作为网格长，将永久基本农田保护任务落实到责任人、责任地块和责任网格，形成一级抓一级、层层抓落实的永久基本农田保护机制，实现保护责任全覆盖。

来源：根据相关文献资料定义。

12.011　高标准农田　Well-facilitated farmland　指土地平整、集中连片、设施完善、农田配套、土壤肥沃、生态良好、抗灾能力强，与现代农业生产和经营方式相适应的旱涝保收、高产稳产，划定为永久基本农田的耕地。

来源：《高标准农田建设通则》（2014）。

12.012　土壤污染　Soil pollution　进入土壤的污染物积累到一定程度，引起土壤质量下降、性质恶化的现象。因现代人类的工农业生产活动，使大量工业“三废”和农药化肥进入土壤，其中某些有毒物质在土壤中累积超过一定数量，使土壤质量下降，抑制作物生长，产品质量恶化并危及人类健康时的土壤状况。并可进一步引起和促进水体、大气、生物等的污染，是环境污染的重要环节。

来源：邓绶林（1992）；中国社会科学院语言研究所词典编辑室（2016）；中国方志大辞典编辑委员会（1988）。

12.013　园地　Garden land　种植以采集果、叶、根、茎、汁为主的集约经营的多年生作物，覆盖度大于50%或每亩株数大于合理株数70%的土地，包括用于育苗的土地。苗圃是固定的林木育苗地，不属于园地。

来源：《自然资源价格评估通则》（2021）。

12.014　林地　Forest land　生长乔木、竹类、灌木的土地。不包括生长林木的湿地，城镇、村庄范围内的绿化林木用地，铁路、公路征地范围内的林木，以及河流、沟渠的护堤林用地。

来源：《自然资源价格评估通则》(2021)。

12.015　果园　Orchard　集中栽培某种果树的场所。如苹果园、梨园、荔枝园、柑橘园等。根据经营目的，果园大致可分为三类：(1) 专业化商品生产果园；(2) 庭院式及观光果园；(3) 果粮间作果园。

来源：《中国大百科全书》总编委员会 (2009)。

12.016　苗圃地　Nursery　培育和生产优良苗木的场所。苗圃种类按培育苗木的用途，可分为森林苗圃、园林苗圃、果树苗圃等，如具有多种经营内容者可称为综合苗圃，专用作科学实验的称实验苗圃。此外根据经营年限又可分为固定苗圃和临时苗圃。苗圃的选择要力求邻近苗木用地，交通方便，有足够的劳力来源和电力供应，特别是要有良好的自然环境条件。

来源：《中国大百科全书》总编委员会 (2009)。

12.017　建设用地　Construction land　建造建筑物、构筑物的土地，含采矿用地和废弃物堆积场所。

来源：《自然资源价格评估通则》(2021)。

12.018　闲散地　Idle land　农村闲散土地主要包括：无建筑物或建筑物已坍塌的废弃宅基地，历史遗留工矿仓储废弃地，已撤并乡镇、中小学、集贸市场、商业设施以及布局散乱、利用粗放的其他集体建设用地；历史形成的未纳入耕地保护范围的园地、残次林地，废弃坑塘、沟渠等适宜开发的农用地；村庄周边可开发利用的未利用地等。

来源：本名词来自《中华人民共和国土地管理法》(1986)，但是目前该名词没有统一定义。本名词解释根据《山东省人民政府办公厅关于进一步推进农村闲散土地盘活利用的通知》(2018)。

12.019　废弃地　Wasteland　指因采矿、工业和建设活动挖损、塌陷、压占（生活垃圾和建筑废料压占）、污染及自然灾害毁损等原因而造成的不能利用的土地。

来源：根据相关文献资料定义。

12.020　待建地　Land to be constructed　开发区内已经土地平整但尚未建设的土地，包括没有建设的地块、仅有临时性建筑的地块、废弃农用地、临时性堆场等。

来源：《关于2020年度国家级开发区土地集约利用监测统计情况的通报》(2021)。

12.021　城市建设用地　Urban construction land　城市因兴建或扩展而利用的城市规划区范围内的国有土地和新征收的集体土地，包括城市商业、服务业用地，各种工业、仓储用地，市内外交通用地，市政公用设施及绿化用地，市内公共建筑用地以及党政机关和科研、学校等事业单位用地。

来源：江伟钰、陈方林（2011）。

12.022　农村居民点用地　Rural residential land　镇以下不包括镇的居民集聚定居的建设用地，包括农村公共设施用地、零星分布的村舍建设用地、村宅绿化、村庄内的道路用地等，但不包括居民点内的耕地。

来源：江伟钰、陈方林（2011）。

12.023　设施农业用地　Facilities farmland　通过建筑厂房、温室、大棚等设施进行工厂化种植或养殖的农业生产用地。

来源：江伟钰、陈方林（2011）。

12.024　城市园林绿地系统　System of open space　城市中由不同类型、规模园林绿地构成，负有改善环境，提供方便游憩场地职能的有机结合体系。

来源:《中国大百科全书》总编委员会(2009)。

12.025 农村一二三产融合发展用地 The integration development land of primary, secondary and tertiary industries in rural area 以农业农村资源为依托,拓展农业农村功能,延伸产业链条,涵盖农产品生产、加工、流通、就地消费等环节,用于农产品加工流通、农村休闲观光旅游、电子商务等混合融合的产业用地。土地用途为工业用地、商业用地、物流仓储用地等。

来源:《自然资源部 国家发展改革委 农业农村部关于保障和规范农村一二三产业融合发展用地的通知》(2021)。

12.026 农村集体经营性建设用地 Rural collectively owned profit-oriented construction land 土地利用总体规划、城乡规划确定为工业、商业等经营性用途的集体建设用地。

来源:《中华人民共和国土地管理法》(1986)。

12.027 农村集体经营性建设用地入市 Rural collectively owned profit-oriented construction land enter the market 集体土地所有者在一定年期内将农村集体经营性建设用地使用权以出让、出租等形式让与土地使用者,由土地使用者向集体土地所有者支付土地有偿使用收益的行为,以及农村土地经营性建设用地的使用权人,以转让、互换、出资、赠与或者抵押等形式处分农村集体经营性建设用地使用权的行为。

来源:《中华人民共和国土地管理法》(1986)。

12.028 地票 Land coupon 农村宅基地及其附属设施用地,乡镇企业用地,农村公共设施和农村公益事业用地等农村集体建设用地,经过复垦并经自然资源管理部门验收后产生的指标。

来源:《重庆农村土地交易所管理暂行办法》(2008)。

12.029　集体建设用地“村村挂钩”　Linkage between villages' land increases and decreases　在产权明晰和符合规划的前提下，将存量集体建设用地复垦为耕地，产生的建设用地指标流转给有发展需求的村庄使用的土地整治活动。

来源：根据相关文献资料定义。

12.030　城镇基准地价　Base price of urban land　中国各城镇按土地的不同区段、不同用途和不同等级评估和测算的土地使用权的平均价格。

来源：《土地基本术语》(2003)。

12.031　征收农用地区片综合地价　Levy comprehensive land price of agricultural area　是征收农民集体农用地的土地补偿费和安置补助费标准，不包括法律规定用于社会保险缴费补贴的被征地农民社会保障费用、征收农用地涉及的地上附着物和青苗等的补偿费用。

12

来源：《自然资源部办公厅关于加快制定征收农用地区片综合地价工作的通知》(2019)。

12.032　划拨国有建设用地使用权地价　Land price of allocated state owned construction land　以划拨方式取得的、无年期限制的土地使用权价格。

来源：《自然资源部办公厅关于印发〈划拨国有建设用地使用权地价评估指导意见（试行）〉的通知》(2019)。

12.033　建设项目用地预审　Preliminary review of construction project land　在建设项目进行可行性研究阶段，有关人民政府土地行政主管部门依法对建设项目涉及土地利用的事项进行审查，并提出建设项目用地预审意见的行为。

来源：江伟钰、陈方林（2011）。

12.034 建设用地“增存挂钩” Linkage between construction land increment and stock 把批而未供和闲置土地数量作为重要测算指标，逐年减少批而未供、闲置土地多和处置不力地区的新增建设用地计划安排。

来源：《自然资源部关于健全建设用地“增存挂钩”机制的通知》(2018)。

12.035 人地挂钩 Human-land linking system 城镇建设用地增加规模同吸纳农业转移人口落户数量挂钩，根据吸纳农业转移进城落户人口指取得城镇户籍的进城农业人口数量，合理确定城镇新增建设用地规模，保障其用地需求。

来源：《关于建立城镇建设用地增加规模同吸纳农业转移人口落户数量挂钩机制的实施意见》(2016)。

12.036 土地集约经营 Intensive land management 把一定量的生产资料和劳动集中投入到较少的土地上以提高单位面积产量的经营方式，即以最小的土地面积获取最大的经济和社会效益。

来源：江伟钰、陈方林 (2011)。

12

12.037 成片开发 Land expropriation for tract development 在国土空间规划确定的城镇开发边界内的集中建设区，由县级以上地方人民政府组织的对一定范围的土地进行的综合性开发建设活动。

来源：《土地征收成片开发标准试行》(2020)。

12.038 点状供地 Point land supply 城镇开发边界以外，将项目用地区分为建构筑物占地和非建设占地，建构筑物占地按“建多少、转多少、供多少”的原则进行点状报批和供应，剩余部分按原用途管理，可只征不转由国家统一出让或不征不转由农民集体采取租赁、入股等方式供地。

来源：根据地方出台的文件归纳。

12.039　国有土地使用权出让　Transfer of state-owned land use right　简称土地出让，又称土地批租。国有土地有偿使用的一种形式。国家以土地所有者的身份，将国有土地使用权在一定年限内让与土地使用者使用，由土地使用者按照出让合同的约定一次性向国家支付土地使用权出让金的行为。土地使用权出让不包括地下资源、埋藏物和市政公用设施。出让土地的最高年限按不同的土地用途确定，一般是：住宅用地 70 年，工业用地 50 年，商业、金融、旅游用地 40 年。出让土地的方式有协议、招标、拍卖。国有土地使用权的出让由政府垄断，县级以上人民政府土地行政管理部门代表政府作为出让方，具体组织开展土地出让活动。

来源：江伟钰、陈方林（2011）。

12.040　弹性出让　Flexible land transfer　县级以上政府综合国家产业政策、企业生命周期及产业发展趋势，合理确定工业用地的出让年限，并将国有建设用地使用权出让给土地使用者的供应方式。

来源：《河南省工业用地弹性出让实施办法（试行）》（2017）。

12.041　先租后让　Land transfer after lease　工业项目用地供应时设定一定的条件，先以租赁方式向土地使用者供应土地，土地使用者在租赁期间开发、利用、经营土地达到合同约定条件后，可申请将租赁土地转为出让土地的供应方式。

来源：《河南省工业用地弹性出让实施办法（试行）》（2017）。

12.042　租让结合　Combination of land lease and transfer　工业项目用地供应时设定一定的条件，先以租赁方式向土地使用者供应土地，土地使用者在租赁期间开发、利用、经营土地达到合同约定条件后，可申请将部分租赁土地转为出让土地、部分土地仍保留租赁性质的供应方式。

来源：《河南省工业用地弹性出让实施办法（试行）》（2017）。

12.043 生态用地 Ecological land 具有生态服务功能的各类用地，承担生态系统的各种服务功能，包括旱涝调节、生物多样性保护、休憩与审美启智以及遗产保护等。

来源：根据相关文献资料定义。

12.044 土地生态系统 Land ecosystem 土地各组成要素之间，及其与环境之间相互联系、相互依存和制约所构成的开放的、动态的、分层次的和可反馈的系统。

来源：《土地基本术语》(2003)。

12.045 耕地占补平衡 Balance of farmland occupancy and reclamation 由占用耕地从事建设活动的单位或组织，自行开垦或缴纳耕地开垦费以获得数量、质量相当的耕地进行补偿的耕地保护制度。非农业建设经批准占用耕地的，按照“占多少，垦多少”的原则，由占用耕地的单位负责开垦与所占用耕地的数量和质量相当的耕地；没有条件开垦或者开垦的耕地不符合要求的，应当按照省、自治区、直辖市的规定缴纳耕地开垦费，专款用于开垦新的耕地。

来源：《中华人民共和国土地管理法》(1986)；城乡规划学名词审定委员会(2021)。

12.046 提质改造 Land upgrade and reconstruction 针对现有劣质、等级低的耕地，通过改善土壤、排灌等农业生产条件，提高耕地质量，或者通过改造农田水利等设施，将旱地改为水田的土地整治行为。

来源：《国土资源部关于补足耕地数量与提升耕地质量相结合落实占补平衡的指导意见》(2017)。

12.047 补改结合 Combination of land replenishment and renovation 在新开垦了耕地、落实了补充耕地数量基础上，补充耕地质量和水田没有达到规定要求的，通过对现有耕地提质改造的途径，即补充一块、改造一块结合起来，总体实现耕地占一补一、占优补优、占水田补水田。

来源：《国土资源部关于补足耕地数量与提升耕地质量相结合落实占补平衡的指导意见》(2017)。

12. 048　耕地利用优先序　The order of cultivated land use　耕地在优先满足粮食和食用农产品生产基础上，适度用于非食用农产品生产，其中，永久基本农田重点用于发展粮食生产，特别是保障稻谷、小麦、玉米三大谷物的种植面积，一般耕地主要用于粮食和棉、油、糖、蔬菜等农产品及饲草饲料生产。

来源：《国务院办公厅关于防止耕地“非粮化”稳定粮食生产的意见》(2020)。

12. 049　永久基本农田整备区　Permanent basic farmland preparation area　具有良好农田基础设施，具备调整补充为永久基本农田条件的耕地集中分布区域。

来源：《国土资源部关于全面实行永久基本农田特殊保护的通知》(2018)。

12. 050　土地利用年度计划　Annual land use plan　根据土地利用总体规划、国民经济和社会发展年度计划和计划年度土地供需预测编制的，用以调控土地利用的年度计划。

来源：《土地基本术语》(2003)。

12. 051　养老服务设施用地　Elderly care facilities land　专门为老年人提供生活照料、康复护理、托管照护、医疗卫生等服务的房屋和场地设施所使用的土地，包括敬老院、老年养护院、养老院等机构养老服务设施的用地，养老服务中心、日间照料中心等社区养老服务设施的用地等。

来源：《自然资源部关于加强规划和用地保障支持养老服务发展的指导意见》(2019)。

12. 052　土地闲置率　Land vacancy rate　已供应国有建设用地

中闲置土地面积与已供应国有建设用地面积之比，数值以%表示。

来源：《关于2020年度国家级开发区土地集约利用监测统计情况的通报》(2021)。

12.053　土地开发率　Land exploitation rate　已达到供地条件的土地面积与除不可建设土地以外的用地面积之比，数值以%表示。

来源：《关于2020年度国家级开发区土地集约利用监测统计情况的通报》(2021)。

12.054　土地供应率　Land supply rate　已供应国有建设用地面积与已达到供地条件的土地面积之比，数值以%表示。

来源：《关于2020年度国家级开发区土地集约利用监测统计情况的通报》(2021)。

12.055　土地建成率　Land construction rate　已建成城镇建设用地面积与已供应国有建设用地面积之比，数值以%表示。

来源：《关于2020年度国家级开发区土地集约利用监测统计情况的通报》(2021)。

13

矿产资源

13.001　矿产资源种类　Kinds of mineral resources　我国经过地质矿产勘查工作发现的各种矿产资源，依据其特性和用途分为能源矿产、金属矿产、非金属矿产、水气矿产4类共173个矿种。其中，能源矿产13种，金属矿产59种，非金属矿产95种，水气矿产6种。

来源：《地球科学大辞典》编委会（2006）。

13.002　智慧矿山（智能矿山）　Smart mine　指基于现代矿山智能化理念，将物联网、5G、云计算、大数据、人工智能、自动控制、工业互联网、机器人化装备等与现代矿山开发技术深度融合，拓展采矿业远程控制、无人驾驶等应用场景，推进井下核心采矿装备远程操控和集群化作业、深部高危区域采矿装备无人化作业、露天矿区实现智能连续作业和无人化运输，形成矿山全面感知、实时互联、分析决策、自主学习、动态预测、协同控制的完整智能系统，实现矿井开拓、采掘、运通、分选、安全保障、生态保护、生产管理等全过程的智能化运行。

来源：根据《国务院关于印发“十三五”国家科技创新规划的通知》（2016）、《5G应用“扬帆”行动计划（2021—2023年）》（2021）等文件定义。

13.003　能源矿产　Energy mineral resources　赋存于地表或地下的，由地质作用形成的，呈固态、液态和气态的，具有提供现实意义或潜在意义能源价值的天然富集物。中国目前已发现的能源矿产有13种，分别是煤、煤层气、石煤、油页岩、石油、天然气、油砂、天然沥青、铀、钍、地热、天然气水合物、页岩气。

来源：《地球科学大辞典》编委会（2006）。

13.004　金属矿产　Metallic nonmetallic　能够从中提取金属原料的矿产资源。按工业用途及金属本身性质，可分为黑色金属、有色金属、稀有金属、贵金属、稀土金属、分散元素金属等。

来源：《地球科学大辞典》编委会（2006）。

13.005　非金属矿产　Nonmetallic mineral resources　一切不具备金属特性的，但可利用其特有的物理性质、化学性质和工艺特性来为人类的经济活动使用的矿物资源。

来源：《地球科学大辞典》编委会（2006）。

13.006　水气矿产　Groundwater and gas minerals　蕴含有某种水、气并经开发可被人们利用的矿产。

来源：资源科学技术名词审定委员会（2008）。

13.007　固体矿产资源　Mineral resource　在地壳内或地表由地作用形成的具有利用价值的固态自然富集物。

来源：《固体矿产资源储量分类》（2020）。

13.008　油气矿产资源　Total petroleum initially-in-place　在地壳中由地质作用形成的、可利用的油气自然聚集物。以数量、质量、空间分布来表征，其数量以换算到20℃、0.101MPa的地面条件表达，可进一步分为资源量和地质储量两类。

来源：《油气矿产资源储量分类》（2020）。

13.009 压覆矿产资源 Overlying mineral resources 指因建设项目实施后导致矿产资源不能开发利用。但是，建设项目与矿区范围重叠而不影响矿产资源正常开采的，不作压覆处理。

来源：《国土资源部关于规范建设项目压覆矿产资源审批工作的通知》(2000)。

13.010 大宗矿产（资源） Bulk commodity 具有储量大、采出量大、消耗量大等特点，在国民经济建设中有举足轻重地位的主体型矿产，主要包括能源矿产煤、石油、天然气；黑色金属铁、锰；大宗有色金属铜、铅、锌、铝以及主要化工非金属矿产磷、钾、硫、钠、天然碱等。

来源：资源科学技术名词审定委员会（2008）。

13.011 保护性开采的特定矿种 Protective minerals 指国务院根据国民经济建设和高科技发展的需要，以及资源稀缺、贵重程度确定的，由国务院有关主管部门按照国家计划批准开采的矿种。

来源：《中华人民共和国矿产资源法实施细则》(1994)。

13

13.012 战略性矿种 Strategic minerals 指对国民经济具有支柱性作用的矿种、影响国家经济安全的紧缺矿种和在国际上有战略地位的优势矿种。《全国矿产资源规划（2016—2020年)》中将石油、天然气、页岩气、煤炭、煤层气、铀、铁、铬、铜、铝、金、镍、钨、锡、钼、锑、钴、锂、稀土、锆、磷、钾盐、晶质石墨、萤石等24种矿产列入战略性矿产目录。

来源：《全国矿产资源规划（2016—2020年)》(2016)。

13.013 开采总量控制矿种 Minerals under total-amount-control 按国务院要求实行开采总量控制的矿种以及部依据相关规定决定实行开采总量控制的矿种。

来源：《开采总量控制矿种指标管理暂行办法》(2012)。

13.014　矿产资源勘查　Mineral exploration　发现矿产资源，查明其空间分布、形态、产状、数量、质量开采利用条件，评价其工业利用价值的活动。矿产资源勘查通常依靠地球科学知识，运用地质填图、遥感、地球物理、地球化学等方法，采用槽探、钻探、坑探等取样工程，结合采样测试、试验研究和技术经济评价等予以实现。按照工作程度由低到高，矿产资源勘查划分为普查、详查和勘探三个阶段。

来源：《固体矿产资源储量分类》(2020)。

13.015　成矿预测　Predication of ore deposit　应用基础地质和矿床地质的理论和有关技术方法，分析区域（或矿区）中的成矿条件和找矿信息，推断可能存在的矿床及其基本特征。成矿预测是普查找矿的先行步骤，是提高地质矿产工作成效的重要措施。

来源：中国大百科全书总编辑委员会（2002d）。

13.016　地球物理勘探　Geophysical prospecting　应用物理学原理，采集地球物理场数据，研究地质构造、地层展布，以勘查地下矿产的一种方法和理论，简称物探。它在工程建设和环境保护等方面也有广泛的运用。

来源：《中国大百科全书》总编委员会（2009）。

13.017　地球化学勘探　Geochemical prospecting　简称化探，是利用地球化学的原理研究某地域内地表和地下的元素分布情况，找出它们的地球化学规律，进一步用来指导找矿的勘查方法。

来源：根据相关文献资料定义。

13.018　探矿工程　Exploration engineering　地质勘探工作中，为探明隐伏矿体或某些特定地质体的形态、产状、深度、规模、结构和储量，取出有代表性的实物地质资料的工程技术。

来源：中国大百科全书总编辑委员会（2002d）。

13.019　钻探工程　Drilling engineering　在地质勘探工作中，根据地质设计的勘探线距离和网度，用专用的钻探机械，按一定设计角度、方位和钻孔轨迹施工的钻孔，通过钻孔取得岩（矿）心、岩屑，下入测试仪器探测钻孔内地层、矿体、油气和地热等情况的工程，简称钻探。

来源：《中国大百科全书》总编委员会（2009）。

13.020　坑探工程　Tunnel exploration　在地质勘探工作中，为了揭露地质现象及矿体产状，从地表或在地下掘进的各种类型小断面坑道的勘探，简称坑探。它是探矿工程的一种方法，也是采矿工程的一个分支。

来源：中国大百科全书总编辑委员会（2002d）。

13.021　矿藏　Mineral heritage　指埋藏在地下的各种自然矿物资源。

来源：根据《中华人民共和国宪法》(2018)、《中华人民共和国民法典》(2020)等定义。

13.022　矿体　Mineral body　含有足够数量矿石、具有开采价值的地质体。它有一定的形状、产状和规模。矿体周围的无经济意义的岩石是矿体的围岩。矿体与围岩的界限有的清楚截然，有的逐渐过渡。在后一种情况下，矿体的界限需根据采样的成分分析所查定的边界品位加以确定。矿体中与矿石伴生的无用岩石，称为夹石或脉石。

来源：中国大百科全书总编辑委员会（2002d）。

13.023　矿床　Mineral deposit　由一定的地质作用，在地壳的某一特定地质环境内形成，并在质和量方面适合于开采利用并有经济效益的矿物堆积体。

来源：《地球科学大辞典》编委会（2006）。

13.024 稀有金属 Precious metal 稀有金属一般指在自然中含量很少、分布稀散或难于从原料中提取的金属。

来源：《地球科学大辞典》编委会（2006）。

13.025 共生矿产 Coexisting minerals 同一矿床或矿区内，存在两种或两种以上有用组分（矿石、矿物、元素），分别达到工业品位，或虽未达到工业品位，但已达到边界品位以上，经论证后可以制定综合工业指标的一组矿产，即为共生矿产。其中经济社会价值较高或资源储量规模较大的矿产可确定为主矿产，其他则为共生矿产。共生矿产又分为同体共生矿产和异体共生矿产。

来源：《矿产资源综合勘查评价规范》（2010）。

13.026 伴生矿产 Associated minerals 在主矿产矿体中赋存的未达到工业品位但已达到综合评价参考指标，或虽未达到综合评价参考指标，但可在加工选冶过程中单独出产品或可在主矿产的精矿及某一产品中富集且达到计价标准，通过开采主矿产可综合回收利用的其他有用组分矿产。

来源：《矿产资源综合勘查评价规范》（2010）。

13.027 放射性矿产 Radioactive minerals 由天然放射性元素铀、钍等局部聚集形成的矿产资源，主要是指铀矿床。

来源：《地球科学大辞典》编委会（2006）。

13.028 普查 General exploration 矿产资源勘查的初级阶段，通过有效勘查手段和稀疏取样工程，发现并初步查明矿体或矿床地质特征以及矿石加工选冶性能，初步了解开采技术条件；开展概略研究，估算推断资源量，提出可供详查的范围；对项目进行初步评价，做出是否具有经济开发远景的评价。

来源：《固体矿产资源储量分类》（2020）。

13.029　详查　Detailed exploration　矿产资源勘查的中级阶段，通过有效勘查手段、系统取样工程和试验研究，基本查明矿床地质特征、矿石加工选冶性能以及开采技术条件；开展概略研究，估算推断资源量和控制资源量，提出可供勘探的范围；也可开展预可行性研究或可行性研究，估算储量，做出是否具有经济价值的评价。

来源：《固体矿产资源储量分类》（2020）。

13.030　勘探　Advanced exploration　矿产资源勘查的高级阶段，通过有效勘查手段、加密取样工程和深入试验研究，详细查明矿床地质特征、矿石加工选冶性能以及开采技术条件，开展概略研究，估算资源量，为矿山建设设计提供依据；也可开展预可行性研究或可行性研究，估算储量，详细评价项目的经济意义，做出矿产资源开发是否可行的评价。

来源：《固体矿产资源储量分类》（2020）。

13

13.031　资源量　Mineral resources　经矿产资源勘查查明并经概略研究，预期可经济开采的固体矿产资源，其数量、品位或质量是依据地质信息、地质认识及相关技术要求面估算的。

来源：《固体矿产资源储量分类》（2020）。

13.032　探明资源量　Measured mineral resources　在系统取样工程基础上经加密工程圈定并估算的资源量；矿体的空间分布、形态、产状和连续性已确定；其数量、品位或质量是基于充足的取样工程和详尽的信息数据来估算的，地质可靠程度高。

来源：《固体矿产资源储量分类》（2020）。

13.033　储量　Mineral reserves　探明资源量和（或）控制资源量中可经济采出的部分，是经过预可行性研究、可行性研究或与之相当的技术经济评价，充分考虑了可能的矿石损失和贫化，合理使用转换因素后估算的，满足开采的技术可行性和经济合理性。

来源：《固体矿产资源储量分类》(2020)。

13.034 勘查靶区 Exploration targets 指对某一确定的地质条件下某一矿床勘查潜力的描述或预测，以矿石量范围和品位（或质量）的范围来表述，对这种涉及矿化的描述或预测，因尚未开展充足的勘查工作故不能估算其蕴含的资源量。

来源：《固体矿产资源储量分类》(2020)。

13.035 绿色勘查 Green exploration 以绿色发展理念为引领，以科学管理和先进技术为手段，通过运用先进的勘查手段、方法、设备和工艺，实施勘查全过程环境影响最小化控制，最大限度地减少对生态环境的扰动，并对受扰动生态环境进行修复的勘查方式。

来源：《绿色勘查指南》(2018)。

13.036 最低勘查投入 Minimum exploration investment 探矿权人在勘查工作期间，必须按照规定投入一定数量以上的资金进行勘查工作。勘查投入是指探矿权人直接用于勘查的费用，包括人员工资、各类探矿工程、样品采集、加工与分析测试、图件的测制与编绘、与勘查工作有直接关系的交通费用、报告的编写等。探矿权人完不成当年最低勘查投入的，登记管理机关可以依法责令限期改正，处以罚款，直至吊销勘查许可证而终止探矿权；探矿权人超额完成最低勘查投入的，超出部分可以计入下一年度的投入。当探矿权人因地震、泥石流、洪灾、雪灾等不可抗拒的自然灾害致使勘查工作不能正常进行的，可以向登记管理机关申请核减最低勘查投入。

来源：《地球科学大辞典》编委会（2006）。

13.037　边界品位　Cutoff grade/Boundary tenor　矿体圈定时对单个矿样中有用组分含量的最低要求，以作为区分矿石与围岩的一个最低界限。

来源：《矿产资源综合勘查评价规范》(2010)。

13.038　矿产资源保障程度　Guarantee degree of mineral resources　指国家或地区矿产资源满足社会及经济发展和原材料工业需要的程度，包括对矿种、储量、质量的要求，以及当前和长远的需要量等。

来源：《现代矿产资源经济学》(2015)。

13.039　矿产资源丰度　Mineral resource abundance　单位面积内的矿产资源蕴藏量。表明一个地区矿产资源的贫富程度，一般用实物量（质量或体积）或价值量表示。

来源：《地球科学大辞典》编委会 (2006)。

13.040　勘查规划区块　Exploration planning block　为落实规划分区管理，具有一定找矿信息的区域原则上应进行勘查规划区块设置。勘查规划区块要保持已知勘查信息的完整性，结合不同阶段地质勘查工作特点，符合矿产资源勘查布局和整合要求，并兼顾已有矿业权人的利益。勘查规划区块要有利于矿区的整体勘查评价和整体开发，在实际划定中，重点考虑勘查程度和矿床的空间分布、矿床类型、开采因素等。小于一个基本单位区块（含）的，原则上不单独划定勘查规划区块。

来源：根据相关文献资料定义。

13.041　开采规划区块　Mining planning block　为落实规划分区管理，在矿产资源规划中对于重点开采区、大中型矿产地，地质勘查工作程度已经符合开采设计要求的区域，应进行开采规划区块单元的划分。划分开采规划区块时，要综合考虑地形、构造、矿床形态、资源储量、矿体埋深、采矿技术经济条件、生产安全等因素。

来源：根据相关文献资料定义。

13.042 国家规划矿区 National planning mining area 指国家根据建设规划和矿产资源规划，为建设大、中型矿山划定的矿产资源分布区域。

来源：《中华人民共和国矿产资源法实施细则》（1994）。

13.043 工矿区 Mining area 在矿产资源开发利用的基础上形成和发展起来的工业区，为工业生产地域基本类型之一。

来源：根据《中华人民共和国森林法》（1984）；《中华人民共和国城镇国有土地使用权出让和转让暂行条例》等定义。

13.044 对国民经济具有重要价值的矿区 Mining area of great value to the national economy 指国家根据国民经济发展需要划定的，尚未列入国家建设规划的，储量大、质量好、具有开发前景的矿产资源保护区域。

来源：《中华人民共和国矿产资源法实施细则》（1994）。

13.045 矿产资源储量评审备案 Mineral resources reserves review record 指自然资源主管部门落实矿产资源国家所有的法律要求、履行矿产资源所有者职责，依申请对申请人申报的矿产资源储量进行审查确认，纳入国家矿产资源实物账户，作为国家管理矿产资源重要依据的行政行为。探矿权转采矿权、采矿权变更矿种或范围，油气矿产在探采期间探明地质储量、其他矿产在采矿期间累计查明矿产资源量发生重大变化（变化量超过30%或达到中型规模以上的），以及建设项目压覆重要矿产，应当编制符合相关标准规范的矿产资源储量报告，申请评审备案。

来源：《自然资源部办公厅关于矿产资源储量评审备案管理若干事项的通知》（2020）。

13.046　矿产开发利用方案　Mine development and utilization plan　根据地质资料提供的矿产资源的产状、形态、丰度及围岩情况，对矿产资源的开采提出具体的开采规模、开采方式、采矿方法、爆破、运输、提升、通风、选矿、产品方案以及对共生、伴生矿产综合开发、综合利用的情况、矿山的经济效益等的说明和操作方案，开发利用方案可以在编制可行性研究报告时一同做出，也可以单独做出。

来源：《矿产资源开采登记管理办法》条文释义。

13.047　探矿权人　Owner of exploration rights　取得勘查许可证的单位或者个人称为探矿权人。

来源：《中华人民共和国矿产资源法实施细则》(1994)。

13.048　采矿权人　Owner of mining rights　取得采矿许可证的单位或者个人称为采矿权人。

来源：《中华人民共和国矿产资源法实施细则》(1994)。

13

13.049　勘查许可证　Mineral exploration licence　指探矿权申请人获得法律许可，对矿产资源进行勘查以及行使探矿权人其他权利的合法凭证。勘查许可证由国务院自然资源主管部门统一印制，由国务院自然资源主管部门和省、自治区、直辖市人民政府自然资源主管部门按照规定的权限颁发。

来源：《地球科学大辞典》编委会（2006）。

13.050　采矿许可证　Mineral mining licence　采矿权人行使开采矿产资源权利的法律凭证。由采矿登记管理机关颁发的，授予采矿权申请人开采矿产资源的许可证明。采矿权许可证由国务院自然资源主管部门统一印制，由各级自然资源主管部门按照法定的权限颁发。

来源：《地球科学大辞典》编委会（2006）。

13.051 越层开采（越界开采） Cross-border mining 采矿权人超出采矿许可证规定的范围从事开采活动的行为。超越采矿许可证规定的立体空间范围开采为越界开采，超出采矿许可证规定的标高范围开采为越层开采。

来源：依据《中华人民共和国矿产资源法》(2009)、《矿产资源开采登记管理办法》(1998)、《中华人民共和国矿山安全实施条例》(1996) 等定义。

13.052 探明矿产地 Proved mineral deposit 指经地质勘查工作发现的具有工业价值或是有进一步工作价值的地段。主要要求：(1) 对矿体分布和埋藏情况有一定的地质调查和必要的工程揭露、控制；(2) 对矿石质量有正规取样化验资料，矿石品位、矿体厚度等指标符合现行矿产工业要求；(3) 矿产地的资源量或储量规模除岩金为1吨、砂金为0.5吨以上外，其他矿种要达到现行《矿床工业要求参考手册》小型规模上限的二分之一的标准；(4) 资源量或储量地质控制程度为推断的－预测的资源量及以上。

来源：《关于清理国家出资勘查已探明矿产地的通知》(2000)。

13.053 矿区范围 Scope of mining area 指可供开采矿产资源范围、井巷工程设施分布范围或者露天剥离范围的立体空间区域。

来源：《关于完善矿产资源开采审批登记管理有关事项的通知》(2017)。

13.054 矿业权价款 Price of mineral right 包括探矿权价款、采矿权价款。指中央和地方人民政府探矿权采矿权审批登记机关通过招标、拍卖、挂牌等市场方式或以协议方式出让国家出资（包括中央财政出资、地方财政出资和中央财政、地方财政共同出资）勘查形成的探矿权采矿权时所收取的全部收入，以及国有企业补缴其无偿占有国家出资勘查形成的探矿权采矿权的价款。《国务院关于印发矿产资源权益金制度改革方案的通知》将探矿权采矿权价款调整为矿业权出让收益。

来源：《财政部 国土资源部 中国人民银行关于探矿权采矿权价款收入管理有关事项的通知》（2006）；《国务院关于印发矿产资源权益金制度改革方案的通知》（2017）。

13.055 矿业权交易 Mining rights trading 指县级以上人民政府自然资源主管部门出让矿业权或者矿业权人转让矿业权的行为。

来源：《关于印发〈矿业权交易规则〉的通知》（2017）。

13.056 矿业权交易平台 Platform of mining rights trading 指依法设立的，为矿业权出让、转让提供交易服务的机构。矿业权交易平台包括已将矿业权出让纳入的地方人民政府建立的公共资源交易平台、自然资源主管部门建立的矿业权交易机构等。矿业权交易平台应当具有固定交易场所、完善的交易管理制度、相应的设备和专业技术人员。矿业权交易平台可委托具有相应资质的交易代理中介机构完成具体的招标、拍卖、挂牌程序工作。矿业权交易平台应当积极推动专家资源及专家信用信息的互联共享，应当采取随机方式确定评标专家。

来源：《关于印发〈矿业权交易规则〉的通知》（2017）。

13.057 矿业权灭失 Passing-away and voidance of exploration-mining rights 又称矿业权丧失、矿业权终止。包括因矿业权人所拥有的矿业权期限届满并不再延续；完成了勘查工作，将探矿权注销而申请取得采矿权；矿业权人因故放弃矿业权；矿业权人因违法行为引起的终止其矿业权人权利。矿业权终止包括矿业权注销、撤销、吊销。矿业权注销是指在正常情况下矿业权期限届满，完成勘查工作，矿山开采闭坑或停办时的强制申请注销矿业权；矿业权撤销是指在矿业权人提前完成勘查、开采工作或提前取消有关矿业权人权利和义务而主动申请注销矿业权；矿业权的吊销是指矿业权人违反了矿产资源勘查、开采的有关规定，由有关行政机关强制取消矿业权，作为对矿业权人的一种行政处罚。被吊销矿业权的，在法律规定的期限内不得再申请该区块范围或新的矿业权。

来源：《地球科学大辞典》编委会（2006）。

13.058 矿业权人勘查开采信息公示 Mining right holder's exploration and mining information publicity 指矿业权人按照规定每年定期在“矿业权人勘查开采信息公示系统”填报勘查开采信息，并向社会公示。矿业权人勘查开采信息包括矿业权人从事矿产资源勘查开采活动过程中形成的年度信息和自然资源主管部门在履行职责过程中产生的能够反映矿业权人状况的信息。矿业权人勘查开采年度信息包括矿业权基本信息、矿业权人履行法定义务信息和勘查开采活动信息。自然资源主管部门履职产生的信息主要包括对矿业权人的日常监管信息和异常名录、严重违法名单管理信息等。

来源：《国土资源部关于印发〈矿业权人勘查开采信息公示办法（试行）〉的通知》（2015）。

13.059 矿业权占用费 Occupation fee for mining rights 国家将矿业权出让给矿业权人，在矿业权占有环节按规定向矿业权人收取的费用，根据矿产品价格变动情况和经济发展需要实行动态调整。

来源：《国务院关于印发矿产资源权益金制度改革方案的通知》（2017）；《矿业权出让制度改革方案》（2017）。

13.060 矿业权市场 Mining rights market 指因矿业权出让、转让所产生和形成的一切经济关系和行为总和，包括矿业权交易的客体、主体和矿业权交易机构。

来源：根据相关文献资料定义。

13.061　矿产品市场　Mineral products market　进行各种矿物原料和矿产品交易的场所。根据矿产品种类的不同，可形成能源、金属、化工和轻工、建材等矿产品市场。与其他商品市场相比，它具有明显特点，如：矿产品的消费量常取决于最终产品的数量，其供应能力由于勘探和开发工作的探索性和长期性，弹性系数较小；在市场经营方式上，多以长期贸易为主，现货交易为辅；矿产品价格由于受矿产资源丰度和开发技术水平的影响，难于预测等。

来源：根据相关文献资料定义。

13.062　风险勘查资本市场　Venture exploration capital market　指专门为矿产资源风险勘查提供资金融通的市场，在加拿大、澳大利亚等矿业发达国家，这类市场是风险资本市场的重要组成部分，同时也是矿业资本市场的组成部分。

来源：根据相关文献资料定义。

13.063　矿产资源统计　Mineral resources statistics　指县级以上人民政府自然资源主管部门对矿产资源储量变化及开发利用情况进行统计的活动。矿产资源统计基础表，包括采矿权人和矿山（油气田）基本情况、生产能力和实际产量、采选技术指标、矿产组分和质量指标、矿产资源储量变化情况、共伴生矿产综合利用情况等内容。

来源：《矿产资源统计管理办法》(2004)。

13.064　“净矿”出让　Clean exploration-mining rights granting　自然资源主管部门出让的矿业权依法依规避让生态保护红线等禁止限制勘查开采区，合理确定出让范围，做好与用地用海用林用草等审批事项的衔接，使竞得人不受土地、海域、林地、草地、地面附着物等权益制约，按规定能够及时办理矿业权登记手续，并正常开展矿产资源勘查开采活动。

来源：根据《自然资源部关于推进矿产资源管理改革若干事项的通知（试行）》(2019) 等制度文件及管理实践总结。

13.065 油气探采合一 Combination of oil and gas exploration rights and mining rights 油气探矿权人发现可供开采的油气资源的，在报告有登记权限的自然资源主管部门后即可进行开采。进行开采的油气矿产资源探矿权人应当在5年内签订采矿权出让合同，依法办理采矿权登记。

来源：《自然资源部关于推进矿产资源管理改革若干事项的通知（试行）》(2019)。

13.066 矿业权统一编码 Unified coding of mining rights 自然资源主管部门拟同意矿业权登记后，在互联网上经身份认证向全国矿业权登记信息及发布系统提交与登记矿业权相关信息、获取勘查许可证或采矿许可证统一编码的过程。

来源：《自然资源部办公厅关于印发〈矿业权登记信息管理办法〉的通知》(2020)。

13.067 全国矿业权登记信息及发布系统 National Mining Rights Registration and Information Delivering System 简称矿业权登记信息系统，是指由自然资源部统一开发、维护、管理，用于自然资源主管部门获取统一编码、公示公开矿业权相关信息的互联网应用程序。

来源：《自然资源部办公厅关于印发〈矿业权登记信息管理办法〉的通知》(2020)。

13.068 矿产品储备 Mineral product stock 对短缺的矿产品实行储备工作。矿产品储备是战略物资储备的主要部分。

来源：资源科学技术名词审定委员会(2008)。

14

海洋资源

14.001　海域　Sea area　一定界限内的海洋区域，包括区域内的水面、水体、海床和底土。

来源：《海洋学综合术语》（2010）。

14.002　海岛　Sea island　是指四面环海水并在高潮时高于水面的自然形成的陆地区域，包括有居民海岛和无居民海岛。

来源：《海洋学术语：海洋资源学》（2005）。

14.003　无居民海岛　Uninhabited island　在中华人民共和国管辖海域内，四面环海水并在高潮时高于水面自然形成的陆地区域，同时满足不属于居民户籍管理住址登记地的前提条件。

来源：《自然资源价格评估通则》（2021）（报批稿）。

14.004　特殊用途海岛　Special purpose island　具有特殊用途或者重要保护价值的海岛，主要包括领海基点所在海岛、国防用途海岛、海洋自然保护区内的海岛和有居民海岛的特殊用途区域等。

来源：《海洋学术语：海洋资源学》（2005）。

14.005　内水　Inland waters　领海基线向陆一侧的全部水域

来源：《海洋学综合术语》（2010）。

14.006　领海　Territorial sea　邻接沿海国家的陆地领土、内水或群岛水域，并受该沿海国家主权管辖的一定宽度的海域。

来源：《海洋学综合术语》(2010)。

14.007　毗连区　Contiguous zone　毗连沿海国领海一带海域，其宽度从领海基线量起不超过46.448km（24n mile）。

来源：《海洋学综合术语》(2010)。

14.008　专属经济区　Exclusive economic zone　沿海国家领海以外，从领海基线量起宽度不超过370km（200n mile）的海区。

来源：《海洋学综合术语》(2010)。

14.009　大陆架　Continental shelf　环绕大陆，依照沿海陆地向海自然延伸的全部浅海地带，其外缘位于海底坡度突然增加处。大陆架宽度若从领海基线量其距离不足200n mile，则扩展至200n mile。

来源：《海洋学术语：海洋地质学》(2017)。

14.010　专属渔区　Exclusive fishing zone　沿海国家为行使专属捕鱼权或养护渔业资源在邻接其领海以外的公海区域内划定享有专属捕鱼权和渔业专属管辖权，但不妨碍其他国家在此航行、飞越、铺设电缆和管道及进行海洋科学研究等自由水域。专属渔区的宽度等同于专属经济区。对其他国家的捕鱼活动，可通过多边或双边国际协议，给予缔约国捕鱼的权利。

来源：《海洋学综合术语》(2010)。

14.011　领海基点　Base point of territorial sea　计算领海、毗连区和专属经济区的起始点。中华人民共和国领海的外部界限为一条其每一点与领海基线的最近点距离等于12海里的线。

来源：《联合国海洋法公约》(1994)。

14.012　海湾　Bay, Gulf　水域面积不小于以口门宽度为直径的半圆面积，且被陆地环绕的海域。海湾水域受到周边陆域环境显著影响，盐度、生物及沉积物等方面已明显区别于一般海域。

来源：《海洋学术语：海洋地质学》(2017)。

14.013　海峡　Strait　陆地之间连通两个海或洋的狭窄水道。

来源：《海洋学术语：海洋地质学》(2017)。

14.014　河口　Estuary　半封闭的海岸水域，向陆延伸至潮汐水位变化影响的上界，有一条或多条通道与外海或其他咸水的近岸水域相连通。河口水域分为 3 段，河口下游段、河口中游段、河口上游段。

来源：《海洋学术语：海洋地质学》(2017)。

14.015　潟湖　Lagoon　由沙坝、沙嘴或珊瑚礁与海洋相分割的封闭或半封闭的潜水海域。

来源：《海洋学术语：海洋地质学》(2017)。

14.016　盐沼　Saltmarsh　含有大量盐分的湿地。海滨盐沼分布在河口或海滨浅滩，由海水浸渍或潮汐交替作用而成。

来源：《海洋学术语：海洋地质学》(2017)。

14

14.017　海岸　Coast　海岸线向上，海洋营力显著影响的狭长陆域地带。

来源：《海洋学术语：海洋地质学》(2017)。

14.018　海岸线　Coastline　多年大潮平均高潮位时海陆分界痕迹线。

来源：《海洋学术语：海洋地质学》(2017)。

14.019　自然岸线　Natural coastline　由海陆相互作用形成的原

生岸线。

来源：《海洋学术语：海洋资源学（征求意见稿）》。

14.020 河口岸线 Estuarine coastline 入海河流与海洋的水域分界线。

来源：《海洋学术语：海洋资源学（征求意见稿）》。

14.021 生态恢复岸线 Ecological restoration coastline 经整治修复和自然恢复后具有自然海岸形态特征和生态功能的海岸线。主要指通过退围还海、退养还滩、沙滩养护、生态海堤建设、堤外种植等整治修复措施或者自然恢复形成的具有自然海岸形态特征和生态功能的海岸线。

来源：《海洋学术语：海洋资源学（征求意见稿）》。

14.022 人工岸线 Artificial coastline 由永久性人工构筑物组成的岸线。

来源：《海洋学术语：海洋资源学（征求意见稿）》。

14.023 海岸带 Coastal zone 海洋与陆地相互作用的过渡地带。其上限起自海水能够作用到陆地的最远点，下限为波浪作用影响海底的最深点。海岸带分为潮上带、潮间带和潮下带。广义的海岸带可向陆延伸至毗连平原，向海延伸至大陆架边缘。

来源：《海洋学术语：海洋地质学》(2017)。

14.024 潮间带 Intertidal zone 位于平均大潮高、低潮之间的海水覆盖的区域。

来源：《海洋学术语：海洋地质学》(2017)。

14.025 滩涂 Intertidal mudflat 最高潮线与最低潮线之间底质为砂砾淤泥或软泥的岸区。

来源：《海洋学术语：海洋资源学（征求意见稿）》。

14.026　滨海湿地　Coastal wetland　低潮时水深小于6m的水域，及其沿岸浸湿地带。

来源：《海洋学术语：海洋地质学》(2017)。

14.027　珊瑚礁　Coral reef　由造礁珊瑚骨骸及其碎屑，堆积形成的钙质堆积体。

来源：《海洋学术语：海洋地质学》(2017)。

14.028　海草床　Seagrass bed　大面积的连片海草。

来源：《海洋学术语：海洋资源学（征求意见稿）》。

14.029　海滨　Shore/Seashore　由海岸带沉积物组成的边缘地带。

来源：《海洋学术语：海洋地质学》(2017)。

14.030　潮汐　Tide　由天体引潮力作用而产生的海面周期性涨落现象。

来源：《海洋学术语：物理海洋学》(2010)。

14.031　潮位　Tide level　潮汐出现时，海面相对基准点的高度。

来源：《海洋学术语：物理海洋学》(2010)。

14.032　海啸　Tsunami　由水下地震、火山爆发或水下塌陷和滑坡等所激起的长周期小振幅的散射波，以每小时数百千米的速度传到岸边，形成的来势凶猛危害极大的巨浪。

来源：《海洋学术语：物理海洋学》(2010)。

14.033　海冰　Sea ice　由海水冻结而成的冰。广义的海冰是海洋中一切冰的总称，它包括由海水冻结而成的冰以及由江河入海带来的冰，也包括极地大陆冰川或山谷冰川崩裂滑落海中的冰山。

来源：《海洋学术语：物理海洋学》(2010)。

14.034 冰期 Ice period 初冰日至终冰日的时间间隔。初冰日是每年初冬第一次出现海冰的日期。终冰日是翌年初春海冰最后消失的日期。

来源：《海洋学术语：物理海洋学》（2010）。

14.035 台风 Typhoon 发生在西北太平洋或南海，最大风力在12级或12级以上，具有暖中心结构的强烈气旋性涡旋。

来源：《海洋学术语：物理海洋学》（2010）。

14.036 飓风 Hurricane 发生在东北太平洋或北大西洋，最大风力在12级或12级以上，具有暖中心结构的强烈气旋性涡旋。

来源：《海洋学术语：物理海洋学》（2010）。

14.037 海滩 Beach 由激浪和激浪流形成的松散沉积物堆积体。

来源：《海滩养护与修复技术指南》（2018）。

14.038 海平面 Sea level 海平面是消除各种扰动后海面的平均高度，一般是通过计算一段时间内观测潮位的平均值得到。根据时间范围的不同，有日平均海平面、月平均海平面、年平均海平面和多年平均海平面等。

来源：《2020年中国海平面公报》（2021）。

14.039 海平面变化 Sea level change 全球海平面变化主要是由海水密度变化和质量变化引起的海水体积改变造成的。全球海平面变化具有明显的区域差异，区域海平面变化除了受全球海平面变化影响外，还受到区域海水质量再分布、淡水通量和陆地垂直运动等因素的影响。

来源：《2020年中国海平面公报》（2021）。

14.040 海洋资源经济评价 Economic evaluation of marine resources 应用一定的理论和方法，对海洋资源的经济价值和开发利用的生态－经济效益进行以货币为计量单位的估价和评判。

来源：《海洋学术语：海洋资源学》（2005）。

14.041 海岸带资源 Resources of the coastal zone 海岸带中一切能供人类利用的天然物质、能量和空间的总称。海洋天然物质是指在海岸带的大气、水体、海底中客观存在的物质和天然生产的生物及活性物质。

来源：《海洋学术语：海洋资源学》（2005）。

14.042 滨海湿地资源 Littoral wetland resources 分布在海岸线至水深 6 米以下浅海域中，具有多水、独特土壤和适水生物生长的物质、能量和空间。

来源：《海洋学术语：海洋资源学》（2005）。

14.043 海岛资源 Resources of sea island 分布在海洋岛屿上的、可以被人类利用的物质、能量和空间。

来源：《海洋学术语：海洋资源学》（2005）。

14.044 海洋生物资源 Marine biological resources 海洋中具有生命的能自行繁衍和不断更新的且具有开发利用价值的生物。

来源：《海洋学术语：海洋资源学》（2005）。

14.045 海水资源 Seawater resource 海水及其中存在的可以被人类利用的物质。

来源：《海洋学术语：海洋资源学》（2005）。

14.046 海底矿产资源 Submarine mineral resources 赋存于海底表层沉积物和海底岩层中矿物资源之总称。按其平面分布区域可分成滨海矿产、大陆架矿产和深海矿产三类；按其垂直分布可以分为表层矿产和底岩矿产两类。

来源：《海洋学术语：海洋资源学》(2005)。

14.047 海底资源 Submarine resources 底栖生物资源和海底矿产资源的统称。

来源：《海洋学综合术语》(2010)。

14.048 海洋旅游资源 Marine tourist resources 在海滨、海岛和海洋中，对旅游者有吸引力、能激发旅游者的旅游动机，具备一定旅游功能和价值，能产生效益的自然和社会事务。

来源：《海洋学术语：海洋资源学》(2005)。

14.049 海洋空间资源 Marine space resources 与海洋开发有关的海岸、海上、海中和海底空间的总称。

来源：《海洋学术语：海洋资源学》(2005)。

14.050 海洋油气资源 Offshore oil and gas resources 分布在海底岩层中的石油和天然气资源。

来源：《海洋经济常用术语（征求意见稿）》。

14.051 海洋渔业资源 Marine fishery resources 海域中具有开发利用价值的动植物。包括海洋鱼类、甲壳类、贝类和大型藻类资源等。

来源：《海洋学术语：海洋资源学》(2005)。

14.052 海洋可再生资源 Renewable marine resources 具有自我恢复原有特性，并可持续利用的一类海洋自然资源。

来源：《海洋学术语：海洋资源学》(2005)。

14.053 海洋开发 Ocean exploitation/Marine (ocean) development/Coastal and ocean development 人类为了生存和发展，

利用各种技术手段对海洋资源进行调查、勘探、开采、利用的全部活动。海洋学将其定义为，应用各种技术手段和设施，开发利用海洋，使海洋的潜在价值转化为实际经济价值、社会效益和生态效益的一切活动。

来源：资源科学技术名词审定委员会（2008）；《海洋学综合术语》（2010）。

14.054　海洋资源综合利用　Integrated use of marine resources
使用先进的技术和方法，对海洋资源进行全面、充分、多层次、多用途的开发利用的一切活动。

来源：《海洋学术语：海洋资源学》（2005）。

14.055　海洋资源有效利用　Effective use of marine resources
对海洋资源开发进行合理配置，使每种资源都得到充分合理利用的一切行为。

来源：《海洋学术语：海洋资源学》（2005）。

14.056　海洋资源可持续利用　Sustainable utilization of marine resources　既能满足当代人的需求，又不会对后代人的需求构成危害的海洋资源利用方式。

来源：《海洋学术语：海洋资源学》（2005）。

14.057　海洋资源资产　Sea area assets　具有稀缺性、有用性（包括经济效益、社会效益、生态效益）及产权明确的，在当前或预期未来能给国家带来经济收益的海洋资源。

来源：《海洋学术语：海洋资源学》（2005）。

14.058　海洋资源资产化管理　Management of sea area as assets
通过建立海洋资源的实物账户和价值账户，运用资源管理的理论和方法，对海洋资源的管理活动。

来源：《海洋学术语：海洋资源学》（2005）。

14.059　海洋资源资产负债表　Marine resources balance sheet　用国家资产负债表的方法，将海洋资源资产进行分类加总形成报表，显示某一时点上海洋资源资产的“家底”，反映一定时间内海洋资源资产存量的变化。

来源：《海洋学术语：海洋资源学》（2005）。

14.060　海洋资源资产价值评估　Evaluation of marine resources values　按照一定的原则、程序和方法对海洋资源资产的价值进行评估的行为。

来源：《海洋学术语：海洋资源学》（2005）。

14.061　海洋经济　Ocean economy　开发、利用和保护海洋的各类产业活动，以及与之相关联活动的总和。

来源：《海洋生产总值核算制度》（2020）；《海洋及相关产业分类》（2006）。

14.062　海洋经济统计核算　Statistical accounting of marine economy　指开发海洋资源和依赖海洋空间而进行的生产活动，以及直接或间接开发海洋资源及空间的相关产业活动的经济范畴所产生的实物量、价值量、劳动量等为计量单位，反映物流活动经济动态的一种核算形式。

来源：王克桥、朱杰（2008）。

14

14.063　海洋生产总值　Gross marine product　海洋经济生产总值的简称，指按市场价格计算的沿海地区常住单位在一定时期内海洋经济活动的最终成果，是海洋产业和海洋相关产业增加值之和。

来源：《2020 年中国海洋经济统计公报》（2021）。

14.064　海洋产业　Ocean industry　开发、利用和保护海洋所进行的生产和服务活动。包括直接从海洋中获取产品的生产和服务活动；直接从海洋中获取的产品的一次加工生产和服务活动；直接应用于海洋和海洋开发活动的产品生产和服务活动；利用海水或海洋空间作为生产过程的基本要素所进行的生产和服务活动；海洋科学研究、教育、管理和服务活动。包括海洋渔业、海洋油气业、海洋矿业、海洋盐业、海洋化工业、海洋生物医药业、海洋电力业、海水利用业、海洋船舶工业、海洋工程建筑业、海洋交通运输业、滨海旅游等主要海洋产业，以及海洋科研教育管理服务业。

来源：《海洋及相关产业分类》（2006）；《2020 年中国海洋经济统计公报》名词解释。

14.065　海洋新兴产业　Emerging ocean industry　随着技术进步、消费升级而产生并发展起来的海洋产业。主要包括海洋工程装备制造业、海洋药物和生物药品业、海洋可再生能源利用业、海水利用业等。

来源：《GB/T 海洋经济常用术语（征求意见稿）》定义 3.5。

14.066　海洋可再生能源　Marine renewable energy　以海水为能量载体形成的潮汐能、潮流能、波浪能、温差能和盐差能等海洋能与海上风能的总称。

14

来源：《GB/T 海洋经济常用术语（征求意见稿）》定义 12.2。

14.067　海洋温差能　Ocean thermal energy　由海洋表层温水，与海洋深层的冷水之间的温度差所蕴藏的能量。

来源：《海洋学术语：海洋资源学》（2005）。

14.068　海水盐差能　Seawater salinity gradient energy　在江河入海口，由于淡水与海水之间所含盐分不同，在界面上产生巨大的渗透压所蕴藏的势能。

来源：《海洋学术语：海洋资源学》（2005）。

14.069 潮汐能 Tidal energy 在太阳、月亮对地球的引潮力的作用下，使海水周期性的涨落所形成的能量。

来源：《海洋学术语：海洋资源学》(2005)。

14.070 波浪能 Wave energy 由海水波动所产生的势能和动能的总称。

来源：《海洋学术语：海洋资源学》(2005)。

14.071 海流能 Ocean current energy 海水流动产生的动能。

来源：《海洋学术语：海洋资源学》(2005)。

14.072 海洋可再生能源利用业 Marine renewable energy utilization industry 指沿海地区利用海洋能、海洋风能等可再生能源进行的电力生产。

来源：《海洋经济统计调查制度》(2020)。

14.073 海洋能试验场 Ocean energy test site 建有海洋能装置测试试验与运行服务设施的特定场所。

来源：《GB/T 海洋经济常用术语（征求意见稿）》；《海洋能术语》(2017)。

14.074 海上风电场 Offshore wind farm 在海上风能丰富的区域建设的由一批风力发电机组组成的电站。

来源：《GB/T 海洋经济常用术语（征求意见稿）》。

14.075 临港产业 Port-vicinity industry 临近港口并依托港口发展起来的产业。

来源：《GB/T 海洋经济常用术语（征求意见稿）》定义 3.6。

14.076 北部海洋经济圈 Northern ocean economic zone 山东半岛、辽东半岛和环渤海地区组成的海洋经济活动区域。

来源：《GB/T 海洋经济常用术语（征求意见稿）》定义 3.12。

14.077　东部海洋经济圈　Eastern ocean economic zone　江苏、浙江、上海沿海地区组成的海洋经济活动区域。

来源：《GB/T 海洋经济常用术语（征求意见稿）》定义 3.13。

14.078　南部海洋经济圈　Southern ocean economic zone　福建、珠江口及其两翼、北部湾、海南沿海地区组成的海洋经济活动区域。

来源：《GB/T 海洋经济常用术语（征求意见稿）》定义 3.14。

14.079　海洋渔场　Marine fishing ground　海洋鱼类或其他水产经济动物密集并可进行捕捞的海域。主要按地理位置划分另外，按环境特点分为大陆架渔场、上升流渔场、岛礁渔场等，按捕捞对象分为带鱼渔场、大黄鱼渔场等，按作业方式分为拖网渔场、围网渔场等。

来源：《GB/T 海洋经济常用术语（征求意见稿）》定义 4.5；《海洋学术语：海洋资源学》（2005）。

14.080　海洋牧场　Ocean ranch　基于海洋生态学原理和现代海洋工程技术，充分利用自然生产力，在特定海域科学养护和管理渔业资源而形成的人工渔场。

来源：《GB/T 海洋经济常用术语（征求意见稿）》定义 4.14；《海洋学术语：海洋资源学》（2005）。

14.081　休渔　Fishing moratorium　为保护渔业资源，规定在一定时期、一定水域范围内停止捕鱼的安排。

来源：《GB/T 海洋经济常用术语（征求意见稿）》定义 4.7。

14.082　增殖放流　Enhancement and release　将人工培育的苗种直接投向海洋、滩涂、江河、湖泊、水库等天然水域，稳定和提高渔业资源数量和质量的过程。

来源：《GB/T 海洋经济常用术语（征求意见稿）》定义 4.16。

14.083 海域天然气水合物 Marine natural gas hydrate 分布于深海沉积物中，由天然气与水在高压低温条件下形成的类冰状的结晶物质。

来源：《GB/T 海洋经济常用术语（征求意见稿）》定义 5.3。

14.084 海洋油气盆地 Offshore oil and gas basin 在一定地质发展历史时期中沉积的，富集海洋石油和天然气资源的沉积盆地。

来源：《GB/T 海洋经济常用术语（征求意见稿）》定义 5.4；《海洋学术语：海洋资源学》（2005）。

14.085 海上油田 Offshore oil field 在同一个海底二级构造带内，若干油藏的集合体。常见的海上油田有构造油田、断块油田、礁块油田、潜山油田、轻质油油田、重质油油田、稠油油田等类型。

来源：《GB/T 海洋经济常用术语（征求意见稿）》定义 5.5；《海洋学术语：海洋资源学》（2005）。

14.086 海上气田 Offshore gas field 在同一个海底二级构造带内，若干气藏的集合体。常见的海上气田有干气田、气田和凝析气田等类型。

来源：《GB/T 海洋经济常用术语（征求意见稿）》定义 5.6；《海洋学术语：海洋资源学》（2005）。

14.087 海上勘探井 Marine exploration well 为查明海底油气资源的分布位置和质量状况所钻的钻井。

来源：《GB/T 海洋经济常用术语（征求意见稿）》定义 5.10；《海洋学术语：海洋资源学》（2005）。

14.088 海洋渔业 Marine fishery 包括海水养殖、海洋捕捞、远洋捕捞、海洋渔业服务业和海洋水产品加工等活动。

来源：《海洋及相关产业分类》（2006）；《2020 年中国海洋经济统计公报》（2021）。

14.089　海洋油气业　Offshore oil and gas Industry　在海洋中勘探、开采、输送、加工原油和天然气的生产活动。

来源：《海洋及相关产业分类》（2006）；《2020 年中国海洋经济统计公报》名词解释。

14.090　海洋盐业　Marine salt industry　利用海水生产以氯化钠为主要成分的盐产品的活动，包括采盐和盐加工。

来源：《海洋及相关产业分类》（2006）；《2020 年中国海洋经济统计公报》名词解释。

14.091　海洋化工业　Marine chemical industry　包括海盐化工、海水化工、海藻化工及海洋石油化工等化工产品生产活动。

来源：《海洋及相关产业分类》（2006）；《2020 年中国海洋经济统计公报》名词解释。

14.092　海洋生物医药业　Marine biomedical industry　以海洋生物为原料或提取有效成分，进行海洋药品与海洋保健品的生产加工及制造活动。

来源：《海洋及相关产业分类》（2006）；《2020 年中国海洋经济统计公报》名词解释。

14.093　海洋电力业　Ocean power industry　在沿海地区利用海洋能、海洋风能进行的电力生产活动。不包括沿海地区的火力发电和核力发电。

来源：《海洋及相关产业分类》（2006）；《2020 年中国海洋经济统计公报》名词解释。

14.094　海水利用业　Seawater utilization industry　对海水的直接利用和海水淡化活动，包括利用海水进行淡水生产和将海水应用于工业冷却用水和城市生活用水、消防用水等活动，不包括海水化学资源综合利用活动。

来源：《海洋及相关产业分类》（2006）；《2020 年中国海洋经济统计公报》名词解释。

14.095　海洋船舶工业　Marine shipbuilding industry　以金属或非金属为主要材料，制造海洋船舶、海上固定及浮动装置的活动，以及对海洋船舶的修理及拆卸活动。

来源：《海洋及相关产业分类》(2006)；《2020 年中国海洋经济统计公报》名词解释。

14.096　海洋工程建筑业　Marine engineering and construction industry　在海上、海底和海岸所进行的用于海洋生产、交通、娱乐、防护等用途的建筑工程施工及其准备活动，包括海港建筑、滨海电站建筑、海岸堤坝建筑、海洋隧道桥梁建筑、海上油气田陆地终端及处理设施建造、海底线路管道和设备安装，不包括各部门、各地区的房屋建筑及房屋装修工程。

来源：《海洋及相关产业分类》(2006)；《2020 年中国海洋经济统计公报》名词解释。

14.097　滨海旅游业　Ocean and coastal tourism　包括以海岸带、海岛及海洋各种自然景观、人文景观为依托的旅游经营、服务活动。主要包括：海洋观光游览、休闲娱乐、度假住宿、体育运动等活动。

来源：《海洋及相关产业分类》(2006)；《2020 年中国海洋经济统计公报》名词解释。

14.098　海洋矿业　Marine mining　包括海滨砂矿、海滨土砂石、海滨地热、煤矿开采和深海采矿等采选活动。

来源：《海洋及相关产业分类》(2006)；《2020 年中国海洋经济统计公报》名词解释。

14.099　海岸带矿产　Coastal zone mineral resources　分布在海陆相互作用地带的矿产资源的总称。

来源：《海洋学术语：海洋资源学》(2005) 定义 4.22。

14.100　滨海矿产　Beach mineral resources　分布在离岸较近的滨海地区的海底矿产资源。主要包括海滨砂矿、海砂和砾石以及滨海煤、铁等矿。

来源：《海洋学术语：海洋资源学》（2005）定义 4.23。

14.101　大陆架矿产　Continental shelf mineral resources　分布在大陆架海底岩层中的矿产资源。分表层沉积矿和底岩矿两大类。

来源：《海洋学术语：海洋资源学》（2005）定义 4.24。

14.102　深海矿产　Deep-sea mineral resources　分布在深海和大洋底 部的矿产资源。主要有海底多金属结核、钴结壳、热液矿床、天然气水合物等。

来源：《海洋学术语：海洋资源学》（2005）定义 4.25。

14.103　盐田　Salt ponds　利用日晒方法蒸发浓缩海水、卤水结晶产盐的滩场。

来源：《GB/T 海洋经济常用术语（征求意见稿）》定义 7.3。

14.104　钻井平台　Drilling platform/unit　设有钻井设备，可在海上进行钻井作业的平台。

来源：《GB/T 海洋经济常用术语（征求意见稿）》定义 8.17；《海上油气开发工程术语》（2008）。

14.105　远洋运输　Ocean transportation　航行区域在本国港口与非本国港口之间，或非本国港口之间的海洋交通运输活动。

来源：《GB/T 海洋经济常用术语（征求意见稿）》。

14.106　海洋自然景观　Marine natural landscape　由大自然赋予的具有旅游价值的海洋自然景色。包括海岸景观、海上景观、海底景观、海岛景观等。

来源：《GB/T 海洋经济常用术语（征求意见稿）》；《海洋学术语：海洋资源学》（2005）。

14.107 海洋人文景观 Marine humanistic landscape 在人类文明发展史上，由人类创造的，具有观光、休闲、娱乐和游览价值的景物。

来源：《海洋学术语：海洋资源学》(2005)。

14.108 水下环礁 Underwater atoll reef 因为地壳下沉或海面上升，造礁珊瑚生长追随不上，而形成于水下环带状或马蹄状的珊瑚礁体。

来源：《海洋学术语：海洋资源学》(2005)。

14.109 贝壳堤 Chenier/Shell dyke 在平原海岸由贝壳等沉积物组成的沿岸堤。

来源：《海洋学术语：海洋资源学》(2005) 定义2.4.21。

14.110 海底森林 Submarine forest 在潮间带、海底的岩床或礁石上，由木本红树植物、大型海藻或枝状珊瑚聚集而成的大片的植物性海区。

来源：《GB/T 海洋经济常用术语 (征求意见稿)》;《海洋学术语：海洋资源学》(2005)。

14.111 海洋地质遗迹 Marine geological relics 由地质作用形成的、具有重要科学研究价值和旅游价值的海洋古迹。

来源：《海洋学术语：海洋资源学》(2005) 定义2.4.22。

14.112 海洋公园 Marine park 以海洋为主题，可以开展旅游活动，或具有海洋保护性质的公园。国家海洋公园 (national marine park) 是指为保护海洋生态与历史文化价值，发挥其生态旅游功能，在特殊海洋生态景观、历史文化遗迹、独特地质地貌景观及其周边海域建立，由国家制定并受法律严格保护的区域。

来源：《GB/T 海洋经济常用术语 (征求意见稿)》;《海洋学术语：海洋资源学》(2005)。

14.113　海洋自然保护区　Marine nature reserve/Marine protected area　以海洋自然环境和资源保护为目的，依法把包括保护对象在内的一定面积的海岸、河口岛屿、湿地或海域划分出来，进行特殊保护和管理的区域。

来源：《海洋学术语：海洋资源学》（2005）。

14.114　海洋特别保护区　Special marine protection area　指具有特殊地理条件、生态系统、生物与非生物资源及海洋开发利用特殊要求，需要采取有效的保护措施和科学的开发方式进行特殊管理的区域。

来源：《海洋特别保护区管理办法》（2010）。

14.115　海洋生态保护红线　Marine ecological red line　指将重要海洋生态功能区、海洋生态敏感区和海洋生态脆弱区划定为重点管控区而形成的地理区域的边界线及相关管理指标的控制线。

来源：《海洋生态保护红线监督管理办法（征求意见稿）》（2018）。

14.116　海域海岛管理　Ocean and island management　沿海国家对管辖海域和海岛的自然环境、海洋资源、海洋设施和海上活动，采用法律、政策、行政和经济手段进行干预指导，协调控制，维护国家的海洋权益，促进海洋开发，保护海洋环境资源，保障海上安全和经济利益的一切活动。

来源：《海洋学综合术语》（1995）定义 4.8 修订。

14.117　海洋权益管理　Marine rights and interests management　国家根据国际和国内的海洋法律、法规、国际惯例，运用政治、经济、军事等力量来维护本国管辖海域的主权和一切利益的活动。

来源：《海洋学术语：海洋资源学》（2005）。

14.118　海洋综合管理　Integrated marine management　国家通过各级政府对其管辖海域内的资源、环境和权益等进行的全面的、统筹协调的一切活动。

来源：《海洋学术语：海洋资源学》（2005）。

14.119　海岸带管理　Coastal zone management　国家对海岸带的功能区划、开发利用、环境保护所进行的管理。

来源：《海洋学综合术语》（2010）。

14.120　海洋环境管理　Marine environment management　国家海洋环境管理部门按照对海洋经济发展进行全面规划、合理布局的原则，运用行政、法律、经济、教育和科学技术手段等，实现合理开发利用海洋资源、综合防治海洋污染、改善海洋环境质量、保持海洋生态平衡的目标，而行使的基本职能。

来源：中国大百科全书总编辑委员会（2002a）。

14.121　海洋环境容量　Marine environmental capacity　在维持目标海域特定海洋学、生态学等功能所要求的国家海水质量标准条件下，在一定时间范围内所允许的污染物最大排海数量。

来源：《渤海主要化学污染物海洋环境容量》（2006）。

14.122　水质响应区块　Water-quality response grid，WRG　同一海域区块内环境质量控制要素的水质响应系数大小及其来源相近，水动力状况及理化性质也相近的最小基本单元。是纳污海域污染物浓度聚类分区和陆源污染物入海排放水质响应区的围合海域。水质响应区块既体现了研究海域对陆源污染物排放压力的响应，又能保证同一水质响应区块内水环境状况的相似性。

来源：根据相关文献资料定义。

14.123　参照环境要素　Environmental reference factor　指能

最大程度地集中体现近海各种化学、生物、水文等海域环境要素分布形式复杂性的环境要素。由于浓度超标率、超标面积最大等原因，一般可选择首要污染物。

来源：根据相关文献资料定义。

14.124 海岸侵蚀 Shore (coast) erosion 由自然或人为因素引起的海岸后退现象。

来源：《海洋学术语：海洋资源学》(2005)。

14.125 海水入侵 Seawater infiltration 沿海地区地下水咸淡水界面向内陆推进的现象。

来源：《海洋能术语》(2020)。

14.126 海洋生物多样性 Marine biodiversity 海洋生物多样性是指栖息于海洋环境的动物、植物和微生物物种，每个物种所拥有的全部基因以及它们与生存环境所组成的生态系统的总称。生物多样性包括物种多样性、遗传多样性和生态系统多样性三个层次。

来源：《中国大百科全书》总编委员会（2009）。

14.127 海洋工程 Ocean engineering 应用海洋基础科学和有关技术学科开发利用海洋所形成的一门新兴的综合技术科学，也指开发利用海洋的各种建筑物或其他工程设施和技术措施。海洋工程始于为海岸带开发服务的海岸工程。主要包括围海工程、海港工程、河口治理工程、海上疏浚工程和海岸防护工程。

来源：中国大百科全书总编辑委员会（2002a）。

14.128 敏感海域 Sensitive sea area 海洋生态服务功能价值较高，且遭受损害后较难恢复其功能的海域。主要包括自然保护区，海洋特别保护区，重要滨海湿地，海湾，重要河口，特殊生境（红树林、珊瑚礁、海草床等），重要渔业水域，珍稀濒危海洋生物天然集中分布区，潟湖及其通道，领海基点及其周边海域（5km 内），岛礁及其周围海域（5km 内），海洋自然历史遗迹和重要自然景观等。

来源：《海域使用论证技术导则（修订版）》（征求意见稿）（2020）。

14.129　海洋生态保护修复　Marine ecological protection and restoration　以自然恢复为主人工措施为辅，因地制宜地对受损海洋生态系统的结构、功能、生物多样性和持续性等进行全面有效保护与修复的过程。

来源：《海域使用论证技术导则（修订版）》（征求意见稿）（2020）。

14.130　海域价格　Price of sea area　在市场条件下形成的一定年期的海域使用权价格

来源：《海域价格评估技术规范》（2020）。

14.131　海洋空间利用　Utilization of ocean space　将海岸、海面、海中和海底空间用作交通、生产、储藏、军事、居住、科研和娱乐场所等的海洋开发利用活动。

来源：《海洋学术语：海洋资源学》（2005）。

14.132　填海造地　Reclaiming land in sea area　筑堤围割海域填成土地，并形成有效岸线的用海方式。

来源：《海域使用分类》（2009）。

14.133　非透水构筑物用海　Using sea area with water-impassable structure　采用非透水方式构筑不形成围海事实或有效岸线的码头、突堤、引堤、防波堤、路基等构筑物的用海方式。

来源：《海域使用分类》（2009）。

14.134　透水构筑物用海　Using sea area with water-passable structure　采用透水方式构筑码头、海面栈桥、高脚屋、人工鱼礁等构筑物的用海方式。

来源:《海域使用分类》(2009)。

14.135　围海　Enclosing sea　指通过筑堤或其他手段,以全部或部分闭合形式围割海域进行海洋开发活动的用海方式。

来源:《海域使用分类》(2009)。

14.136　开放式用海　Using sea area with open water　指不进行填海造地、围海或设置构筑物,直接利用海域进行开发活动的用海方式。

来源:《海域使用分类》(2009)。

14.137　油气开采用海　Offshore oil and gas development　指开采油气资源所使用的海域,包括石油平台、浮式储油装置、油气开采用人工岛及其连陆或连岛道路,以及油气开采用码头、引桥、栈桥、电缆、管道等所使用的海域。

来源:《海域使用分类》(2009)。

14.138　近岸海域　Nearshore area　距大陆海岸较近的海域。已公布领海基点的海域指领海外部界限至大陆海岸之间的海域,渤海和北部湾一般指水深 10m 以内浅海域。

来源:《海洋工程环境影响评价技术导则》(2014)。

14.139　沿岸海域　Coastal waters　近岸海域之内靠近大陆海岸,水文要素受陆地气象条件或径流影响大的海域。一般指距大陆海岸 10km 以内的海域。

来源:《海洋工程环境影响评价技术导则》(2004)。

14.140 宗海 Sea parcel 被权属界址线所封闭的用海单元。

来源：《宗海图编绘技术规范》（2018）。

14.141 宗海图 Cadastre of sea parcel 记载宗海位置、界址点、界址线及其与相邻宗海位置关系的各类图件的总称。包括宗海位置图、宗海界址图和宗海平面布置图。宗海位置图指反映项目用海地理位置、平面轮廓及其与周边重要地物位置关系的图件。宗海界址图指反映宗海图及内部单元的界址点分布、界址范围、用海面积、用途、用海方式及其相邻宗海信息的图件。宗海平面布置图指反映统一用海项目内多宗宗海之间平面布置、位置关系的图件。

来源：《海域使用分类》（2009）。

14.142 渔业用海 Fishery sea 指为开发利用渔业资源、开展海洋渔业生产所使用的海域。

来源：《海域使用分类》（2009）。

14.143 海洋灾害评估 Disaster assessment of marine 海洋灾害发生后就其对海洋环境、经济造成的直接或间接影响的评价和估算。

来源：《海洋学综合术语》（2010）。

14.144 风暴潮灾害 Storm surge disaster 由热带气旋、温带气旋、海上飑线等灾害性天气过境所伴随的强风和气压骤变而引起局部海面振荡或非周期性异常升高（降低）现象，称为风暴潮。风暴潮、天文潮和近岸海浪结合引起的沿岸涨水造成的灾害，称为风暴潮灾害。

来源：《海洋灾害应急预案》（2019）。

14.145 海浪灾害 Ocean wave disaster 海浪是海洋中由风产

生的波浪，包括风浪及其演变而成的涌浪。因海浪引起的船只损坏和沉没、航道淤积、海洋石油生产设施和海岸工程损毁、海水养殖业受损等和人员伤亡，称为海浪灾害。

来源：《海洋灾害应急预案》（2019）。

14.146　海啸灾害　Tsunami disaster　海啸是由海底地震、海底火山爆发、海岸山体和海底滑坡等产生的特大海洋长波，在大洋中具有超大波长，但在岸边浅水区时，波高陡涨，骤然形成水墙，来势凶猛，严重时高达 20～30 米以上。海啸灾害指特大海洋长波袭击海上和海岸地带所造成的灾害。

来源：《海洋灾害应急预案》（2019）。

14.147　海冰灾害　Sea ice disaster　海冰是由海水冻结而成的咸水冰，其中包括流入海洋的河冰和冰山等。海冰对海上交通运输、生产作业、海上设施及海岸工程等所造成的严重影响和损害，称为海冰灾害。

来源：《海洋灾害应急预案》（2019）。

14.148　海洋污染控制　Marine pollution control　根据海域海洋环境容量的大小，对进入该海域海洋污染物实行的总量控制。

14

来源：《海洋学综合术语》（2010）。

14.149　海洋功能区　Marine functional zone　根据海域及海岛的自然资源条件、环境状况、地理区位、开发利用现状，并考虑国家或地区经济与社会持续发展的需要，所划定的具有最佳功能的区域，是海洋功能区划最小的功能单元。

来源：《海洋功能区划技术导则》（2006）。

14.150　海洋功能区划　Division of marine function zonation　按照海洋功能区的标准，将海域及海岛划分为不同类型的海洋功能区，是为海洋开发、保护与管理提供科学依据的基础性工作。海域使用必须符合海洋功能区划。

来源：《海洋功能区划管理规定》(2007)；《海洋功能区划技术导则》(2006)。

14.151　海洋战略　Marine strategy　决定海洋发展具有全局性、长期性、导向性和层次性的方针、政策和策略。

来源：《海洋学术语：海洋资源学》(2005) 定义 2.2.13。

14.152　海洋政策　Marine policy　沿海国家为实现其海洋事业的发展目标、战略、方针、发展规划和处理涉外关系所制定的行动准则。

来源：《海洋学综合术语》(1995) 定义 4.13。

14.153　海港　Sea port　沿海停泊船只的港口。包括码头、港池、航道和导航设施等。

来源：《海洋学术语：海洋资源学》(2005)。

14.154　航道　Channel　在海洋、江河和湖泊等水域，供船舶及其他水上交通工具安全航行的通道。

来源：《海洋学术语：海洋资源学》(2005)。

14.155　海上运输业　Ocean transport industry　利用船舶或其他水运工具，通过海上航线运送货物和旅客形成的一种海洋服务事业。

来源：《海洋学术语：海洋资源学》(2005)。

14.156　海底管道　Submerged pipeline　敷设于水面以下，全部或部分地悬跨在海床上或放置于海底或埋设于海底土中的管状设备。

来源：《海洋学术语：海洋资源学》(2005) 定义 7.23。

14.157 海底隧道 Submarine tunnel 建在海底之下供行人和车辆通行的地下建筑物。

来源：《海洋学术语：海洋资源学》(2005) 定义 7.24。

14.158 海洋倾废区 Waste disposal zone at sea 国家海洋主管部门按一定程序，以科学、合理、安全和经济的原则选划的并经国家批准公布的专门用于接纳废弃物的特殊海域。

来源：《海洋学术语：海洋资源学》(2005) 定义 7.25。

14.159 水下实验室 Underwater laboratory 设置在海底供科学家和潜水员工作、休息和居住的活动设施。

来源：《海洋学术语：海洋资源学》(2005) 定义 7.26。

14.160 海上军事试验场 Military test areas at sea 在海上划定一定范围，专供对所研制的武器和军事装备进行测试的场所。

来源：《海洋学术语：海洋资源学》(2005) 定义 7.27。

14.161 海洋通道 Marine channel 可供海上交通运载工具在海上安全航行的航道。

来源：《海洋学术语：海洋资源学》(2005) 定义 7.28。

14.162 海上军事基地 Military base at sea 建造在海底（海底表面或海底表面之下）用于军事目的的设施。包括海底导弹发射基地、潜艇水下补给基地、水下指挥控制中心、水下观通站和水下武器试验场等。

来源：《海洋学术语：海洋资源学》(2005) 定义 7.29。

15

森林资源

15.001　森林　Forest　以乔木为主体所组成的具有一定面积、郁闭度达到0.2以上的地标木本植物群落。按其在陆地上的分布，可分为针叶林、针叶落叶阔叶混交林、落叶阔叶林、常绿阔叶林、热带雨林、热带季雨林、红树林、珊瑚岛常绿林、稀树草原和灌木林。按发育演替可分为天然林、次生林和人工林。按林业经营的目的可分为用材林、防护林、薪炭林、经济林和特种用途林。

来源：《森林资源术语》（2010）；林学名词审定委员会（2016）。

15.002　天然林　Natural forest　自然起源的森林。

来源：林学名词审定委员会（2016）。

15.003　人工林　Forest plantation　人工栽培形成的森林。

来源：林学名词审定委员会（2016）。

15.004　原始林　Virgin forest　未经人为干扰的原始林。

来源：林学名词审定委员会（2016）。

15.005　次生林　Secondary forest　经自然或人为干扰后形成的天然林。

来源：林学名词审定委员会（2016）。

15.006　林场　Forest farm　林业局下属的一个具体实施林业生产的生产单位，或（集体林区中）独立的从事林业生产和经营管理的企业单位。

来源：林学名词审定委员会（2016）。

15.007　林农　Forest farmer　占有或部分占有生产资料，以林业为对象从事第一产业劳动来获得生存和发展、以林业收入为重要经济来源的社会人群集合或个体。

来源：林学名词审定委员会（2016）。

15.008　护林员　Forester　掌握和熟悉林区内的情况，发现和制止破坏森林资源的行为，排除有害于森林的各种因素的管理森林、保护森林、巡山护林的工作人员。

来源：林学名词审定委员会（2016）。

15.009　国有林　National forest　根据法律规定属于全民所有，国家依照法律对这些森林享有占有权、使用权、收益权和处分权的森林。

来源：林学名词审定委员会（2016）。

15.010　集体林　Collective forest/Collectively owned forest　生产资料（如土地和森林等）归部分公民共同所有，在局部范围内实现生产资料与劳动者相结合的森林。一般由县级以上人民政府登记造册，核发证书，确认所有权。

来源：林学名词审定委员会（2016）。

15.011　私有林　Private forest　在中国，指的是林地所有权归于集体或国家所有的前提下，林地使用权、林木所有权、经营权、收益权和处置权不同程度地属于林农或私有经济组织拥有的林木资源。在国外，指的是林地所有权、林地使用权、林木所有权、经营权、收益权和处置权属于林农或私有经济组织拥有的林木资源。

来源：林学名词审定委员会（2016）。

15.012　国家公益林　National ecological forest　生态区位极为重要或生态状况极为脆弱，对国土生态安全、生物多样性保护和经济社会可持续发展具有重要作用，以发挥森林生态和社会服务功能为主要经营目的的防护林和特种用途林。

来源：《国家级公益林区划界定办法》（2017）。

15.013　生态公益林　Non-commercial forest　以保护和改善人类生存环境、维持生态平衡、保存种质资源、科学实验、森林旅游、国土保安等需要为主要经营目的的森林、林木、林地，包括防护林和特种用途林。

来源：《森林资源术语》（2010）。

15.014　商品林　Commercial forest　以生产木材、竹材、薪材、干鲜果品和其他工业原料等为主要经营目的的森林、林木、林地，包括用材林、薪炭林和经济林。

来源：《森林资源术语》（2010）。

15

15.015　森林资源管理　Management of forest resources　对森林资源保护、培育、更新、利用等任务所进行的调查、组织、规划、控制、调节、检查及监督等方面做出的具有决策性和有组织的活动。

来源：林学名词审定委员会（2016）。

15.016　林业经济管理　Forestry economics management　以管理学科和经济学科的基础理论和相关的林业科学知识为基础，进行林业经济的理论、方法和技能的研究和应用。

来源：林学名词审定委员会（2016）。

15.017　林业标准地　Forestry standard land　指根据人为判断选出期望代表预定总体的典型地块，广义上还包括按数理统计原理随机选取的样地（见森林抽样调查）。主要用途是：为编制林业数表或研究不同经营措施效果等而收集数据，提取林分调查因子的平均指标。

来源：中国大百科全书总编辑委员会（1998c）。

15.018　林政管理　Forestry governance　又称林业行政管理。林业行政主管部门按照国家法律、法规、政策和规定，对森林资源保护、采伐、运输和销售等主要生产经营活动进行计划、组织、指挥、协调和监督的过程。

来源：林学名词审定委员会（2016）。

15.019　林业宏观调控　Forestry regulation and control　国家为了保持林业能持续、稳定、健康迅速的发展，促进林业结构的优化，推动林业产业进步而采取的调节与控制。

来源：林学名词审定委员会（2016）。

15.020　森林功能　Forest function　森林生态系统所具有的作用。

来源：林学名词审定委员会（2016）。

15.021　森林培育　Silviculture　从林木种子、苗木、造林更新到林木成林、成熟和收获更新整个过程中，按既定目标和自然规律所进行的综合培育活动。

来源：林学名词审定委员会（2016）。

15.022　森林经理　Forest management　根据森林永续利用的原则，通过对森林资源进行详细调查和规划设计，以林学、生态学和经济学的观点进行论证，制定森林经营利用措施，编制森林经营方案，并且不断检查、修订和调整，以达到森林经营目的的一系列技术经济工作。

来源：林学名词审定委员会（2016）。

15.023　森林经营　Forest management　各种森林培育措施的总称。是森林管理的重要组成部分，即从宜林地上形成森林起到采伐更新时止的整个培育管理措施。包括森林抚育、林分改造、护林防火、病虫防治、副产品利用、采伐更新等各项生产活动。

来源：林学名词审定委员会（2016）。

15.024　森林分类经营　Classified forest management　国家或森林经营者根据生态保护和建设、社会和经济发展的需要，为最大限度地发挥森林多种效益而按照森林的主导功能及其自身特点和运营规律，将森林划分为生态公益林和商品林，并分别采取不同经营管理措施，以及相应的经济、社会、行政和法律手段的一种现代森林经营体制和发展模式。

来源：《森林资源术语》（2010）。

15.025　森林可持续经营　Sustainable forest management　通过现实和潜在森林生态系统的科学管理、合理经营，维持森林生态系统的健康和活力，维护生物多样性及其生态过程，以此来满足社会经济发展过程中，对森林产品及其环境服务功能的需求，保障和促进人口、资源、环境与社会、经济的持续协调发展。

来源：《森林资源术语》（2010）。

15.026　森林认证　Forest certification　由独立的第三方，按照既定标准，对森林经营进行验证的过程，是一种运用市场机制来促进森林可持续经营的工作。

来源：林学名词审定委员会（2016）。

15.027　森林资源配置　Forest resource allocation　为获取最佳的效益，将相对稀缺的森林资源在各种不同用途、不同使用者、不同区域和不同部门之间进行比较后做出选择和进行分配。

来源：林学名词审定委员会（2016）。

15.028　森林地租　Forest rent　依靠林地所有权而攫取林农剩余劳动力的产物。在不同的社会制度下，体现了不同的生产关系。

来源：林学名词审定委员会（2016）。

15.029　森林工业　Forest industry　森林采伐运输工业、木材工业、林产化学工业、林业和木工机械制造工业的统称。作为林业中相对独立的组成部分，它与交通运输、采矿、造纸、纺织、建筑工业有着广泛的联系。

来源：《中国大百科全书》总编委员会（2009）。

15.030　森林旅游经济　Forest tourism economy　森林旅游活动在森林旅游产品生产、交换、分配和消费的基础上，以商品形式所发生的各种经济现象和经济关系的总和。

来源：林学名词审定委员会（2016）。

15.031　森林生产率　Forest production rate　通过人的劳动和自然力的作用，在一定林分内森林活立木的生长量、蓄积量增长量以及能够提供其他林产品的能力。

来源：林学名词审定委员会（2016）。

15.032　森林生态效益　Forest ecological benefit　森林生态系

统及影响所及范围内通过改善生态环境产生对人类社会有益的全部效用。包括保持水土、涵养水源、净化空气、防风固沙等。

来源：林学名词审定委员会（2016）。

15.033 森林社会效益 Forest social benefit 以共同的森林物质生产活动为基础而相互联系的人们在消费森林物质、劳务或服务时所得到的满足。包括精神需求满足、陶冶情操、健康水平提高等。

来源：林学名词审定委员会（2016）。

15.034 森林经济效益 Forest economic benefit 森林资源为人类社会提供的木质产品和非木质产品总量。一般用货币来表示。

来源：林学名词审定委员会（2016）。

15.035 古树名木价值 Value of old and rare tree and valuable wood 在人类历史进程中保存下来的年代久远或具有重要科研、历史、文化价值的树木所产生的遗传、生态、文化、美学和经济效益的总和。

来源：林学名词审定委员会（2016）。

15.036 全民义务植树 National compulsory tree-planning 公民依法必须完成的、无报酬的植树劳动。凡条件具备的地方，年满 11 岁的中华人民共和国公民，除老弱病残者外，因地制宜每人每年义务植树 3 ~ 5 棵，或完成相应劳动量的育苗、管护和其他绿化任务。

来源：林学名词审定委员会（2016）。

15.037 森林生态系统 Forest ecosystem 由以乔木为主体的生物群落（包括植物、动物和微生物）及其非生物环境（光、热、水、气、土壤等）综合组成的动态系统。是生物与环境、生物与生物之间进行物质交换、能量流动的景观单位。森林生态系统与草原、荒漠、冻原、沼泽等大自然生态系统合称为陆地生态系统。陆地生态系统又与淡水生态系统和海洋生态系统合称为地球生态系统，即生物圈。

来源：中国大百科全书总编辑委员会（1998c）。

15.038 森林生态系统服务 Forest ecosystem services 森林生态系统与生态过程所形成及维持的人类赖以生存的生物资源与环境条件所提供的效益。

来源：林学名词审定委员会（2016）。

15.039 森林景观利用 Forest landscape utilization 合理利用森林景观资源的多种功能和森林内多种资源，开展的有益人类身心健康的经营活动。

来源：《林下经济术语》（2018）。

15.040 森林资源消耗量 Consume of forest resources 一个区域或国家在一定时期内森林总的消耗量。

来源：资源科学技术名词审定委员会（2008）。

15.041 森林蓄积量 Forest volume 森林中全部林木材积的总和。是反映一个国家或地区森林资源和生态环境的一个重要指标。中国森林蓄积量的统计，包括郁闭度 0.2 以上（含 0.2）的林地上胸径 5 厘米以上的林木材积和冠幅宽度 10 米以上林带中胸径 5 厘米以上的林木材积之和。

来源：《中国大百科全书》总编委员会（2009）。

15.042 农林复合生态系统 Agroforestry ecosystem 以农业和林业两种产业的主要栽培植物种（包括其他生物种）进行生态学的合理组合和构建，最终形成一种新型的人工自然复合生态经济系统。

来源：林学名词审定委员会（2016）。

15.043 农林界限地 Agriculture-forestry boundary 用于农业用途所产生的收益和用于林业用途所产生的收益相等的土地区域。

来源：林学名词审定委员会（2016）。

15.044 林业 Forestry 培育、保护、管理和利用森林，具有产业属性的事业。

来源：林学名词审定委员会（2016）。

15.045 林业产业 Forestry industry 以森林资源为基础，以获取经济效益为主要目的，以技术和资金为手段，有效组织生产和提供各种物质和非物质产品及服务的产业。

来源：林学名词审定委员会（2016）。

15.046 林产品 Forest product 以森林资源为基础生产的木材、林下产品和以其为原料生产的各种产品的统称。

来源：林学名词审定委员会（2016）。

15.047 林业政策 Forestry policy 国家为保护森林资源，发展林业而制定的行动规范和准则。是国家经济政策的组成部分，是政府在林业方面的施政目标实现的重要手段。

来源：林学名词审定委员会（2016）。

15.048 林业经济 Forestry economy 以森林资源为基础，从事森林资源保护、开发与利用的一种经济活动体系。是国民经济体系中的一个重要组成部分。

来源：林学名词审定委员会（2016）。

15.049　高效林业　High efficiency forestry　森林物种、个体和群体乃至整个生态系统协调、平衡，长期保持高生产力、再生能力和高生物量，并能持续提供优质、高产、多样的产品，森林生态功能充分发挥的林业。

来源：林学名词审定委员会（2016）。

15.050　生态林业　Ecological forestry　遵循生态学和经济学的基本原理，应用多种技术组合，实现最少化的废弃物输出以及尽可能大的生产（经济）输出或生态输出，保护、合理利用和开发森林资源，实现森林的多效益的永续利用。

来源：林学名词审定委员会（2016）。

15.051　林下经济　Under-forest economy　依托森林、林地及其生态环境，遵循可持续经营原则，以开展复合经营为主要特征的生态友好型经济。包括林下种植、林下养殖、相关产品采集加工、森林景观利用等。

来源：《林下经济术语》（2018）。

15.052　林业总产值　Gross output value of forestry　以货币形式表现的林业资源培育、保护、经营和利用主体在一定时期内有形和无形劳动成果的总量。

来源：林学名词审定委员会（2016）。

15.053　林业增加值　Forestry added value　林业总产值中扣除中间消耗的产品和劳务的价值后，可供社会用于消费和投资的那部分价值。是林业生产的增加价值或附加价值。

来源：林学名词审定委员会（2016）。

15.054　林业经济周期　Forestry economic cycle　林业总体经济运行中周期性的扩张和收缩交替出现、发展速度上下变动的过程和现象。

来源：林学名词审定委员会（2016）。

15.055 国家林业产业示范园区 National forestry industry demonstration park 符合国家产业政策，经国家林业局认定，林产品加工、贸易、服务规模大，集中度高，创新能力强，资源循环利用，服务优良，管理规范，物流高效快捷，具有重要的区域经济地位，在创新、协调、绿色、开放、共享方面发挥明显示范带动作用的林业产业园区。

来源：《国家林业产业示范园区认定命名办法》（2016）。

15.056 林业分类经营 Classified forest management 通过正确把握森林生态与经济之间的关系，在生态平衡基础上经营林业，全面发挥森林的多种功能，在促使生态环境向良性循环发展中寻求最大经济效益。

来源：林学名词审定委员会（2016）。

15.057 林业产业体系 Forestry industry system 较为完整并具有一定规模的多种林业产业及附属产业互相融合、协调发展的系统。

来源：林学名词审定委员会（2016）。

15.058 林业承包经营 Forest management through outsourcing 在保证国家和集体统一规划和管理的基础上，把森林资源的经营管理和其他具体的林业生产经营活动承包给企业的职工、林农和小的生产联合体的林业生产和经营形式。

来源：林学名词审定委员会（2016）。

15.059 林业现代化 Forestry modernization 以现代林业理论为指导，充分利用现代科学技术和手段保护、培育和利用森林资源，高效发挥森林的多种功能，使生产效率达到现代先进水平的进程。

来源：林学名词审定委员会（2016）。

15.060　林业布局　Forestry distribution　又称林业配置。林业生产在空间上的分布，包括林业生产在地区上的分工和林业内部各部门的配合。

来源：林学名词审定委员会（2016）。

15.061　林业要素市场　Factor market in forestry　投入林业生产过程中所需要的各种资源进行交易的场所及其运行机制。

来源：林学名词审定委员会（2016）。

15.062　林业外部性　Forestry externality　经济主体在从事林业活动中对他人和社会造成的非市场化的影响，导致社会收益与私人收益或私人成本与社会成本不一致的行为和现象。

来源：林学名词审定委员会（2016）。

15.063　林地生产力　Forestland productivity　在一定的生产条件和技术水平下，林地资源可以生产出人类社会生产、生活所需要的木材产品及各种林副产品的能力或潜力。

来源：林学名词审定委员会（2016）。

15.064　林业生产力　Forestry productivity　人们采取一定的技术进行林业生产活动可能取得最大的经济成果的能力。即取得培育出来森林资源、采伐的木材、加工的林产品等物质产品的能力或潜力。

来源：林学名词审定委员会（2016）。

16

草原资源

16.001　草原　Steppe　中、低纬度半干旱环境下生长短草的地理景观。以草本植物为主，或兼有覆盖度小于 40% 的灌木和乔木，为家畜和野生动物提供栖息地，并具有社会文化等多种功能的自然综合体。草原有多种衍生词，如草地，是草原的组成单位，也可视为草原的同义语；草场，原为中国内蒙古割草地的俗称，也常作为草原的同义语；中国多山地区常称非农田和林地及以生长草本植物为主的山地为草山；中国东北地区称天然草地为草甸子。

来源：《草原与牧草术语》（2021）；地理学名词审定委员会（2006）；《中国大百科全书》总编委员会（2009）。

16.002　草甸　Meadow　分布在气候和土壤湿润、无林地区或林间地段上的多年生中生草本植物群落。

来源：生态学名词审定委员会（2007）。

16

16.003　草地　Grass land　天然的或人工培育的，长满草的平地。在国土空间治理中，是指生长草本植物为主的土地，包括乔木郁闭度 <0.1 的疏林草地、灌木覆盖度 <40% 的灌丛草地，不包括生长草本植物的湿地、盐碱地。

来源：林学名词审定委员会（2016）；《国土空间调查、规划、用途管制用地用海分类指南（试行）》（2020）。

16.004　基本草原　Basic grassland　《中华人民共和国草原法》第四十二条规定，下述草原划定为基本草原进行保护。(1) 重要放牧场；(2) 割草地；(3) 用于畜牧业生产的人工草地、退耕还草地以及改良草地、草种基地；(4) 对调节气候、涵养水源、保持水土、防风固沙具有特殊作用的草原；(5) 作为国家重点保护野生动植物生存环境的草原；(6) 草原科研、教学试验基地；(7) 国务院规定应当划为基本草原的其他草原。

来源：《中华人民共和国草原法》。

16.005　天然草地　Natural grassland　以天然草本植物为主，未经改良，用于畜牧业的草地，包括以牧为主的疏林草地、灌丛草地。

来源：《地球科学大辞典》编委会（2006）。

16.006　人工草地　Artificial grassland　通过耕翻、完全破坏、清除原有天然植被后，人为播种、栽培建植的以草本植物为主体的人工植被及其生长的土地，包含人工栽植主要供饲用的郁闭度小于0.4的人工疏灌丛群落或郁闭度小于0.2的疏林群落及其生长的土地。

来源：资源科学技术名词审定委员会（2008）。

16.007　草地覆盖率（度）　Percentage of grass cover　指以行政区域为单位草地面积与土地面积的百分比。

来源：根据相关文献资料定义。

16.008　草原管理　Grassland management　通过人为调控草原的各个生产要素以获得最优的生产和为社会提供最优服务，并保持草地可持续发展的行为。目的是在保持草原生态平衡和不损害草原资源的前提下，从草原上获得量多质优的牧草和家畜与野生动物产品。

来源：《中国大百科全书》总编委员会（2009）；国内外相关专家文献定义。

16.009　草原生态系统　Grassland ecosystem　在一定空间范围内，草原植物、动物、微生物与其环境通过能量流动和物质循环而形成相互作用、相互依存的整体。

来源：《草原与牧草术语》(2021)。

16.010　草原功能　Grassland function　草原具有的物质生产、生态服务、社会保障、文化承载等各种功能的总称。

来源：《草原与牧草术语》(2021)。

16.011　草原生态系统服务　Grassland ecosystem service　草原生态系统具有的自然物质和信息存量构成的草原自然资本与人力资本相结合所产生的人类福利。

来源：根据相关文献资料定义。

16.012　草原退化　Grassland deterioration　在不合理利用情况下，草原生态系统发生逆行演替，土壤和植被状况恶化的过程。

来源：畜牧学名词审定委员会 (2020)。

16.013　载畜量　Carrying capacity　在一定的面积和一定的时间内，放牧地所承载饲养家畜的头数。

来源：资源科学技术名词审定委员会 (2008)。

16.014　草业　Grassland industry　以草原资源为基础，从事资源保护利用、植物和动植物生产及其产品加工经营，获取生态、经济和社会效益的基础性产业。

来源：《草原与牧草术语》(2021)。

16.015　草牧业　Grass-based livestock husbandry　是通过天然草地管理和人工种草，经合适的技术加工，获取优质高效的饲草料，进行畜牧养殖和加工的生产体系，包括种草、制草和养畜

（含畜产品加工）三个生产过程。

来源：方精云、景海春、张文浩等（2018）。

16.016　草原返青　Grassland rejuvenation　草原植物越冬后恢复生长的现象。

来源：《草原与牧草术语》（2021）。

16.017　草原生产力　Grassland productivity　单位面积单位时间内草原生物量的总和。

来源：《草原与牧草术语》（2021）。

16.018　草原总初级生产力　Gross primary productivity of grassland　单位面积单位时间内草原植物固定的总能量。

来源：《草原与牧草术语》（2021）。

16.019　草原净初级生产力　Net primary productivity of grassland　在一定时间内单位面积草原植物蓄积的有机物质总量。

来源：《草原与牧草术语》（2021）。

16.020　草原生态评价　Grassland ecology assessment　在草原调查监测的基础上，按照一定标准对草原自然资源、环境、生产力、生态状况、管理及利用等进行的评价。

来源：根据相关文献资料定义。

16.021　草原合理利用　Grassland reasonable utilization　在保证草原可持续发展的前提下，将草原资源运用于人类社会经济生活中并为人类带来效益的过程。

来源：根据相关文献资料定义。

17

湿地资源

17.001 湿地 Wetland 天然或人造、永久或暂时之死水或流水、淡水、微咸或咸水沼泽地、泥炭地或水域。包括低潮时水深不超过6m的水域。

来源：林学名词审定委员会（2016）。

17.002 国际重要湿地 Wetlands of international importance 由《湿地公约》缔约国申请，经湿地公约秘书处认定，被纳入《国际重要湿地名录》中的湿地。

来源：林学名词审定委员会（2016）。

17.003 国家湿地公园 National Wetland Park 以保护湿地生态系统、合理利用湿地资源、开展湿地宣传教育和科学研究为目的，经国家林业局批准设立，按照有关规定予以保护和管理的特定区域。

来源：《国家湿地公园管理办法》（2017）。

17.004 湿地管理 Wetland management 遵循客观规律并依据合理的法规和政策对湿地进行调控的过程。根据湿地生态系统固有的生态规律及其对外部干扰的反应，采取包括能力建设、政策制定在内的适应性措施，保护、恢复及合理利用湿地。

来源：林学名词审定委员会（2016）；地理学名词审定委员会（2006）。

17.005 湿地流域管理 Wetland river basin management 以流域为单元，在全面规划的基础上，合理安排湿地流域内各类用地及水资源，以实现对湿地的水、土、生物等资源的保护与合理利用，充分发挥湿地的生态、经济和社会效益。

来源：林学名词审定委员会（2016）。

17.006 红树林 Mangrove 生长在热带海湾、河口浅滩地段上的一种植被类型。主要由红树科树木组成，故名。红树林在涨潮时林冠过半淹没在海浪中，退潮后林木挺立在泥滩上；具有盐生和适应生理干旱的形态结构，细胞渗透压很高，支柱根、呼吸根发达，行“胎生”繁殖。这些使它形成特殊的海滨森林。

来源：中国大百科全书总编辑委员会（1998c）。

17.007 海滨沼泽 Coastal swamp 在潮汐影响下生长耐盐喜水植物的滨海湿地。它包括草本植物盐沼（salt marshes）和木本红树沼泽（mang-rove swamps）。海滨沼泽按滩地高程和成熟度可分为低沼泽和高沼泽。

来源：中国大百科全书总编辑委员会（2002a）。

17.008 湿地恢复 Wetland restoration 受到损害的湿地恢复到原貌的过程。通过生态技术或生态工程，对退化或消失的湿地进行恢复或重建，再现干扰前的结构和过程，以及相关的物理、化学和生物学特征，使其发挥正常的湿地生态系统服务功能。

17

来源：林学名词审定委员会（2016）；地理学名词审定委员会（2006）。

17.009 湿地退化 Wetland degradation 由于自然环境变化，或人为对湿地的不合理利用而造成的湿地面积减小或功能衰退的过程或现象。

来源：林学名词审定委员会（2016）。

17.010　湿地生态系统退化　Degradation of wetland ecosystem　湿地生态系统结构劣化或遭到破坏而导致其功能降低与生物多样性减少的过程。

来源：地理学名词审定委员会（2006）。

17.011　湿地价值　Wetland value　湿地对于人类的生存和发展具有的价值。湿地价值包括其生态价值、资源价值和环境功能价值、文化价值等多种。

来源：林学名词审定委员会（2016）；地理学名词审定委员会（2006）。

17.012　湿地经济　Wetland economics　具有湿地特征的产业结构。如湿地农业、泥炭工业及湿地旅游业等。

来源：地理学名词审定委员会（2006）。

17.013　湿地生态系统　Wetland ecosystem　长期或周期性积水或过湿，生长有水生或湿生植被的生态系统。地理学将其解释为湿地生物群与其相互作用的地理环境所构成的自然系统。

来源：林学名词审定委员会（2016）；地理学名词审定委员会（2006）。

17.014　湿地生态系统服务　Wetland ecosystem services　湿地生态系统具有的物质产品提供、生命支持系统维持、环境调节及精神生活享受等作用。

来源：地理学名词审定委员会（2006）。

17.015　湿地生态安全　Ecology security of wetland　湿地生态系统处于没有外来干扰和胁迫或这种干扰和胁迫未达到可允许阈值的状态。

来源：地理学名词审定委员会（2006）。

18
自然保护区和野生动植物

18.001　自然保护区域　Nature reserve area　在一个地理单元内，为有效保护相同的保护对象而统一规划和建设的多个自然保护区。

来源：《自然保护区名词术语》(2007)。

18.002　自然保护地　Nature protected area　自然保护地是由各级政府依法划定或确认，对重要的自然生态系统、自然遗迹、自然景观及其所承载的自然资源、生态功能和文化价值实施长期保护的陆域或海域。自然保护地是生态建设的核心载体、中华民族的宝贵财富、美丽中国的重要象征，在维护国家生态安全中居于首要地位。建立自然保护地目的是守护自然生态，保育自然资源，保护生物多样性与地质地貌景观多样性，维护自然生态系统健康稳定，提高生态系统服务功能；服务社会，为人民提供优质生态产品，为全社会提供科研、教育、体验、游憩等公共服务；维持人与自然和谐共生并永续发展。

来源：《关于建立以国家公园为主体的自然保护地体系的指导意见》(2019)；《构建科学合理的自然保护地体系》(2019)。

18.003　自然保护地类型　The type of nature protected area
按照自然生态系统原真性、整体性、系统性及其内在规律，依据管理目标与效能并借鉴国际经验，将自然保护地按生态价值和保护强度高低依次分为国家公园、自然保护区和自然公园三类。

来源：《关于建立以国家公园为主体的自然保护地体系的指导意见》（2019）。

18.004　自然保护区　Natural reserves　对有代表性或有保护价值的自然生态系统、珍稀濒危野生动植物物种的天然集中分布区、有特殊意义的自然遗迹等保护对象所在的陆地、陆地水体或者海域，依法划出一定范围予以特殊保护和管理的区域。

来源：《自然保护区名词术语》（2015）。

18.005　自然保护区管理　Nature reserve management　根据有关法律规定，利用自然保护区的资源，通过实施计划、组织、人员、配备、指导与领导，实现自然保护区内部和周围环境、人口、资源、环境与发展协调共进的活动。

来源：林学名词审定委员会（2016）。

18.006　自然保护区体系　Nature reserve system　某一区域内，为了使保护对象得到更有效的保护而规划和建设的自然保护系统。一般由自然保护区和生境廊道构成。

来源：《自然保护区名词术语》（2007）。

18.007　森林自然保护区　Forest natural reserve　以森林结构、功能、物种及景观等为主要保护对象的自然保护区。

来源：资源科学技术名词审定委员会（2008）。

18.008　自然保护区功能区划分　Functional area division of nature reserve　根据保护和管理需要，将自然保护区划分为具有不同功能的区域。一般划分为核心区、缓冲区、实验区。

来源：《自然保护区名词术语》（2015）。

18.009　迁地保护　Ex-situ conservation　把生存和繁衍受威胁

的野生动植物迁移到天然分布区以外的自然生境或人工环境进行保护的方式。又称易地保护、异地保护或移地保护。

来源:《自然保护区名词术语》(2015)。

18.010　自然公园　Nature park　指保护重要的自然生态系统、自然遗迹和自然景观，具有生态、观赏、文化和科学价值，可持续利用的区域。确保森林、海洋、湿地、水域、冰川、草原、生物等珍贵自然资源，以及所承载的景观、地质地貌和文化多样性得到有效保护。包括森林公园、地质公园、海洋公园、湿地公园等各类自然公园。

来源:《关于建立以国家公园为主体的自然保护地体系的指导意见》(2019)。

18.011　国家公园　National park　指以保护具有国家代表性的自然生态系统为主要目的，实现自然资源科学保护和合理利用的特定陆域或海域，是我国自然生态系统中最重要、自然景观最独特、自然遗产最精华、生物多样性最富集的部分，保护范围大，生态过程完整，具有全球价值和国家象征意义，国民认同度高。

来源:《关于建立以国家公园为主体的自然保护地体系的指导意见》(2019)。

18.012　国家公园社区　National park community　国家公园范围内或周边区域原住居民的生产生活空间。

来源:《国家公园总体规划技术规范》(2020)。

18.013　国家公园功能区　National park functional area　国家公园范围内以管理目标为依据，以用途或管控强度为基础，实行差别化用途管制的空间单元。

来源:《国家公园总体规划技术规范》(2020)。

18.014　国家森林公园　National forest park　森林景观特别优美，人文景物比较集中，观赏、科学、文化价值高，地理位置特殊，具有一定的区域代表性，旅游服务设施齐全，有较高的知名度的森林公园。

来源：根据《森林公园管理办法》(2016) 修改。

18.015 国家地质公园 National geopark 以具有国家级特殊地质科学意义、较高的美学观赏价值的地质遗迹为主体，并融合其他自然景观与人文景观而构成的一种独特的自然区域。

来源：《沂源鲁山森林公园被国土资源部命名为国家地质公园》(2017)。

18.016 沙漠公园 Desert park 以荒漠景观为主体，以保护荒漠生态系统和生态功能为核心，合理利用自然与人文景观资源，开展生态保护及植被恢复、科研监测、宣传教育、生态旅游等活动的特定区域。

来源：《国家沙漠公园管理办法》(2017)。

18.017 生态系统管理 Ecosystem management 为维持或恢复自然生态系统的正常功能，对生态系统结构和过程进行调控。

来源：《自然保护区名词术语》(2015)。

18.018 生境管理 Habitat management 采取各种人为措施维护、修复或改造野生生物生境以利于其种群生存和繁衍的过程。

来源：《自然保护区名词术语》(2007)。

18.019 野生生物管理 Wildlife management 对野生生物的个体、种群和生境实施人工干预措施，以保证野生生物正常生存繁衍及生境的持久稳定性。

来源：《自然保护区名词术语》(2007)。

18.020 野生动植物保护管理 Wildlife protection and management 根据有关法律规定，通过实施计划、组织、人员、配备、指导与领导、控制等职能，由林业行政管理部门负责和协调野生动植物资源的保护、养殖和利用等活动。

来源：林学名词审定委员会（2016）。

18.021　生物多样性经济价值　Economic value of biodiversity
生物多样性及其相关的各种生态过程所提供的使用价值和非使用价值。其中使用价值包括直接使用价值和间接使用价值，非使用价值包括选择价值、遗产价值和存在价值等。

来源：《自然保护区名词术语》（2015）。

18.022　生物多样性关键地区　Critical regions of biodiversity
天然植被较完整、生物区系较复杂、特有种较多、濒危物种较集中或遗传资源较丰富的地区。

来源：《自然保护区名词术语》（2007）。

18.023　生物多样性热点　Biodiversity hotspots　生物多样性高度丰富的地区，其特点是：物种数目多，特有物种多，并且是物种的起源演化中心。

来源：生态学名词审定委员会（2007）。

18.024　旗舰种　Flagship species　一个自然保护区主要保护的1～2种野生动植物，比如伞护种、生态关键种等。

来源：《自然保护区生物多样性保护价值评估技术规程》（2016）。

18.025　野生动物　Wildlife/Wild animal　天然分布在自然环境中的动物种或其种群。或处于保护、管理和科研等目的，人工驯养但尚未形成明显遗传变异的动物种或其种群。

来源：林学名词审定委员会（2016）。

18.026　野生动物区系　Wild fauna　某一地区内在历史发展过

程中形成的、在现今生态条件下生存的所有野生动物种类的总体。

来源：林学名词审定委员会（2016）。

18.027 野生动物栖息地 Habitat for wild animal 是指野生动物野外种群生息繁衍的重要区域。

来源：《中华人民共和国野生动物保护法》（1988）。

18.028 陆生野生动物名录 List of terrestrial wildlife 有重要生态、科学、社会价值的陆生野生动物名录，由国务院野生动物保护主管部门组织科学评估后制定、调整并公布。

来源：《中华人民共和国野生动物保护法》（1988）。

18.029 野生动物的分类分级保护 Classification and grading protection of wild animal 国家对野生动物实行分类分级保护。国家对珍贵、濒危的野生动物实行重点保护。国家重点保护的野生动物分为一级保护野生动物和二级保护野生动物。国家重点保护野生动物名录，由国务院野生动物保护主管部门组织科学评估后制定，并每五年根据评估情况确定对名录进行调整。国家重点保护野生动物名录报国务院批准公布。

来源：《中华人民共和国野生动物保护法》（1988）。

18.030 生物安全 Biosafety 狭义指现代生物技术的研究、开发、应用以及转基因生物的跨国越境转移可能对生物多样性、生态环境和人类健康产生潜在的不利影响。广义指与生物有关的各种因素对社会、经济、人类健康及生态系统所产生的危害或潜在风险。

来源：资源科学技术名词审定委员会（2008）。

18.031 生态效益 Ecological benefit 自然生态系统及其生态过

程所形成的维持人类赖以生存的自然环境条件及其提供的服务。

来源:《自然保护区名词术语》(2007)。

18.032 生态廊道 Ecological corridor 连接隔离生境斑块并适宜生物生存、扩散和基因交流等活动的生态走廊。根据世界自然保护同盟(IUCN)的《通过生态网络和生态廊道加强保护区连通指南》,是为保持或恢复有效的生态连通性,长期治理和管理、明确界定的地理空间。

来源:《自然保护区名词术语》(2015);《自然资源部办公厅 财政部办公厅 生态环境部办公厅关于印发〈山水林田湖草生态保护修复工程指南(试行)〉的通知》(2021)。

18.033 生态旅游 Ecotourism 利用和消费自然旅游资源、开发和体验可持续旅游产品、建设和使用环境友好型服务设施、提供和获取生态文化知识的旅游活动。

来源:《自然保护区名词术语》(2015)。

18.034 生态旅游环境容量 Environmental capacity of ecotourism 在特定时间内,在保证生态旅游目的地旅游资源质量、生态完整性、环境协调性和发展可持续性的前提下,所能承受的旅游者人数或旅游活动的强度。

来源:《自然保护区生态旅游管理评价技术规范》(2013)。

18.035 生态系统保护 Ecosystem conservation 采取严格保育措施,使生态系统保持自然演替状态。

来源:《国家公园总体规划技术规范》(2020)。

18.036 保护物种 Protected species 依法受到保护,禁止任意捕杀或采集的野生物种。它们往往是数量稀少的濒危物种、生物进化过程中的残遗种、有重要科研价值或经济价值的物种。

来源:林学名词审定委员会(2016)。

18.037 国家重点保护物种 Wildlife under special state protection 由国家正式公布、要求重点保护的物种。主要是《国家重点保护野生动物名录》和《国家重点保护野生植物名录》收录的物种。包括数量极少、分布范围较窄的物种，具有重要经济、科研、文化价值的受威胁物种，重要作物的野生物种和有遗传价值的近缘种，或有重要经济价值但因过度利用使数量急剧减少的物种。

来源：林学名词审定委员会（2016）。

18.038 珍稀濒危植物 Rare and endangered plants 符合下列要求之一的植物：(1)《濒危野生动植物种国际贸易公约》附录Ⅰ、附录Ⅱ和附录Ⅲ列入的植物；(2) 国家重点保护野生植物名录列入的植物；(3) 中国植物红皮书列入的植物。

来源：《中国森林认证：生产经营性珍稀濒危植物经营》(2016)。

18.039 野生植物 Wild plants 原生地天然生长的珍贵植物和原生地天然生长并具有重要经济、科学研究、文化价值的濒危、稀有植物。

来源：《野生动植物保护信息分类与代码》(2013)。

18.040 国家重点保护野生植物 National key protected wild plants 《中华人民共和国野生植物保护条例》规定的国家一级保护野生植物和国家二级保护野生植物。

来源：《国家林业和草原局关于规范国家重点保护野生植物采集管理的通知》(2019)。

18

19

水资源

19.001　水资源　Water resources　可供人类直接利用、能不断更新的天然水，主要指陆地上的地表水和地下水。水资源属于国家所有。水资源的所有权由国务院代表国家行使。农村集体经济组织的水塘和由农村集体经济组织修建管理的水库中的水，归各该农村集体经济组织使用。

来源：《中华人民共和国水法》(2002)；《自然资源分等定级通则》(2021)。

19.002　水资源管理　Management of water resources　为防止水资源危机，保证人类生活和经济发展的需要，运用行政、技术、立法等手段对淡水资源进行管理的措施。水资源管理工作的内容包括调查水量，分析水质，进行合理规划、开发和利用，保护水源，防止水资源衰竭和污染等。同时也涉及水资源密切相关的工作，如保护森林、草原、水生生物，植树造林，涵养水源，防止水土流失，防止土地盐渍化、沼泽化、砂化等。

来源：中国大百科全书总编辑委员会 (2002a)。

19.003　水质管理　Water quality management　运用社会、经济和技术的手段，协调社会经济发展与水质保护的关系，以维护水体使用价值。水质管理是针对人类影响造成的污染水水质而言。水质管理工作内容广泛、复杂，需要社会、经济和科学技术各有关领域密切配合，利用各种力量采取措施方能奏效。

来源：中国大百科全书总编辑委员会 (2002a)。

19.004　天然水水质　Quality of natural water　未受人类活动污染的天然水的物理化学特性及其动态特征。物理特性主要指水温、颜色、透明度、嗅和味。化学特性由溶解和分散在天然水中的气体、离子、分子、胶体物质及悬浮固体成分、微生物和这些物质的含量所决定。天然水水质是水资源评价的重要内容。天然水一般分为大气降水、地表水和地下水三大类。

来源：中国大百科全书总编辑委员会（2002a）。

19.005　湖水水质　Quality of lake water　湖泊水的物理、化学特性及其动态特征。湖水的物理性质主要指水温、颜色、透明度、嗅和味。化学性质由溶解和分散于湖水中的气体、离子、分子，胶体物质及悬浮固体成分，微生物和这些物质的含量所决定。湖泊水中溶解的主要化学成分与一般天然水的相似，其评价指标也与天然水的相同。

来源：中国大百科全书总编辑委员会（2002a）。

19.006　河水水质　Quality of river water　河水的物理化学特性及其动态特征。河水溶解的主要化学成分与一般天然水的相似，其评价指标也同于天然水。河水的物理性质主要指水温、颜色、透明度、嗅和味。化学性质由溶解和分散于河流水中的气体、离子、分子，胶体物质及悬浮固体、微生物及这些物质的含量所决定。

来源：中国大百科全书总编辑委员会（2002a）。

19.007　取水　Water intaking　是指利用取水工程或者设施直接从江河、湖泊或者地下取用水资源。

来源：《中华人民共和国水法》（2002）。

19

19.008　水域生态系统　Aquatic ecosystem　水域系统中生物与生物、生物与非生物因子之间相互作用的统一体。包括内陆水域

（湖泊、水库、河流、湿地等）、河口和海洋生态系统等。

来源：生态学名词审定委员会（2007）。

19.009　水土保持　Water and soil conservation　防治水土流失，保护、改良与合理利用山区、丘陵区和风沙区水土资源，维护和提高土地生产力，以利于充分发挥水土资源的经济效益和社会效益，建立良好生态与环境的综合性科学技术。

来源：《中国大百科全书》总编委员会（2009）。

19.010　水资源时空调节　Area and time regulation of water resources　通过工程技术措施对水资源在一定时间或不同地域间的重新分配。修建水库、开挖渠道或利用提水设备等把富水时期或丰水地区的水调配到缺水时期或缺水地区，以丰补缺，协调天然来水与人类生产和生活用水间的供需关系，以提高水资源的利用效益。

来源：中国大百科全书总编辑委员会（2002a）。

19.011　水资源开发利用规划　Water resources development planning　为开发利用水资源而制定的专业水利规划。

来源：水利科技名词审定委员会（1998）。

19.012　冰川融水径流　Glacial meltwater runoff　冰川冰和冰川表面雪融水汇入河道形成的径流。多数为季节性径流，少数大冰川末端为常年性径流，是寒冷地区的重要水资源。冰川融水径流的特征明显。（1）日变化大。（2）季节变化大。（3）年际变化大。（4）大陆性冰川的冰川融水径流模数明显地小于海洋性冰川。

来源：中国大百科全书总编辑委员会（1998b）。

19.013　水产业　Fishery　以水域为依托，利用水生动植物机体本身的生命力和繁衍生长的生物资源，通过采集、捕捞与人工养殖、增殖获得水产品的产业，即通常所说的渔业。广义的水产业还包括为渔业生产产前、产中、产后服务的多种基础设施。

来源：《中国大百科全书》总编委员会（2009）。

19.014 水产捕捞 Fishing 使用捕捞工具捕获经济水生动物的生产活动，是水产业最主要的组成部分。海洋捕捞可分为沿岸、近海和远洋（包括外海）作业。世界各国的捕捞量主要来自沿岸和近海。内陆水域捕捞以江河、湖泊、水库等水域中自然生长和人工放养的水生动物为对象，由于水域和捕捞规模较小，多使用种类繁多的小型渔具生产。

来源：中国大百科全书总编辑委员会（1998c）。

19.015 河口生态系统 Estuarine ecosystem 在河流入海口，淡水与海水混合并相互影响的水域环境与生物群落组成的统一的自然整体。

来源：《河口生态系统监测技术规程》（2005）。

19.016 入海河口 Marine estuary 河流的终段与海洋相结合的地段。即包括受到海洋因素影响的河流下段，也包括河流因素影响的滨海地段。上界在潮汐或增水引起的水位变化影响消失的某个断面，下界在由河流入海泥沙形成的沿岸浅滩的外边界；或者上界是盐水入侵界，下界是河口湾的湾口。

来源：《河口生态系统监测技术规程》（2005）。

19.017 河口区 Estuarine region 河流域海洋相互作用的区域，一般分为河流近口段、河流河口段和口外海滨。近口段以河流影响为主，口外海滨以海洋影响为主，河口段则是河流与海洋两种影响相互消长的地段。

来源：《河口生态系统监测技术规程》（2005）。

19.018　河流廊道　River corridor　河道及其两岸滩区、水域岸线及其与之连通的湖泊等形成的空间区域。实际规划设计工作中，河流廊道宽度可采用对应某一洪水频率的河流滩区范围。

来源：《河湖生态系统保护与修复工程技术导则》(2020)。

19.019　水文情势　Hydrological regime　各种水文要素时空变化的态势和趋势，常用流量、频率、发生时机、延续时间、流量和水位变化率等表示。

来源：《河湖生态系统保护与修复工程技术导则》(2020)。

19.020　河湖生态空间管控　Management and control of aquatic ecotope　以河湖水域及岸线等为主要对象，以水资源水环境和水生态承载能力为依据，在河湖生态空间、水资源利用、水环境质量及能力建设等方面所采取的管理政策、制度、措施和行动等，以规范、引导、监控、约束河湖生态空间保护、开发利用及涉水各类经济社会活动，保障水生态服务和生态产品的持续供给。

来源：《河湖生态系统保护与修复工程技术导则》(2020)。

19.021　空间异质性　Spatial heterogeneity　某种生态学变量在空间分布上的不均匀性及其复杂程度，河湖地貌形态空间异质性决定了生物栖息地的多样性、有效性和总量。

来源：《河湖生态系统保护与修复工程技术导则》(2020)。

19.022　生态型护岸　Ecological revetment　在传统护岸技术基础上，利用活体植物和天然材料作为护岸材料，既满足岸坡防护要求，又能为生物提供良好栖息地条件、改善自然景观的护岸结构。

来源：《河湖生态系统保护与修复工程技术导则》(2020)。

19.023 水系生态连通 Ecological connectivity of water system 保护、修复河流在纵向、横向和垂向空间以及时间维度上的物理连通性和水文连通性，改善水动力条件，促进河湖水系中物质流、物种流和信息流保持畅通，即河湖水系三流四维连通。主要针对以水生态环境修复为主，同时兼顾防洪减灾和水资源配置需求的河湖水系连通类型。

来源：《河湖生态系统保护与修复工程技术导则》(2020)。

19.024 河流地貌单元 Fluvial geomorphological units 河流廊道内由于河床演变、水沙冲淤等过程所形成的多样化的地貌结构特征，如河流故道、河漫滩、深潭、浅滩、洲滩、牛轭湖故道以及自然堤等。

来源：《河湖生态系统保护与修复工程技术导则》(2020)。

检索目录

D

G

H

J

K

L

M

N

R

S

T

Z

参考文献

[1] 巴利·C. 菲德尔，玛莎·K. 菲尔德 . 2010. 环境经济学 [M]. 原毅军，陈艳莹，译 . 大连：东北财经大学出版社 .

[2] 北京农业大学，华南农学院，华中农学院，等 . 1983. 简明农业词典 [M]. 北京：科学出版社 .

[3] 本书编写组 . 2013. 中共中央关于全面深化改革若干重大问题的决定辅导读本 [M]. 北京：人民出版社 .

[4] 蔡运龙 . 2007. 自然资源学原理 [M]. 北京：科学出版社 .

[5] 测绘学名词审定委员会 . 2010. 测绘学名词 [M]. 3 版 . 北京：科学出版社 .

[6] 测绘学名词审定委员会 . 2020. 测绘学名词 [M]. 4 版 . 北京：科学出版社 .

[7] 陈连增，雷波 . 2019. 中国海洋科学技术发展 70 年 [J]. 海洋学报，41 (10)：3－22.

[8] 陈至立 . 2020. 辞海 [M]. 7 版 . 上海：上海辞书出版社 .

[9] 成金华 . 2013. 矿产经济学 [M]. 北京：中国地质大学出版社 .

[10] 城乡规划学名词审定委员会 . 2021. 城乡规划学名词 [M]. 北京：科学出版社 .

[11] 畜牧学名词审定委员会 . 2020. 畜牧学名词 [M]. 北京：科学出版社 .

[12] 崔彬 . 2015. 现代矿产资源经济学 [M]. 北京：中国人民大学出版社 .

[13] 大气科学名词审定委员会 . 2009. 大气科学名词 [M]. 3 版. 北京：科学出版社 .

[14] 邓绶林 . 1992. 地学辞典 [M]. 石家庄：河北教育出版社 .

[15] 地理学名词审定委员会 . 2006. 地理学名词 [M]. 2 版 . 北京：科学出版社 .

[16]《地球科学大辞典》编委会 . 2006. 地球科学大辞典 [M]. 北京：地质出版社 .

[17] 电力名词审定委员会 . 2019. 电力名词 [M]. 3 版 . 北京：科学出版社 .

[18] 方精云，景海春，张文浩，等 . 2018. 论草牧业的理论体系及其实践 [J]. 科学通报，63 (17)：1619 - 1631.

[19] 傅伯杰 . 2017. 地理学：从知识、科学到决策 [J]. 地理学报，72 (11)：1923 - 1932.

[20] 格林沃尔德 . 1981. 现代经济词典 [M].《现代经济词典》翻译组，译 . 北京：商务印书馆 .

[21] 葛良胜，杨贵才 . 2020. 自然资源调查监测工作新领域：地表基质调查 [J]. 中国国土资源经济，33 (9)：4 - 11，67.

[22] 管理科学技术名词审定委员会 . 2016. 管理科学技术名词 [M]. 北京：科学出版社 .

[23] 国家测绘地理信息局 . 2014. 测绘资质管理规定 [Z]. 07 - 01.

[24] 海洋科技名词审定委员会 . 2007. 海洋科技名词 [M]. 北京：科学出版社 .

[25] 海洋科学名词审定委员会 . 1991. 海洋科学名词 [M]. 北京：科学出版社 .

[26] 胡代光，高鸿业 . 2000. 西方经济学大辞典 [M]. 北京：经济科学出版社 .

[27] 胡显章，曾国屏 . 2015. 科学技术概论 [M]. 北京：高等教育出版社 .

[28] 化工名词审定委员会.2019. 化工名词 [M]. 北京: 科学出版社.

[29] 黄河清.2019. 近现代辞源 [M]. 上海: 上海辞书出版社.

[30] 黄建初.2003. 中华人民共和国水法释义 [M]. 北京: 法律出版社.

[31] 黄亚钧.2015. 微观经济学 [M].4 版. 北京: 高等教育出版社.

[32] 建筑学名词审定委员会.2016. 建筑学名词 [M].2 版. 北京: 科学出版社.

[33] 江伟钰, 陈方林.2005. 资源环境法词典 [M]. 北京: 清华大学出版社.

[34] 江伟钰, 陈方林.2011. 国土资源实用词典 [M]. 北京: 中国地质大学出版社.

[35] 经济学名词审定委员会.2020. 经济学名词 [M]. 北京: 科学出版社.

[36] 亢世勇.2003. 新词语大词典 [M]. 上海: 上海辞书出版社.

[37] 李浩培, 王贵国.2003. 中华法学大辞典 [M]. 北京: 中国检察出版社.

[38] 李华.2009. 生态文明视野下流域生态补偿法律机制的构建 [J]. 环境保护与循环经济, 29 (8): 23－25.

[39] 林学名词审定委员会.2016. 林学名词 [M].2 版. 北京: 科学出版社.

[40] 刘海润, 亢世勇.2016. 现代汉语新词语词典 [M]. 上海: 上海辞书出版社.

[41] 刘建明.1993. 宣传舆论学大辞典 [M]. 北京: 经济日报出版社.

[42] 刘骏民, 李宝伟.2001. 劳动价值论与效用价值论的比较——兼论劳动价值论的发展 [J]. 南开经济研究, (5): 33－36, 41.

[43] 刘学敏，金建军，李咏涛.2008. 资源经济学［M］. 北京：高等教育出版社.
[44] 卢淑华.2009. 社会统计学［M］.2版. 北京：北京大学出版社.
[45] 鲁绍曾.1993. 国际通用计量学基本术语［M］.2版. 北京：中国计量出版社.
[46] 陆雄文.2013. 管理学大辞典［M］. 上海：上海辞书出版社.
[47] 罗肇鸿，王怀宁.1995. 资本主义大辞典［M］. 北京：人民出版社.
[48] 马克伟.1991. 土地大辞典［M］. 长春：长春出版社.
[49] 煤炭科技名词审定委员会.2016. 煤炭科技名词［M］. 北京：科学出版社.
[50] 欧阳健，欧福秋.2013. 搞好海域海岛渔业开发广东站稳经济发展的排头兵［J］. 中外企业家，(9)：17-20.
[51] 庞名立，申鑫.2015. 非常规油气辞典［M］. 北京：中国石化出版社.
[52] 邵琪伟.2012. 中国旅游大辞典［M］. 上海：上海辞书出版社.
[53] 沈孟璎.2009. 新中国60年新词新语词典［M］. 成都：四川辞书出版社.
[54] 生态学名词审定委员会.2007. 生态学名词［M］. 北京：科学出版社.
[55] 水利科技名词审定委员会.1998. 水利科技名词［M］. 北京：科学出版社.
[56] 孙鸿烈.2000. 中国资源科学百科全书［M］. 北京：中国大百科全书出版社.
[57] 孙鸿烈.2017. 地学大辞典［M］. 北京：科学出版社.
[58] 谭宇生.2013. 国际海底勘探开发的国家义务与责任——以“谨慎处理”义务为核心［J］. 太平洋学报，21(9)：74-84.
[59] 土壤学名词审定委员会.2016. 土壤学名词［M］. 北京：科

学出版社.
[60] 王克桥，朱杰.2008. 对海洋经济核算方法的初步探讨［J]. 统计研究，(11)：92-95.
[61] 王希凯.1992. 地质勘查经济学［M]. 北京：地震出版社.
[62] 王修林，李克强.2006. 渤海主要化学污染物海洋环境容量［M]. 北京：科学出版社.
[63] 奚洁人.2007. 科学发展观百科辞典［M]. 上海：上海辞书出版社.
[64] 萧浩辉.1995. 决策科学辞典［M]. 北京：人民出版社.
[65] 许国志.2000. 系统科学［M]. 上海：上海科技教育出版社.
[66] 杨明基.2015. 新编经济金融词典［M]. 北京：中国金融出版社.
[67] 张鸿云.1993. 地质经济辞典［M]. 石家庄：河北科学技术出版社.
[68] 张梓太，沈灏，张闻昭.2015. 深海海底资源勘探开发法研究［M]. 上海：复旦大学出版社.
[69] 郑度.2012. 地理区划与规划词典［M]. 北京：中国水利水电出版社.
[70] 中共中央宣传部.2016. 习近平总书记系列重要讲话读本：2016 年版［M]. 北京：学习出版社，人民出版社.
[71]《中国百科大辞典》编委会.1990. 中国百科大辞典［M]. 北京：华夏出版社.
[72] 中国大百科全书总编辑委员.1984. 中国大百科全书［M]. 北京：中国大百科全书出版社.
[73] 中国大百科全书总编辑委员会.1991a. 中国大百科全书　自动控制与系统工程［M]. 北京：中国大百科全书出版社.
[74] 中国大百科全书总编辑委员会.1991b. 中国大百科全书　生物学［M]. 北京：中国大百科全书出版社.
[75] 中国大百科全书总编辑委员会.1993. 中国大百科全书　财

政税收金融价格 [M]. 北京：中国大百科全书出版社.
[76] 中国大百科全书总编辑委员会. 1998a. 中国大百科全书电工 [M]. 北京：中国大百科全书出版.
[77] 中国大百科全书总编辑委员会. 1998b. 中国大百科全书环境科学 [M]. 北京：中国大百科全书出版社.
[78] 中国大百科全书总编辑委员会. 1998c. 中国大百科全书农业 [M]. 北京：中国大百科全书出版社.
[79] 中国大百科全书总编辑委员会. 1998d. 中国大百科全书地理学 [M]. 北京：中国大百科全书出版社.
[80] 中国大百科全书总编辑委员会. 2002a. 中国大百科全书大气科学、海洋科学、水文科学 [M]. 北京：中国大百科全书出版社.
[81] 中国大百科全书总编辑委员会. 2002b. 中国大百科全书经济学 [M]. 北京：中国大百科全书出版社.
[82] 中国大百科全书总编辑委员会. 2002c. 中国大百科全书水利 [M]. 北京：中国大百科全书出版社.
[83] 中国大百科全书总编辑委员会. 2002d. 中国大百科全书地质学 [M]. 北京：中国大百科全书出版社.
[84] 《中国大百科全书》总编委员会. 2009. 中国大百科全书 [M]. 2 版. 北京：中国大百科全书出版社.
[85] 中国方志大辞典编辑委员会. 1988. 中国方志大辞典 [M]. 杭州：浙江人民出版社.
[86] 中国社会科学院语言研究所词典编辑室. 2016. 现代汉语词典 [M]. 7 版. 北京：商务印书馆.
[87] 中国石油学会，石油大学. 1996. 石油技术辞典 [M]. 北京：石油工业出版社.
[88] 《中国电力百科全书》编辑委员会. 2001. 中国电力百科全书 [M]. 北京：中国电力出版社.
[89] 中华人民共和国国家统计局. 2017. 中国国民经济核算体

系：2016 [M]. 北京：中国统计出版社.
[90] 周诚.2003. 土地经济学原理 [M]. 北京：商务印书馆.
[91] 祝光耀.1980. 生态文明建设大辞典 [M]. 南昌：江西科学技术出版社.
[92] 资源科学技术名词审定委员会.2008. 资源科学技术名词 [M]. 北京：科学出版社.
[93] 邹瑜，顾明.1991. 法学大辞典 [M]. 北京：中国政法大学出版社.
[94] AQ 2004—2005. 地质勘探安全规程 [S].
[95] CH/T 1047—2019. 地理信息产业统计分类 [S].
[96] CH/T 9029—2019. 基础性地理国情监测内容与指标 [S].
[97] DZ/T 0272—2015. 矿产资源综合利用技术指标及其计算方法 [S].
[98] GB/T 12763.1—2007. 海洋调查规范 [S].
[99] GB/T 14911—2008. 测绘基本术语 [S].
[100] GB/T 15918—2010. 海洋学综合术语 [S].
[101] GB/T 17228—1998. 地质矿产勘查测绘术语 [S].
[102] GB/T 17766—2020. 固体矿产资源储量分类 [S].
[103] GB/T 18190—2017. 海洋学术语：海洋地质学 [S].
[104] GB/T 19231—2003. 土地基本术语 [S].
[105] GB/T 19485—2014. 海洋工程环境影响评价技术导则 [S].
[106] GB/T 19492—2020. 油气矿产资源储量分类 [S].
[107] GB/T 19834—2005 海洋学术语：海洋资源学 [S].
[108] GB/T 20794—2006. 海洋及相关产业分类 [S].
[109] GB/T 20794—2006. 海洋及相关产业分类 [S].
[110] GB/T 24874—2010. 草地资源空间信息共享数据规范 [S].
[111] GB/T 25283—2010. 矿产资源综合勘查评价规范 [S].

[112] GB/T 26423—2010. 森林资源术语 [S].
[113] GB/T 30600—2014. 高标准农田建设：通则 [S].
[114] GB/T 31759—2015. 自然保护区名词术语 [S].
[115] GB/T 33543. 1—2017. 海洋能术语 [S].
[116] GB/T 39632—2020. 海洋防灾减灾术语 [S].
[117] GB/T 39736—2020. 国家公园总体规划技术规范 [S].
[118] GB/T 39972—2021. 国土空间规划“一张图”实施监督信息系统技术规范 [S].
[119] GB/T 40451—2021. 草原与牧草术语 [S].
[120] GB/T 50280—1998. 城市规划基本术语标准 [S].
[121] GB/T 15920—2010. 海洋学术语：物理海洋学 [S].
[122] HY/T 123—2009. 海域使用分类 [S].
[123] HY/T 250—2018. 无居民海岛开发利用测量规范 [S].
[124] JJF 1001—2011. 通用计量名词及定义 [S].
[125] LY/T 1685—2007. 自然保护区名词术语 [S].
[126] LY/T 2089—2013. 自然保护区生态旅游管理评价技术规范 [S].
[127] LY/T 2179—2013. 野生动植物保护信息分类与代码 [S].
[128] LY/T 2252—2014. 碳汇造林技术规程 [S].
[129] LY/T 2602—2016. 中国森林认证：生产经营性珍稀濒危植物经营 [S].
[130] LY/T 2649—2016. 自然保护区生物多样性保护价值评估技术规程 [S].
[131] TD/T 1029—2010. 开发区土地集约利用评价规程 [S].
[132] TD/T 1031. 1—2011. 土地复垦方案编制规程 [S].
[133] TD/T 1036—2013. 土地复垦质量控制标准 [S].
[134] TD/T 1044—2014. 生产项目土地复垦验收规程 [S].
[135] TD/T 1049—2016. 矿山土地复垦基础信息调查规程 [S].
[136] TD/T 1054—2018. 土地整治术语 [S].

[137] TD/T 1060—2021. 自然资源分等定级通则 [S].

[138] Samuelson P A. 1954. The Pure Theory of Public Expenditure [J]. The Review of Economics and Statistics, 36 (4): 387 - 389.